高校推进马克思主义大众化
实践路径研究

夏小华／著

图书在版编目(CIP)数据

高校推进马克思主义大众化实践路径研究/夏小华著.—合肥：安徽大学出版社，2014.4
(博学文库)
ISBN 978-7-5664-0729-0

Ⅰ.①高… Ⅱ.①夏… Ⅲ.①马克思主义－大众化－教学研究－高等学校 Ⅳ.①A81

中国版本图书馆 CIP 数据核字(2014)第 054990 号

高校推进马克思主义大众化实践路径研究　夏小华 著

gaoxiao tuijin makesi zhuyi dazhonghua shijian lujing yanjiu

出版发行：	北京师范大学出版集团
	安 徽 大 学 出 版 社
	(安徽省合肥市肥西路3号 邮编230039)
	www.bnupg.com.cn
	www.ahupress.com.cn
印　　刷：	中国科学技术大学印刷厂
经　　销：	全国新华书店
开　　本：	152mm×228mm
印　　张：	15.75
字　　数：	193千字
版　　次：	2014年4月第1版
印　　次：	2014年4月第1次印刷
定　　价：	32.00元

ISBN 978-7-5664-0729-0

策划编辑：卢　坡	装帧设计：李　军　金伶智
责任编辑：徐　建	美术编辑：李　军
责任校对：程中业	责任印制：陈　如

版权所有　侵权必究

反盗版、侵权举报电话：0551－65106311
外埠邮购电话：0551－65107716
本书如有印装质量问题，请与印制管理部联系调换。
印制管理部电话：0551－65106311

目 录

前 言 …………………………………………………〔001〕

第一章　引言:研究缘起及研究现状 ……………〔001〕
　一、国内外研究的现状与趋势 …………………〔001〕
　二、研究的理论意义及应用价值 ………………〔021〕
　三、研究方法与重点 ……………………………〔023〕
　四、拟突破的重点和难点 ………………………〔025〕

第二章　内涵与特征:高校马克思主义大众化的学理意义研究 ……………………………………〔027〕
　一、马克思主义大众化的科学内涵 ……………〔027〕
　二、高校马克思主义大众化的内涵与意义 ……〔036〕

第三章　队伍与保障:高校马克思主义大众化的主体有效性研究 …………………………………〔049〕
　一、高校马克思主义大众化推进主体的有效性 ……〔049〕
　二、马克思主义大众化教育主体的有效性 ………〔060〕
　三、马克思主义大众化接受主体的有效性 ………〔063〕

第四章　环境与影响：高校马克思主义大众化引领社会思潮研究 〔067〕

一、影响大学生的社会思潮的主要类型 〔067〕

二、社会思潮影响高校马克思主义大众化进程 〔069〕

三、在马克思主义大众化进程中引领社会思潮 〔072〕

四、加强集体主义研究，抵御社会思潮渗透 〔077〕

第五章　传承与借鉴：国内外高校马克思主义大众化的经验教训 〔086〕

一、苏联在高校推进马克思主义大众化的基本经验 〔086〕

二、古巴、越南等当代社会主义国家马克思主义理论教育的经验与启示 〔088〕

三、我国高校马克思主义大众化的历史脉络 〔099〕

四、我国高校思想政治教育的典型经验与启示 〔125〕

第六章　任务与要求：高校马克思主义大众化的教学研究 〔138〕

一、马克思主义大众化是思想政治理论课教育教学的重要任务 〔138〕

二、马克思主义大众化是思想政治理论课教育教学的基本要求 〔139〕

第七章　理念与行动：高校马克思主义大众化的原则及路径 〔151〕

一、大学生群体差异对马克思主义大众化的主要影响 〔151〕

二、大学生群体差异视角下的马克思主义大众化的基本原则 〔160〕

三、大学生群体差异视角下的马克思主义大众化的主要路径……………………………………………………〔164〕

第八章 实证与完善：高校马克思主义大众化的效果评估……………………………………………………〔175〕
一、高校学生工作的满意度实证研究……………〔175〕
二、高校马克思主义大众化效果的实证研究………〔193〕

参考文献……………………………………………〔230〕

后　记………………………………………………〔239〕

前　言

自党的十七大确定推动马克思主义大众化方针以来,理论界掀起了研究热潮。但总体来看,研究视野比较宽泛,以宏观社会为研究对象的成果较多,关注大学生群体的马克思主义大众化的研究成果最近两年数量虽有增加,但在研究内容方面有同质化倾向;研究方法相对单调,局限于理论思辨,实证调查类的成果尚不多见;研究领域比较集中,局限于当代中国马克思主义的较多,从历史和国外的视角研究高校马克思主义大众化的成果不多。

本书以"理论渊源、历史脉络、国外经验"等为视角研究"高校马克思主义大众化的实践路径",希望为高校马克思主义大众化实践路径研究厘清理论脉络;通过实证测评等方式,客观、理性地评价高校马克思主义大众化的实际效果,探索马克思主义理论研究的新方法;将马克思主义大众化对象具体化,立足于大学生群体,从内涵与特征、方法与举措、环境与影响、传承与借鉴、教育与教学、理念与行动和实证与完善等更为微观的方面进行更有针对性的研究,考察马克思主义大众化路径从一般到特殊的合理性、合规律性和合目的性。全书共分八个章节。

第一章"引言:研究缘起及研究现状"。在考察国内外,特别是近两年相关研究成果的基础上,阐述高校马克思主义大众化路径研究的研究缘起、研究意义、研究目标和研究方法。

第二章"内涵与特征:在大学生中推进马克思主义大众化的学理意义"。使用"从一般到特殊"的研究方法,首先考察以宏观社会为研究对象的马克思主义大众化的理论来源,再具体到大学生群体,研究特殊群体马克思主义大众化的内涵和意义,为寻求在大学生中推进马克思主义大众化的实践路径提供理论依据。

第三章"方法与举措:高校马克思主义大众化的主体有效性研究"。在理论研究的基础上,全面考察当前高校马克思主义大众化主体的内涵和现状,分析提升主体有效性的方法和举措,希望为高校马克思主义大众化的实践路径研究提供现实依据。

第四章"环境与影响:高校马克思主义大众化引领社会思潮研究"。考察影响当前高校马克思主义大众化的国际因素、国内因素和大学生群体变化因素,分析"西方意识形态渗透,国内社会结构变动和利益结构调整,大学生价值多元化和社会责任感、接受能力增强"等群体因素给高校马克思主义大众化带来的机遇与挑战,并提出解决问题的方法。

第五章"传承与借鉴:国内外高校马克思主义大众化的经验教训"。用"国别比较和历史分析"的研究方法,分别考察苏联、古巴、越南及我国高校马克思主义理论教育和马克思主义大众化的经验和教训,为高校马克思主义大众化的实践路径选择提供借鉴和启示。

第六章"理念与行动:高校马克思主义大众化的原则及路径"。考察高校马克思主义大众化场景的多样性、大学生群体内部的差异性、学生个体的独特性、价值的多元性、时代的发展性,提出在大学生中推进马克思主义大众化需要遵从"理论说服、意义引领、尊重差异、利益实现、创新形式"五条基本原则,并探析基本原则的理论来源和现实依据;以差异性为变量,考察学生差异与思想政治理论课的针对性、专业差异与人文社会科学间的渗透性、兴趣差异与大学生社团的引导性、大学生群体知行差异与社会实践的教育性,以及大学生群体一元、多元差异与校园文化的引领性,综合学理意义、现状分析、经验教训、机制构建的研究成果,开拓、探索体现时代性、把握规律性、富有创造性的推进高校马克思主义大众化的新路径。

第七章"任务与要求:高校马克思主义大众化的教学研究"。思想政治理论课是高校进行马克思主义理论教育的主阵地,理应将马克思主义大众化当作教育教学的重要任务和基本要求。在教师队伍建设上,应尊重工作差异,重视对理论研究者与实务工作者力量的整合;在教学内容上,应关注专业差异,重视马克思主义与其他学科专业的融合;在教学方法上,应突出情感育人,重视以理服人与以情感人的结合;在教学环节上,应强调实践育人,重视理论教学与实践教学的配合;在教学基点上,应关注马克思主义中国化的最新成果,做到立足马克思主义基本理论与马克思主义中国化最新教学成果的结合;在教学职责上,马克思主义大众化是全体高校教师的责任,应注重教学合力的形成;在教学原则上,应注重教育的政治性,引导学生用科学的视角应对西方社会思潮;在教学方式上,强化以人为本的思想,注重民主开放性教学;在教学能力上,应注重教学研究,形成教研、科研相互促进的良性机制。

第八章"实证与完善:高校马克思主义大众化的效果评估"。本章是本书的研究重点和难点之一。采用问卷调查和实地考察的方法,综合运用理论研究、历史分析和路径研讨的成果,收集数据,整理资料,对当前我国高校马克思主义大众化的主要影响因素进行分析总结。借鉴PZB模式，在皖北选择5所高校作为样本，采用实证研究方式，利用SSPS14.0进行数据信度分析，主要从有形性、可靠性、反应性、保证性、移情性和网络便利性六个方面考察当前高校马克思主义大众化的实践阵地（学生工作、社会实践活动、校园文化活动）和理论阵地（思想政治理论课、党校、团校）的主要影响因子，探索建立效果评估的指标体系，绘制"满意程度—重视程度"坐标图，提供效果评估和路径修正的实证方法。

本书第五章和第七章的写作任务由马玉海同志承担。

本书为安徽省高校思想政治理论课建设工程之马克思主义理论应用研究项目"高校马克思主义大众化的实践路径研究"（项目编号：2012—2013SZKJSGC7—8）的主要研究成果。

第一章　引言：研究缘起及研究现状

一、国内外研究的现状和趋势

（一）国内有关高校马克思主义大众化的研究综述

自党的十七大确定推动马克思主义大众化的方针以来，理论界掀起了研究热潮，一大批文章见诸各类报刊；有关马克思主义大众化的研究专著也自2011年后不断问世，如《当代中国马克思主义大众化进程中的对话平台研究》（李栗燕，科学出版社，2012）、《马克思主义大众化思想与规律性研究》（侯波，中国社会科学出版社，2011）、《铸造推进马克思主义大众化新辉煌》（颜晓峰、肖东松，解放军出版社，2012）、《五四时期马克思主义大众化经验研究》（张世飞，中国社会科学出版社，2011）、《马克思主义大众化的价值及实现方式研究》（高洪力、李秀芝，光明日报出版社，2012）等。这些成果大多是以中国社会为研究对象，从整体上研究当代中国马克思主义大众化的时代背景、历史经验、理论依据、对话平台和路径规律的。

教育部自2009年以来连续部署马克思主义大众化专项研

究任务,连续发布高校马克思主义大众化年度研究报告,连续召开"推进高校马克思主义中国化、时代化和大众化理论与实践研讨会",这极大地激发了高校理论工作者的热情。不久,就有很多有关在高校推进马克思主义大众化的研究成果发表于专业核心期刊,《高校马克思主义大众化队伍建设论》(周玉清、王少安,人民出版社,2012)、《高校马克思主义大众化水平研究》(李俊卿,知识产权出版社,2012)等几部专著也相继问世,掀起了高校马克思主义大众化研究的热潮。

当前学术界关于高校马克思主义大众化的研究成果主要集中体现在以下几个方面:

1. 关于高校马克思主义大众化的必要性研究

必要性研究主要是解决"为什么"的问题,即"高校为什么要推进马克思主义大众化"。必要性研究即意义和价值研究,是高校推进好马克思主义大众化的前提和基础。近年来,学术界就高校马克思主义大众化的必要性从不同角度开展了广泛而深入的研究。

一是从大学生成长成才的需要出发论证推进高校马克思主义大众化的必要性。冯刚(2009年)指出,高校推进马克思主义大众化是使大学生坚定马克思主义信仰的需要,是应对新媒体技术对大学生思想政治教育带来挑战的需要,是促进大学生思想健康发展的需要。[①] 王雷松(2011年)认为,高校马克思主义大众化还是为了克服大学生自身思想文化修养的局限的需要。[②] 王俊恒(2013年)认为,在经济全球化的今天,西方的价值观念和思维模式的加快渗透,加上信息化社会的快速发展、传播手段日益多样和普遍化,使大学生的价值取向和评价

---

① 冯刚.《高校推进当代中国马克思主义大众化若干问题的思考》.《思想理论教育导刊》,2009(9).
② 王雷松.《马克思主义中国化、时代化、大众化在青年大学生中的传播》.《学术论坛》,2011(1).

标准在剧烈的冲突中不断失衡。① 因此,必须对大学生进行马克思主义思想教育。程天全(2011年)认为,推进马克思主义的大众化,可以帮助大学生树立正确的世界观、人生观、价值观,提高他们运用马克思主义的立场、观点、方法分析问题和解决问题的能力。② 何军(2010年)认为,高校推进马克思主义大众化,事关党的事业后继有人、大学生健康和谐发展等问题。③

二是从高校承担的职责和使命出发阐述高校推进马克思主义大众化的必要性。高洪力(2011年)等认为,高校肩负着育人的重任,而育人的重点首先是培养学生对国家、对民族的责任感。因此,高校必须充分认识到在大学生中推进马克思主义大众化的重要性,提高学生的马克思主义理论素养,使他们成为合格的中国特色社会主义建设者。④ 彭恩胜(2011年)认为,高校作为培养社会主义事业接班人的重要阵地,在推进马克思主义大众化进程中具有义不容辞的责任。⑤ 范小强等(2013年)认为,推进马克思主义大众化是高校学习贯彻落实十八大精神的重要举措,高校要充分利用自身的理论优势和人才优势,深入开展理论研究,为全社会顺利推进马克思主义大众化提供坚实的理论基础和重要的思想保证。⑥

三是从主流意识形态教育的需要出发论证高校推进马克

---

① 王俊恒.《高校推进马克思主义大众化的困境及策略》.《湖北社会科学》,2013(4).
② 程天全.《积极推进马克思主义大众化大力提升大学生的理论素养》.《高校理论战线》,2011(2).
③ 何军.《优化高校第二课堂 推进当代中国马克思主义大众化》.《思想教育研究》,2010(12).
④ 高洪力,李秀芝.《高校教师推进马克思主义大众化教育的几点思考》.《黑龙江高教研究》,2011(11).
⑤ 彭恩胜,傅琛.《影响高校马克思主义大众化的"四个向度"》.《教育与职业》,2011(30).
⑥ 范小强,马宁.《从三个维度看高校马克思主义大众化》.《思想教育研究》,2013(4).

思主义大众化的必要性。王永贵(2010年)认为,马克思主义大众化是我国社会主流意识形态发展创新的必然要求。认清意识形态领域的新挑战是推进马克思主义大众化的前提。当前,意识形态领域面临的新挑战要求我们必须坚持马克思主义的指导地位不动摇。① 冯晓阳(2011年)认为,大学生的信仰关系到未来中国的走向。② 周川(2011年)认为,从国际因素来说,西方敌对势力对我们进行"西化"、"分化"的政治图谋从来没有改变,大学生群体是他们争夺的重要人群。从国内因素来说,随着改革开放的深入进行,经济体制的深刻变化,反映到思想领域,必然会出现价值观念的多样化和对主流意识形态的疏离。这样的社会环境导致了部分大学生政治信仰模糊、价值取向扭曲等问题。因此,在大学生中推进马克思主义大众化,对于他们抵御各种错误思潮的影响、树立马克思主义信仰、坚定正确的政治方向、正确认识当前国内外形势,具有重要意义。③

四是从马克思主义理论发展的自身需要出发论证高校马克思主义大众化的必要性。冯刚(2010年)等指出,面向大学生推进马克思主义大众化是马克思主义的本质属性和本质要求,是中国特色社会主义建设实践的需要。④ 何军(2010年)认为,只有使大学生群体普遍认同、接受和信仰马克思主义,才能使这些潜在的知识精英成为真正合格的社会主义的建设者和接班人,并以他们为中介更好地推动马克思主义大众化在全社会范围内的实现。⑤ 戴玉琴(2008年)认为,对大学生进行系统

---

① 王永贵.《意识形态领域新挑战与马克思主义大众化》.《当代世界与社会主义》,2010(6).
② 冯晓阳.《对高校马克思主义大众化教育的思考》.《社会科学家》,2010(6).
③ 周川.《加强高校马克思主义大众化的必要性与实效性探究》.《教育理论与实践》,2011(9).
④ 冯刚,张东刚.《高校马克思主义大众化研究报告(2010)》.北京:光明日报出版社,2010.
⑤ 何军.《优化高校第二课堂推进当代中国马克思主义大众化》.《思想教育研究》,2010(12).

扎实的马克思主义教育,对在全社会开展中国特色社会主义理论体系宣传普及活动具有重要的促进作用。①

五是从高校思想政治理论课学科建设的需要出发论证高校马克思主义大众化的必要性。张雷声(2010年)提出,推进马克思主义大众化需要各方面的共同努力,需要从马克思主义理论学科建设的角度推进大众化的发展。② 王俊恒(2013年)认为,高校开展思想政治教育主要是通过开设的思想政治理论课来实现,讲授的一般是抽象的理论体系。而大学生的价值取向存在多元化和复杂化共存的状况。不少大学生感觉在校园内和课堂上接触到的马克思主义有些太过深奥而单调,因此产生理论和现实脱节的困惑;加上大学生面临的一些切身利益问题不能得到解决,从而会对马克思主义产生失望甚至抵触的情绪。"马克思主义政党只有赢得青年,才能赢得未来"。在高校推进马克思主义大众化,必将开阔思想政治教育的思路,对大学生思想政治教育工作的创新有着重要的现实意义。③ 汪春翔(2013年)提出,高校要不断创新中国特色社会主义理论与实践教育,帮助学生"深刻领会历史和人民是怎样选择了马克思主义,选择了社会主义道路",不断增强"思想政治理论课教育教学的针对性、实效性和说服力、感染力",这些对推进高校马克思主义大众化具有重要意义。④

2. 关于高校马克思主义大众化的内涵研究

内涵研究主要解决"是什么"的问题,即"什么是高校马克

---

① 戴玉琴,周建超.《高校推进当代中国马克思主义大众化的路径选择》.《扬州大学学报》(高教研究版),2008(12).

② 张雷声.《推进马克思主义大众化的学科建设路径思考》.《高校理论战线》,2010(6).

③ 王俊恒.《高校推进马克思主义大众化的困境及策略》.《湖北社会科学》,2013(4).

④ 汪春翔.《中国特色社会主义教育与高校马克思主义大众化》.《江西社会科学》,2013(3).

思主义大众化",这是高校推进马克思主义大众化的逻辑起点。当前,学术界从不同角度对高校马克思主义大众化的内涵进行了研究,取得了相当丰硕的成果。但对"高校马克思主义大众化"的概念,理论界的理解不尽相同,争论颇多。

一是关于高校马克思主义大众化有无特定内涵的论辩。在马克思主义大众化研究的前期,有学者认为高校马克思主义大众化与一般意义上的马克思主义大众化相比并没有特定的内涵,大学生就是一般意义上马克思主义大众化对象的一部分,不太赞同将大学生作为特定群体进行研究。但随着高校马克思主义大众化研究的深入,越来越多的学者从对象的普遍与特殊关系和内容的一般与具体关系角度出发考察马克思主义大众化的路径的针对性和结果的实效性,赞同将马克思主义大众化具体到不同领域,赋予高校马克思主义大众化以特定的内涵。如秦宣(2011年)认为,马克思主义大众化要对大众化对象群体进行细分或分层,即就其受众而言,应根据其文化程度、知识结构、职业特点、生活状况、年龄、兴趣等进行一定的细分,以满足不同人群对理论的期待、理解和需求,提高工作的针对性和可操作性。其中,高校学生作为社会大众中的知识群体,其掌握马克思主义理论、认同马克思主义思想的程度是影响大众化效果的关键因素,因此需要重点对待。① 夏小华(2011年)等也认为由于有家庭经济、学科专业和政治背景存在差异的原因,因此,大学生中客观存在着不同的群体,高校马克思主义大众化只有把握这些群体差异,依据不同特点,制定合适目标,才能提升大众化的实际效果。②

二是对高校马克思主义大众化中"马克思主义"内涵的讨

---

① 秦宣.《问题与对策:提高马克思主义大众化的实效》.《思想理论教育导刊》,2011(5).
② 夏小华,周建华,吕卫华.《大学生群体差异下的马克思主义大众化》.《阜阳师范学院学报》(社会科学版),2011(2).

论。不少学者从高校思想政治理论课教学的实际需要和大学生的接受能力出发,认为高校马克思主义大众化中的"马克思主义"不应仅包含"当代中国马克思主义",还应包含马克思主义经典理论、毛泽东思想和中国特色社会主义理论体系。如王晓丽(2011年)从论证马克思主义大众化和马克思主义中国化的关系出发,认为不应用当代马克思主义大众化替代马克思主义大众化。因为前者的内涵完全无法涵盖后者。党的十七大报告提出的"当代马克思主义大众化"中的"当代",是强调当今形势背景下马克思主义大众化的特别意义,马克思主义大众化以马克思主义中国化为前提,中国化的马克思主义有其历史的连续性,当代马克思主义大众化离不开其他历史时期的马克思主义大众化所打下的基础和所做的铺垫,单纯以"当代马克思主义大众化"作为以往所有历史时期马克思主义大众化的研究起点,只能是穿凿附会,断章取义。① 但大多数学者从马克思主义的整体性出发,认为当代中国马克思主义是马克思主义的一部分,在当代中国推进马克思主义大众化就是推进当代中国马克思主义大众化。如邱云(2011)指出,高校推进马克思主义大众化,就是用中国特色社会主义理论体系教育学生,武装学生头脑,使学生认识、理解、接受和认同这一科学理论体系,并内化为自己的政治信仰、价值准则和行为指南,使之坚定马克思主义的信仰,坚定社会主义的信念,树立正确的世界观、人生观和价值观。②

三是关于高校马克思主义大众化是过程还是结果的争论。有学者认为,高校马克思主义大众化是一动态过程,这一过程主要表现为群众不断掌握马克思主义理论的过程,马克思主义理论也在这一过程中不断得以发展,实现中国化和时代化。另

---

① 王晓丽.《普通高校推进马克思主义大众化问题研究》.吉林大学,2011.
② 邱云.《关于高校推进马克思主义大众化实效性的思考》.《毛泽东思想研究》,2011(7).

外一些学者则持不同观点,他们承认马克思主义大众化是一个用理论"化大众"和实现理论"大众化"的过程,但究其追求的根本目标,马克思主义大众化是为了实现"理论掌握群众"的最终状态。当前,更多的学者趋向于两种观点的结合,认为马克思主义大众化既表现为"化大众"和"大众化"的群众掌握理论的过程,又体现出理论掌握群众的结果,是过程和状态的统一。即通过理论的教育、宣传和实践活动,大众能够自觉按照马克思主义立场、观点、方法分析问题和解决问题,最终得到马克思主义理论掌握大众这样一种结果。关于高校马克思主义大众化的过程,普遍的观点认为,高校马克思主义大众化实质上就是马克思主义理论传播中的"双向互动"过程。芮鸿岩等(2010年)认为,高校推进当代中国马克思主义大众化的过程,实际上是教育者和受教育者的双向互动过程,是由相关传播者的"教"和作为接受者的学生的"学"的共同作用过程。[①] 冯刚(2010年)等认为,高校推进马克思主义大众化的过程实际上是两个过程的辩证统一:一方面,它是大学生接受、理解当代马克思主义中国化的理论成果,形成对中国特色社会主义理论体系的认识,并自觉内化为走中国特色社会主义道路的政治信念的过程;另一方面,它是贯彻国家的教育方针并有意识地组织有助于青年学生内化爱国家、爱民族、爱社会主义情感的系列活动过程。[②] 范小强(2013年)等从过程和结果两个方面进行考量,对"高校马克思主义大众化"下了一个明确的定义:高校马克思主义大众化主要是指高校思想政治工作者(主要是思想政治理论课教师)运用大学生喜闻乐见的形式和通俗化的手段,对大学生进行马克思主义宣传、教育和普及,最终使马克思主义为

---

① 芮鸿岩,张陟遥.《论当代中国马克思主义大众化在高校推进中的"四个统一"》.《毛泽东邓小平理论研究》,2010(5).
② 冯刚,张东刚.《高校马克思主义大众化研究报告(2010)》.北京:光明日报出版社,2010.

大学生理解和掌握,并内化为自身的价值信仰、思维方式和行为指南。①

3. 关于当前高校马克思主义大众化存在的问题研究

当前,学术界普遍认为高校在推进马克思主义大众化的过程中做了很多工作,付出了很多努力,但依然存在不少问题,需要在理论上加强研究,在路径和机制上不断创新。当前高校马克思主义大众化存在哪些问题?

一是大学生自身存在的问题。汪春翔(2013年)认为,当代大学生对我们党坚持把马克思主义基本原理同中国具体实际相结合的艰难奋斗历程缺乏深入了解;对党为实现改革开放的伟大转折、开辟中国特色社会主义道路所进行的艰苦探索和付出的代价,缺乏切身的感受。②周建华(2011年)等在考察了大学生的信仰后认为,目前部分大学生的马克思主义观及接受马克思主义教育的状况不容乐观。主要表现在两个方面:其一,在什么是马克思主义的问题上,对马克思主义的内涵缺乏准确和深刻的理解;其二,在如何对待马克思主义的问题上,对马克思主义的信仰缺乏科学的认识,不完全清楚科学信仰与宗教信仰的区别。③李冬华(2011年)则从大学生对待思想政治理论课的心理特点出发研究认为,有些大学生对与自己利益攸关的问题投入的精力较多,重视专业课程的修读,着重培养各种生存技能,而对思想政治理论课十分淡漠;各种非马克思主义思想意识、新自由主义、历史虚无主义和拜金主义、极端个人主义、享乐主义等形形色色的有害思潮,不同程度地影响着大

---

① 范小强,马宁.《从三个维度看高校马克思主义大众化》.《思想教育研究》,2013(4).

② 汪春翔.《中国特色社会主义教育与高校马克思主义大众化》.《江西社会科学》,2013(3).

③ 周建华,吕卫华,夏小华.《马克思主义大众化视阈中大学生青年马克思主义者培养的现实路径》.《当代世界与社会主义》,2011(3).

学生的道德观念、价值判断标准、政治倾向等。① 李雅儒(2012年)则进一步认为,由于思想政治理论课的地位和重要性并没有像专业课那样在实践中被充分体现出来,使部分大学生学习当代中国马克思主义理论的动力不足、兴趣不高。有些学生甚至把思想政治理论课看成一种负担,经常逃课。高校在学习、宣传马克思主义大众化过程中,往往存在着重形式、走过场的现象,导致马克思主义大众化在高校教育中存在实效性不足的问题。② 周川(2011年)则指出,当代大学生具有较强的政治敏感性,但普遍存在"重专业技能、轻思想理论"的倾向。③

二是高校主体队伍建设方面存在的问题。王金华(2010年)认为,高校在配备思想政治课教师方面把关不严,专职教师少,外聘教师多,备课无检查,教学水平低,使得学生不感兴趣;马克思主义理论课大多是以上大课的形式进行的,课堂纪律差,教师授课难度大,教学效果欠佳。④ 荆钰婷(2010年)认为,一些思想政治理论课教师的教学缺乏说服力、感染力,照本宣科、看图说话,知识陈旧、方法简单,缺少逻辑感召力和艺术吸引力。⑤ 邱云(2011年)认为,目前高校思想政治理论课教学没有制定严格的教师准入制度,使一些不具备马克思主义理论知识水平和能力的教师承担了这门课程的教学,导致教学效果差,学生不愿听,甚至反感,更谈不上让教学内容进学生头脑;有的教师虽然具备马克思主义理论知识水平,但教学方法和教

---

① 李冬华.《略论在大学生中推进马克思主义大众化的主要路径》.《学校党建与思想教育》,2011(14).

② 李雅儒,赵雪峰.《高校思想政治理论课在推进中国马克思主义大众化中的载体作用》.《思想教育研究》,2012(5).

③ 周川.《加强高校马克思主义大众化的必要性与实效性探究》.《教育理论与实践》,2011(9).

④ 王金华.《论高校马克思主义大众化平台建设》.《理论月刊》,2010(11).

⑤ 荆钰婷,谭劲松.《推进高校马克思主义大众化载体与方法创新探析》.《思想理论教育导刊》,2010(6).

学手段落后,使学生感到枯燥无味,效果差,没有吸引力。① 关于思想政治教育实务工作者。陈东海(2009年)提出,辅导员队伍是高校推进当代中国马克思主义大众化的骨干力量。近年来,辅导员队伍不断壮大,但大部分是从学校到学校缺乏实际工作经验的硕士研究生,他们对当代中国马克思主义的理解不深,对中国社会实际缺乏了解,再加上相当一部分人不安心本职工作,导致他们对学生的教育效果不佳。②

三是关于体制和机制方面存在的问题。陈洁(2009年)认为,高校推动当代中国马克思主义大众化的机制,是指高校在对大学生开展当代中国马克思主义理论教育过程中的各构成要素之间的因果联系和运转方式。在高校马克思主义大众化机制方面,存在第一课堂与第二课堂的合作机制尚未完善、思想政治教育与专业教育之间的协调机制尚未建立、思想政治教育内部运行机制尚不健全等问题。③ 邱云(2011年)认为,虽然高校在宣传和理论研究上都认为推进当代中国马克思主义大众化很重要,但在实际推进工作中并没有得到真正体现,一些有指导意义的理论研究成果得不到实际应用。④ 高长玲(2010年)认为,存在的问题主要有理论与实际相脱节、制度约束保障欠缺和手段落后于时代要求等问题。⑤ 王俊恒(2013年)认为,高校忽视了马克思主义大众化的资金保障机制、评价机制和激励机制等有关机制的建构,严重影响了大众化进程。具体表现

---

① 邱云.《关于高校推进马克思主义大众化实效性的思考》.《毛泽东思想研究》,2011(7).
② 陈东海.《高校推动当代中国马克思主义大众化存在的问题与对策》.《周口师范学院学报》,2009(26).
③ 陈洁.《高校推进马克思主义大众化机制的思考》.《思想理论教育》,2009(23).
④ 邱云.《关于高校推进马克思主义大众化实效性的思考》.《毛泽东思想研究》,2011(7).
⑤ 高长玲.《高校推动当代中国马克思主义大众化对策研究综述》.《黑龙江高教研究》,2010(7).

为:资金投入不足、评价思想政治理论课质量的机制尚未成熟、推进马克思主义大众化稳步发展的激励机制尚未建立。①

4. 关于高校马克思主义大众化的路径研究

路径研究主要是解决"怎么做"的问题,即"如何推进高校马克思主义大众化",是指高校推进马克思主义大众化的具体途径和方法。当前,在学术界相关研究中,关注高校马克思主义大众化路径研究的成果最多。

一是要高度重视高校马克思主义大众化的阵地建设。高校马克思主义大众化阵地主要有思想政治理论课阵地、宣传阵地、实践阵地、网络阵地和红色社团阵地。

关于思想政治理论课主阵地建设。夏小华等(2011年)认为,思想政治理论课是高校马克思主义大众化的主阵地,因此高校应该围绕马克思主义大众化的基本要求组织开展思想政治理论课教育的教学工作。② 纪亚光(2010年)也提出高校马克思主义大众化要依靠第一课堂,即大学生思想政治理论课的教学。③ 潘静(2011年)认为,马克思主义大众化与思想政治理论课不仅在学科建设方面具有紧密联系,而且在实践层面是统一的,统一于马克思主义理论的教育实践之中。因此从思想政治理论课的视角推进高校马克思主义大众化是可行的、有效的。④ 周川(2011年)则进一步提出,提高思想政治理论课教学实效是高校推进马克思主义大众化的关键。为此,要坚持理论与实际相结合,增强教学的针对性和说服力;要处理好教材体

---

① 王俊恒.《高校推进马克思主义大众化的困境及策略》.《湖北社会科学》,2013(4).

② 夏小华,周建华,吕卫华.《马克思主义大众化是思想政治理论课教育教学的基本要求》.《思想理论教育导刊》,2011(7).

③ 纪亚光,吴荣生.《论大学生"红色社团"在推进高校马克思主义大众化中的作用》.《思想理论教育导刊》,2010(1).

④ 潘静.《马克思主义大众化与高校思想政治理论课的辩证关系分析——兼论如何推进高校马克思主义大众化》.《广西社会科学》,2011(8).

系和教学体系的关系;要采取多样的教学方法,提高教学效果;要合理利用多媒体、互联网等现代化教学手段,提高马克思主义理论课的吸引力。① 李雅儒(2012年)更加明确地提出,高校思想政治理论课是推进马克思主义大众化的重要载体。在推进过程中取得了可喜的成绩,但也有一些问题不容忽视。针对这些问题,可通过完善激励和保障机制,稳定教师队伍,完善教师知识结构,提升教师素质和探索教学方法等途径进一步推动高校马克思主义大众化。② 关于实践性教育方法,王朝方(2009年)认为,教师可以根据课程内容和特点制定相应课程的实践教学大纲,提出实践目的、实践要求、实践安排、实践内容、实践考核方式和方法等。同时,社会、学校党政领导要高度重视,并及时提供用于思想政治理论课实践教学的专项经费。③ 冯刚(2009年)则指出,在现有网络传播载体和工具之中,博客具有独特优势,是目前最适宜教师开发应用的一种网络辅助教学工具。④

关于宣传阵地建设。袁高丽(2011年)认为,构建高校马克思主义理论宣传普及的工作平台,是顺利推进高校马克思主义大众化的保证。只有切实做好高校的马克思主义理论传播和教育,马克思主义理论才能真正地实现大众化,才能转化为大众的思想武器。⑤ 纪亚光等认为高校推进马克思主义大众

---

① 周川.《加强高校马克思主义大众化的必要性与实效性探究》.《教育理论与实践》,2011(9).
② 李雅儒,赵雪峰.《高校思想政治理论课在推进中国马克思主义大众化中的载体作用》.《思想教育研究》,2012(5).
③ 王朝方.《论高校思想政治理论课实践教学的意义及其途径》.《理论导刊》,2009(9).
④ 冯刚.《高校马克思主义大众化研究报告(2009)》.北京:光明日报出版社,2009.
⑤ 袁高丽.《论高校在马克思主义大众化中的重要平台作用》.《重庆科技学院学报》(社会科学版),2011(3).

化要依靠学校官方宣传机构的思想舆论的作用。① 商光美（2012年）认为要重视校园精神文化建设，要在既充分尊重个体价值取向多样化又坚持价值导向一元化的原则下，努力营造一种良好校园精神文化氛围，使一切思想文化和精神文化都能坚持正确导向，达到宣传科学真理、传播先进文化、塑造美好心灵、弘扬社会正气的目的。②

关于实践阵地建设。高校推进马克思主义大众化需要发挥好思想政治理论课和宣传等主阵地的显性教育作用，也需要利用好社会实践的隐形教育作用。芮鸿岩（2009年）从实践是马克思主义大众化的本质诉求这一角度，提出高校作为推进马克思主义大众化的重要阵地，应结合当代大学生的思想特点、成长规律和认知规律，构建培养大学生青年马克思主义者的实践育人体系。③ 汪春翔（2013年）认为，可以利用重大革命事件纪念日（如建党、建军纪念日）或重要革命人物纪念日（如孙中山、毛泽东等领袖人物的诞辰或逝世纪念日），举行特定主题的党团活动等社会主义教育实践活动，让学生在实践中亲身感知和体验，以提高教育效果。④ 商光美（2012年）则呼吁，教育行政部门和学校要建立健全实施社会实践环节的管理制度和专项经费投入制度，健全社会实践的评估机制，设立社会实践的考核标准，尤其要把实践成绩与奖学金的评定及三好学生、优秀团员等荣誉称号的评定挂钩。⑤

---

① 纪亚光，吴荣生.《论大学生"红色社团"在推进高校马克思主义大众化中的作用》.《思想理论教育导刊》，2010(1).

② 商光美.《高校马克思主义大众化的实现路径思考》.《东北师大学报》（哲学社会科学版），2012(5).

③ 芮鸿岩.《实践视阈中大学生青年马克思主义者的培养》.《当代世界与社会主义》，2009(6).

④ 汪春翔.《中国特色社会主义教育与高校马克思主义大众化》.《江西社会科学》，2013(3).

⑤ 商光美.《高校马克思主义大众化的实现路径思考》.《东北师大学报》（哲学社会科学版），2012(5).

关于网络阵地建设。网络等新媒体是大学生获取知识信息、交流情感和思想最常用、最喜闻乐见的平台,高校马克思主义大众化必须利用好这一阵地。王太钧(2010年)认为,要实现马克思主义大众化就必须抢占网络媒体阵地,必须正确处理好马克思主义大众化与网络大众化之间的关系,积极探索网络大众化背景下马克思主义大众化的有效途径。① 为此,周川(2011年)认为可在校园网建立互动平台,或建立QQ群,教师可开设电子邮箱或微博,提供若干论题,让大学生自由发表意见,提出问题,教师给予引导。同时,学校要建立课程信息资源库,涵盖学术前沿、拓展知识、经典案例、教师导航、阅读书目等内容,以满足大学生个性化、多样化、系统化和拓展性学习的需要。② 张陶然(2011年)建议建立"红色网站"。③ 江胜尧(2011年)认为,可以在校园网的醒目位置开辟马克思主义专栏。④ 李冬华(2011年)建议创办网上电子刊物,开办网上专题讲座,针对现实中出现的热点问题,进行网络信息交流,力求把严肃的宣传教育变得生动形象一些,使网络宣传教育融思想性、知识性、趣味性于一体。⑤

关于红色社团阵地建设。学生理论性社团通常也被称为"红色社团"。纪亚光(2010年)等认为,高校大学生"红色社团"普遍具有坚定的政治性、鲜明的时代性、广泛的群众性和科学的实践性等特点和优势,在推进高校马克思主义大众化进程

---

① 王太钧.《网络大众化背景下的当代马克思主义大众化》.《求实》,2010(4).
② 周川.《加强高校马克思主义大众化的必要性与实效性探究》.《教育理论与实践》,2011(9).
③ 张陶然.《论大学生"红色网站"对推动马克思主义大众化的作用》.《中国报业》,2011.12(下).
④ 江胜尧.《高校推进马克思主义大众化的实践路径》.《人民论坛》,2011(9).
⑤ 李冬华.《略论在大学生中推进马克思主义大众化的主要路径》.《学校党建与思想教育》,2011(5).

中发挥着重要的作用。① 刘艳(2011年)指出,大学生"红色社团"的特点和自身优势能够把深奥的马克思主义理论,用通俗易懂的语言和丰富多彩的实践活动表达出来,并将马克思主义大众化的传播主体与受众主体(学生)紧密地联系起来,真正达到了历史与逻辑、理论与实践、形式与内容、宏观与微观的有机统一。② 江胜尧(2011年)还建议,将马克思主义理论社团的建设与"青年马克思主义者培养工程"的建设结合起来,从经费开支、硬件配备、指导教师选派等方面予以倾斜,从而保证马克思主义理论社团能正常开展活动,在实践中培养和造就一批马克思主义理论的自觉学习者和忠诚实践者。③

二是要真正重视主体队伍建设。任阿娟(2010年)等考察了思想政治理论课专业的教师队伍情况,她认为马克思主义大众化对教师队伍的要求很高,需要他们有较高的学术水平和教学技巧,以展示哲学的魅力;需要他们坚定正确的政治方向、充分体现主旋律;需要他们的教学切合学生成长与生活的实际,避免空洞说教等。④ 所以,田克勤(2010年)等认为,高校要合理核定专任教师编制,制定思想政治理论课教师任职资格标准,建立和完善思想政治理论课教师队伍培训体系等。⑤ 陶武(2013年)提出了"两主体"论,一是传播者主体,主要是马克思主义理论的各级宣传文化工作者;另一个是接受者主体(人民

---

① 纪亚光,吴荣生.《论大学生"红色社团"在推进高校马克思主义大众化中的作用》.《思想理论教育导刊》,2010(1).
② 刘艳.《高校马克思主义大众化实现路径的新探索——基于大学生"红色社团"的思考》.《广西社会科学》,2011(5).
③ 江胜尧.《高校推进马克思主义大众化的实践路径》.《人民论坛》,2011(9).
④ 任阿娟,白利鹏.《高校讲坛推进马克思主义哲学大众化的理论思考》.《昆明理工大学学报》(社会科学版),2010(6).
⑤ 田克勤,王心月.《当代中国马克思主义的"三进"与大众化》.《高校理论战线》,2010(11).

大众)。① 商光美(2012年)提出了"多主体"论,认为要通过健全教师队伍、加强部门协调、扶持学生社团等措施,切实增强和提升我国马克思主义的大众化水平。② 彭恩胜(2012年)也有相同观点,认为要想有效推进当代中国马克思主义大众化,高校就必须建立起一支包括马克思主义理论研究者、传授者、政工人员和学生骨干在内的信念坚定、业务精湛、专兼结合、功能互补的马克思主义大众化队伍。③ 夏小华(2011年)等从"需要—动机"理论出发,详细考察了高校马克思主义大众化的过程,认为其主体队伍有三个,分别是:推进主体——学校党委;教育主体——思想政治理论课教师和政工干部;接受主体——大学生,并详细论述了提高三个主体的有效性的具体路径。④

三是要针对具体实践不断创新路径。柏伟(2011年)等认为高校推进马克思主义大众化要做好三个"紧密结合",即把马克思主义的科学性与通俗性紧密结合起来;把显性教育与隐性教育紧密结合起来;把马克思主义理论队伍建设与推进大众化的制度建设紧密结合起来。⑤ 赵欢春(2011年)指出一个世纪以来,高校对马克思主义的学习、研究、宣传在不间断地进行,尽管中途有曲折,但总体上体现了与时俱进的大趋势,表现为三个结合:第一,高校推进马克思主义大众化与马克思主义中国化运动相结合;第二,高校推进马克思主义大众化始终与培养中国革命与建设的人才目标指向相结合;第三,思想教育与

---

① 陶武.《试论当代中国马克思主义大众化的主体性》.《合肥学院学报》(社会科学版),2013(3).
② 商光美.《高校马克思主义大众化的实现路径思考》.《东北师范大学学报》(哲学社会科学版),2012(5).
③ 彭恩胜.《当代中国马克思主义大众化在高校的实现路径》.《教育理论与实践》,2012(6).
④ 夏小华,周建华,吕卫华.《在大学生中推进马克思主义大众化主体有效性研究》.《中国青年研究》,2011(8).
⑤ 柏伟,倪先敏.《高校推进马克思主义大众化的三个结合研究》.《西南大学学报》(社会科学版),2011(3).

马克思主义的知识教育相结合。① 薛中君(2011年)认为,高校推进马克思主义大众化需要将理论问题与现实问题相结合,坚持组织教育与自我教育相结合、传统传播手段与新传媒相结合,坚持显性教育与隐性教育相结合、教育引导与自觉探求相结合,坚持社会发展与个人发展相结合。② 孙渝莉(2012年)认为,创新高校推进马克思主义大众化的实践路径,就是通过正确认识当代大学生对马克思主义理论的认知特点;在大学生的认知型实践、体验型实践、操作型实践中,教育组织者都要重视广大学生的参与性,凸显高校推进马克思主义大众化实践的主动性、教育性、生动性、体悟性、情境性和深刻性,从而提高大学生的马克思主义理论水平和运用马克思主义理论解决实际问题的能力。③

四是要整合力量,不断完善机制。秦岭峰(2008年)认为,高校马克思主义大众化应当建立行之有效的工作机制、财政支持机制、媒体宣传机制、法规保障机制。④ 陈洁(2009年)认为,高校要做好外部机制和内部机制建设,外部机制是指大学生思想政治教育与专业教育的协调机制及全员育人机制;内部机制是指第一、第二课堂联动机制,以及规划机制、保障机制、评估机制、预警机制等思想政治教育运行机制。⑤ 冯刚(2009年)等认为,应建立健全工作责任制及考核与评价机制。⑥ 商光美

---

① 赵欢春.《高校推进马克思主义大众化的百年历程(1919—)》.《学校党建与思想教育》,2011(1).

② 薛中君.《高校马克思主义大众化的基本经验》.《学校党建与思想教育》,2011(10).

③ 孙渝莉.《高校推进马克思主义大众化实践路径探析》.《学校党建与思想教育》,2012(3).

④ 秦岭峰.《当代中国马克思主义大众化的理论思考》.《理论界》,2008(8).

⑤ 陈洁.《高校推进马克思主义大众化机制的思考》.《思想理论教育》,2009(23).

⑥ 冯刚.《高校推进当代中国马克思主义大众化若干问题的思考》.《思想理论教育导刊》,2009(9).

(2012年)提出,高校党委、政工、宣传部门要在统一部署下,力求实现对马克思主义理论学科建设、课堂教学和日常普及、宣传工作的统一领导和整体谋划,建立和完善与高校内相关机构相配套的高校马克思主义大众化的协作运行系统。高校党政要协调配合,共同参与高校马克思主义大众化工作重大问题的决策,以统一的马克思主义理论为指导,牢固树立理论宣传意识,把理论教育融于学校管理之中,建立长效机制,为高校马克思主义大众化工作的顺利开展提供人、财、物等方面的保障。[①]

王俊恒(2013年)比较详细地提出了完善机制的具体路径:一是要建立和完善资金保障机制,资金投入是基础性物质保障,只有保证经费的持续投入,才能确保马克思主义大众化的实际质量。高校不能仅仅依赖国家财政性教育经费投入的增加,而要根据自身实际情况,采取措施,积极寻求资金来源。二是要建立和完善评价机制,科学的评价可以准确反映出马克思主义大众化宣传教育的实际效果,以便发现差距,努力改进。因此,高校需要建立客观的评价标准,运用科学的评价方法对马克思主义大众化宣传教育的效果进行多角度和全方位的评估。三是要建立和完善激励机制,激励机制能够有效激发和调动人的能动性,不仅可以增大宣传教育者的动力,使其积极投入到马克思主义大众化的工作之中,而且可以激励大学生自觉学习、研究和运用马克思主义科学理论。[②]

5.对相关研究成果的评价

总结上述研究成果,发现关注高校的研究成果数量虽多,但视野尚显不够开阔、同质性研究过多、研究体系相对不够完善、成熟度稍显不够。当前,有少数学者重视对马克思主义大

[①] 商光美.《高校马克思主义大众化的实现路径思考》.《东北师范大学学报》(哲学社会科学版),2012(5).

[②] 王俊恒.《高校推进马克思主义大众化的困境及策略》.《湖北社会科学》,2013(4).

众化对象的一般性研究,以内容的一般性代替方式的具体性,甚至否认将某一群体作为马克思主义大众化研究对象的必要性,不承认高校马克思主义大众化研究的理论价值和意义。

(二)国外有关马克思主义大众化的研究现状及趋向

目前,国外关于马克思主义大众化的研究总体呈现以下三个趋向:

一是热衷于对中国化的马克思主义的性质探讨。在马克思主义中国化发展过程中,对毛泽东思想,国外学者关注比较多的是其与马克思主义的关系,而对邓小平理论及其后来的发展,国外学者主要关注的是其是否是真正的马克思主义、是否是马克思主义在中国的发展运用。国外某些学者认为,中国从毛泽东到邓小平、江泽民、胡锦涛的转变过程是马克思主义逐渐被淡化的过程。但美国学者阿里夫·德里克却指出,"中国模式"中被大力称道的"民族经济的一体化、自主发展、政治和经济的主权,以及社会平等主题的历史和中国革命的历史一样悠久"。德国前总理赫尔穆特·施密特也认为:"邓的改革将使中国的共产主义走向合理化,并从而把它引上发展经济的道路。毫无疑问,按照邓的意志,中国将来仍然是一个共产主义社会。"

二是热衷于对中国特色社会主义道路的研究。对"中国特色社会主义"的判断和解释,关键是对"特色"内涵的理解。国外不少学者都看到,中国将继续进行卓有成效的探索,以找到国家最有效的发展道路。但在这一进程中所形成的文明社会到底是称为"中国特色的社会主义",还是冠以其他名称,在他们看来都不那么重要,重要的在于它如何给亿万中国人民带来更为美好的生活。俄罗斯学者雅科夫列夫认为,中国特色社会主义"不仅扭转了20世纪后期世界社会主义陷入低潮的趋势,而且必将对21世纪社会主义的发展产生不可估量的影响"。保加利亚著名理论家尼·波波夫教授认为:"中国目前选择并实践的模式,是唯一可以挽救和建设社会主义的模式,是唯一正确的充满希望之路。"

三是热衷于对有无中国模式的论辩。也有国外学者将中国模式称为"北京共识"。新加坡《联合早报》认为,在发展问题上,西欧模式、日本模式、美国模式都没有很好地处理经济效益与社会公平的问题,而中国正在探索的发展模式,就是要在效率和公平之间寻求平衡。对于有无中国模式,国外学者的看法不一,有的认为根本没有模式,如里奥·霍恩认为:中国之所以成功,恰恰因为没有局限于模式,中国的经验在于把握住了成功的机遇。但更多学者倾向于有中国模式,认为这种模式具有"始终把保持稳定放在首位"、"把消除贫困看作重要任务,并且取得成就"、"实事求是,采用渐进的方式进行改革"、"采取开放的态度,既学习别人之长,但又以我为主,绝不盲从"等方面的特点。

上述研究基本上反映了国外马克思主义大众化内容研究的特点,对于推动当前马克思主义中国化、大众化进程有借鉴意义。当然,我们在利用国外资料进行研究的同时,更要用严谨的治学态度对其进行考证和辨伪,坚持以马克思主义的立场、观点和方法对其谬误之处采取严肃的批评态度,并进行必要的分析和评述。

二、研究的理论意义及应用价值

（一）理论意义：为高校推进马克思主义大众化提供学理支持

党的十八大报告提出要"推进马克思主义中国化时代化大众化,坚持不懈用中国特色社会主义理论体系武装全党、教育人民",要"推动中国特色社会主义理论体系进教材进课堂进头脑"。报告指出"中国特色社会主义事业是面向未来的事业,需要一代又一代有志青年接续奋斗"。报告要求,"广大青年要树立正确的世界观、人生观、价值观",“要在投身中国特色社会主义建设伟大事业中,让青春焕发出绚丽的光彩"。大学生是青年群体的重要组成部分,是中国特色社会主义事业未来的建设者和接班人,能否在大学生中推动马克思主义大众化,关乎国家的未来、民族的希望。所以,在大学生中推动马克思主义大众化就成为当前高校落实十八大精神的重要政治任务、迫切的理论要求和客观的实践需要。

(二)应用价值:为高校推进马克思主义大众化提供路径方法

1. 探讨建立特色鲜明的高校马克思主义大众化模式

本研究试图用实证分析的方式,发现当前在大学生中推动马克思主义大众化存在的问题和困难,为高校马克思主义大众化指明发展路向,探索解决当前高校马克思主义大众化过程中存在"重理论灌输轻价值引导、重政治教育轻文化启迪、重思想控制轻情感交流、重共同性轻差异性"的问题的办法,以探索出更具实践性的大众化模式和路径。

2. 试图开发建立高校马克思主义大众化效果的量表测评体系

采用PZB模式,测量并绘制大学生对马克思主义大众化的期望值和感知度之间的差异性坐标图,为提高高校马克思主义大众化的实际效果和提升满意度提供实证参考。

3. 探寻构建高校马克思主义大众化的和谐机制

建立专家学者的理论指导和教育实务者的实践经验相统一、解决思想问题和解决实际问题相结合、马克思主义大众化的显性和隐形资源相联系,学校党建思政、教育教学、学生事务、共青团工作和心理咨询等多方力量相融合,理论灌输、情感交流、活动载体、服务感知、质量测评等方式共同作用的高校马克思主义大众化的和谐运行机制。

三、研究方法与重点

（一）研究思路

本项目选取马克思主义大众化的一个重要领域——高校为研究视角，以高校马克思主义大众化路径为研究对象，以理论、历史、现实的逻辑顺序为研究框架，基于对高校马克思主义大众化历史、国别和现实的理性分析，分析马克思主义大众化存在的现实问题，在广泛吸收社会学、伦理学、教育学、心理学等相关学科成果的基础上，对高校马克思主义大众化的研究现状、内涵特征、队伍保障、环境影响、传承借鉴、任务要求、理念指向和实证完善等八个方面展开研究。

循此研究思路，本文以现有学术研究成果为支撑，考察当前理论界对马克思主义大众化、特别是高校马克思主义大众化研究领域所取得的成果，充分吸取其理论价值，探究高校马克思主义大众化的内涵与特征；进而以问题作为研究的切入点，直指当前高校马克思主义大众化的现实困惑，指出高校马克思主义大众化在主体、载体、机制等方面存在的问题，在综合评估国内外影响因素的基础上，设计和开发高校马克思主义大众化效果的评估指标体系，讨论当前高校马克思主义大众化的机遇与挑战；回顾中国高校马克思主义大众化的历程，反思苏联马克思主义理论教育的挫折与失败，借鉴当代其他社会主义国家高校马克思主义理论教育的经验，思考当前我国高校马克思主义大众化的理论和实践基础；从协调、投入、考评激励和有机互动四个机制建设，探索高校马克思主义大众化的互动与耦合的可能性；进一步从更微观的角度——大学生群体的再分化这一差异性入手，探索高校马克思主义大众化的基本原则和主要路径。研究思路总体遵循从理论到实践、从实证研究到应然建构、再到试验研究的路径。

(二)研究目标

在系统分析高校马克思主义大众化实践路径的理论来源、学理意义、实践现状、国外启示、历史脉络、典型经验、主体队伍、机制构建、效果评估的基础上,把握大学生群体的类的属性和群体内部的差异性,希冀提供更具针对性、时效性、实效性的高校马克思主义大众化实践路径。具体来说,项目研究目标主要有:

梳理中国高校马克思主义传播脉络,研究马克思主义何以从各种社会思潮中脱颖而出,从社会思潮到精英文化再到指导思想的发展历程,揭示马克思主义理论的巨大生命力和无穷魅力,研讨当前如何用当代中国马克思主义引领社会思潮。

着眼于国外社会主义国家,如古巴、越南和苏联等开展高校马克思主义理论教育的实践经验和教训,考察其对当前中国高校马克思主义大众化的借鉴和启示意义,思考当前高校马克思主义大众化的理论和实践基础。

以大学生在人口特征(性别、民族、年龄、年级等)、学生经历(学生干部、资助、党团员身份等)、专业背景(文理科)、社会背景(城乡差异、家庭经济条件、文化背景)、学校类别等方面的差异性为因子,采用实证的方法,构建高校马克思主义大众化效果的量化评估指标体系;

比较考察全国高校马克思主义大众化的实践成果,分析当代中国马克思主义大众化在高校的境遇,明确大学生认知、理解、认同和实践当代中国马克思主义的路径、动因和内在机理,系统分析高校场域和文化定势给当代中国马克思主义带来的冲击和排斥,探索在不同群体大学生中推动马克思主义大众化的内容、原则和路径。

(三)研究方法

文献研究法主要用于理论部分的研究。通过文献检索、资料分析、比较归纳,借鉴国内外研究成果,从中汲取营养,激发灵感，以增强本研究的前沿性。

历史分析法通过追溯国内外高校马克思主义大众化的历史脉络，为高校马克思主义大众化研究的理论架构奠定基础。

实证研究法包括问卷调查、座谈访谈等。主要了解当前高校马克思主义大众化的实际效果和资源的利用状况，并对调查结果进行定性和定量分析，发现问题，以增强高校马克思大众化研究的针对性和有效性。重点研究高校马克思主义大众化效果的满意度评价量表的开发。

系统研究法。系统论的基本原则是：整体性原则、有序性原则和动态性原则。从整体性原则来看，高校马克思主义大众化的内容不仅要注意马克思主义理论本身的整体性，而且方法也应遵循其他领域马克思主义大众化的普遍规律；从有序性原则来看，马克思主义大众化的过程受主体的认识、情感、意志、信念等一系列因素的影响；而任何主体其自身的思想、行为、道德水准等也是一个运动发展的过程，同时，社会生活也是一个动态系统。因此在研究高校马克思主义大众化的过程中必须坚持系统综合分析的方法。

四、拟突破的重点和难点

（一）路径研究

利用跨学科的方式和情感教育的研究成果，探讨建立特色鲜明的高校马克思主义大众化的模式，探讨解决在一元、多元价值冲突和社会转型背景下高校马克思主义大众化存在"重理论灌输轻价值引导、重政治教育轻文化力量、重思想控制轻情感交流、重共同性轻差异性"的问题的方法，从而探索出高校推动马克思主义大众化的有效实践路径。

（二）机制研究

试图构建显性和隐性资源相联系，学校党建思政、教育教学、学生事务、共青团工作和心理咨询等多方力量相融合，理论灌输、情感交流、活动载体、服务感知、质量测评等方式共同作用的高校马克思主义大众化的和谐工作机制。

(三)效果评估研究

当前,即使是以宏观社会为研究对象的马克思主义大众化研究,也少有用实证评估方式考察马克思主义大众化的实际效果的。因此,在对象上关注大学生群体,并以大学生群体内部的差异性为变量,开发高校马克思主义大众化效果量表测评体系,测量大学生对马克思主义大众化的实际感知程度,非常重要。难度虽不小,但却值得尝试,因为它可以为提升高校马克思主义大众化和思想政治理论课的实际效果提供实证参考,可以完善马克思主义理论的研究方法。

第二章 内涵与特征:高校马克思主义大众化的学理意义研究

本章用"从一般到特殊"的研究方法,首先考察以中国宏观社会为研究对象的马克思主义大众化的科学内涵,进而从大学生自身特点出发,探究高校马克思主义大众化的特殊内涵和意义,为高校马克思主义大众化的实践路径研究提供学理意义。

一、马克思主义大众化的科学内涵

(一)马克思主义大众化和马克思主义中国化、时代化

马克思主义中国化和时代化提出的时间要远早于马克思主义大众化。党的十七大报告第一次提出"马克思主义大众化"这一命题,并且将其与中国化和时代化一并提出,更加体现出中国共产党人对马克思主义基本原理的清晰透彻和完整的理解。马克思主义本身就是一门实践的科学,它不仅不回避现实问题和矛盾,而且不断用理论思维洞察问题表象背后的实质,告诉人们解决这些问题的路径和方式,并且通过解决这些实际问题来显示自己理论的勃勃生机。因此,马克思主义必须要面对中国在发展过程中遇到的新问题和时代进步过程中出

现的新困惑,并且通过理论创新来解决这些问题和困惑,这其实就是马克思主义中国化和时代化的过程。

习近平同志指出:"掌握马克思主义,最重要的是掌握他的精神实质,运用他的立场、观点、方法和基本原理分析解决实际问题。马克思主义基本原理,体现马克思主义的根本性质和整体特征,体现马克思主义世界观和方法论的科学性、革命性的高度统一。相对于在特定的历史环境中所作的个别理论判断和具体结论而言,基本原理是对事物本质和发展规律的概况,具有普遍和根本的指导意义。我们说老祖宗不能丢,很重要的就是马克思主义基本原理不能丢。"①马克思主义基本原理揭示的是事物的本质和发展规律,其被应用于中国,并在中国落地生根,就诞生了中国化的马克思主义;其与不同时代的中国国情相结合,就诞生了毛泽东思想、邓小平理论、"三个代表"重要思想和科学发展观等。这就如同牛顿将数学方法应用于物理学而诞生经典力学的道理一样。胡适曾指出:"二千三四百年前的柏拉图和阿里斯多德,和我们的时代不同,事势不同,历史地理不同,他们的话是针对他们的时势说的,未必能应用于我们中国今日的时势"。"要知道舆论家的第一天职,就是要细心考察社会的实在情形。一切学理,一切 Ismas,都只是这种考察的工具。有了学理作参考资料,便可使我们容易懂得所考察的情形,容易明白某种情形有什么意义,应该用什么救济的方法。"②所以,作为基本原理的理论需要与国情、世情相结合,这一相结合的过程其实就是本土化和时代化的过程,当然也是理论自身创新的过程。

马克思主义是一门研究社会和人类历史发展变化规律的科学,归根结底是为了实现人的自由和全面发展。研究人的科

---

① 习近平.《中国共产党90年来指导思想和基本原理的与时俱进及历史启示》.《学习时报》,2011-06-27.
② 《胡适文集》第11册,北京大学出版社,1998.

学,不可能如同研究物的自然科学那样在实验室中完成,自然需要大众的广泛参与和主动作为。马克思指出:"理论一经掌握群众,也会变成物质力量。理论只要说服人,就能掌握群众;而理论只要彻底,就能说服人。"①中国化和时代化了的马克思主义是符合中国的国情和时代特征的理论指南,但虽然理论能够解决大众的现实问题,大众也不可能天然地成为科学理论的信仰者。理论所隐含的逻辑演化规律和意义引领价值,并不像解决实际问题那样简单直接,只有加强理论的教育和宣传工作,才能让群众掌握理论,感受理论的魅力。在掌握理论的过程中,人民群众就会自觉地用理论来考证生活中的经验感悟,更加真实地理解到理论的合目的性(先进性)和合规律性(科学性),从而从被动教育客体转变为积极接受主体,甚至发展为成功的教育主体,自觉成为科学理论的自发宣传者,这样理论就为群众所掌握。当人民群众的主体性被极大程度焕发后,就会爆发创造力,将生活中健全完整的实践经验和感悟传递给理论家们,理论家们再将其升华为理论成果,从而不断丰富和发展理论。马克思主义理论虽然博大精深,但在基本情感和关怀上是非常容易被人民群众掌握和接受的,否则马克思主义就不可能实现大众化。并且,当理论家在繁琐的理论思辨中迷失方向时,人民群众的鲜活实践和成功经验往往是纠正、转换思路和开阔视野的一剂良方。正如毛泽东同志所言:"读过马克思主义'本本'的许多人,成了革命叛徒,那些不识字的工人常常能够很好地掌握马克思主义。"②这其实是说理论有一个"实践—理论—实践"循环往复的发展过程,也可以说明马克思主义大众化的逻辑演化规律和根本意义。

  由上论述可知,马克思主义中国化和时代化两个过程是相互交织在一起的。在中国化的过程中,必须要考虑当时独特的

---

① 《马克思恩格斯选集》(第1卷),第2版,北京:人民出版社,1995.
② 《毛泽东选集》(第1卷).北京:人民出版社,1991.

时代需要和呼唤,实现马克思主义时代化;在时代化的过程中,必须要考量中国特有的国情民意,实现马克思主义中国化。但具体来看,两个概念的侧重点是不同的:中国化是以国别地理差异为变量的,属于马克思主义本土化的一个特定部分,在概念上和越南、古巴、朝鲜的马克思主义相区别;时代化是以时间差异为变量的,考量特定地域国家不同年代马克思主义本土化的理论成果。如自中国共产党成立以来,中国共产党人将马克思主义与中国不同时代的需要相结合,相继诞生了毛泽东思想、邓小平理论、"三个代表"重要思想和科学发展观等重要理论成果。

相比较马克思主义中国化和时代化,大众化描述的不仅是马克思主义理论教育、宣传和普及过程,而且还表现为在其过程中诞生新的理论成果的过程。其应包含"依据外部动力的群众掌握马克思主义理论"和"自觉内化的马克思主义为群众掌握"这样两个阶段。换句话说,马克思主义大众化的内容就是中国化和时代化了的马克思主义理论成果,同时在大众化的过程中,又进一步推动了马克思主义中国化和时代化的进程。

(二)大众化与马克思主义大众化

"大众化"作为一个名词,和马克思主义相联系是党的十七大的新提法。但在此之前,"大众化"曾经分别和两个名词相联系,给我们留下了相当深的印象。

1.上世纪 30 年代的"文艺大众化"运动

当时的"大众化"是被作为文艺理论术语而广泛使用的。当时的社会现实是一些封建通俗文艺在群众中盛行和广泛流传,革命文学作品却不受人民大众的欢迎,而当时的革命形势又迫切需用文艺作品来启发、动员、号召工农群众的革命热情。其原因,左翼作家认为主要是文艺的通俗化程度不够,文学与人民大众之间存在着明显的隔阂和距离,要解决这个矛盾,就需要将文艺与工农群众的解放事业联系在一起。鲁迅在《文艺的大众化》一文中提出,"应该多有为大众设想的作家,竭力来作浅显易解的作品,使大家能懂、爱看"①;郭沫若说:"我们希望的新的大众文艺,就是无产文艺的通俗化。"②毛泽东在延安文艺座谈会上从文艺工作者的角度更加明确地指出这一问题,"就是我们文艺工作者的思想感情和工农兵大众的思想感情打成一片。而要打成一片,就应当认真学习群众的语言。如果连群众的语言都有许多不懂,还讲什么文艺创造呢?"③

可以看出,当时所说的文艺大众化中的"大众"指的是在特定历史条件下需要吸收过来参加革命的工农群众,包括工农兵;而"大众化"则主要是指传播语言的通俗化,即用群众的语言,让群众看得懂和爱看我们的革命文艺作品。

2. 十多年前对我国影响深远"高等教育大众化"实践

高等教育大众化理论起源于20世纪70年度的美国。二战以后,美国高等教育规模迅速扩张,量的扩张引发了高等教育观念、职能、管理、入学与选拔等方面一系列的质变。美国学者马丁·特罗分别于1970年、1972年、1973年发表了《从大众高等教育向普及高等教育转化的思考》、《高等教育的扩张与转变》、《从精英向大众高等教育转变中的问题》等三篇长篇论文,以高等教育毛入学率为指标将高等教育大众化分为"精英、大众和普及"三个阶段。按照这种理论,我国于2002年进入高等教育大众化阶段。十多年来,我们深刻地感受到了大众化在人才培养目标、培养方式及学生事务管理等方面给高等教育带来的巨大冲击。

显而易见,高等教育大众化中的"大众",相对于"精英"和

---

① 鲁迅.《文艺的大众化》,《鲁迅全集》(第7卷).北京:人民文学出版社,2005.

② 郭沫若.《新兴大众文艺的认识》,文振庭.《文艺大众化问题讨论资料》.上海文艺出版社,1987.

③ 毛泽东.《在延安文艺座谈会上的谈话》,《毛泽东论文学和艺术》.北京:人民文学出版社,1965.

"普及"而言,仅仅描述的是数量的变化,而不是指具体特定的对象;"大众化"主要指的是高等教育学生数量未来的发展趋向。

马克思主义大众化中的"大众化"和两者的内涵有相同之处。它包含文艺大众化中"通俗化"的思想。因为当代中国的大众是一个复杂多元的群体,受教育程度不尽相同,对马克思主义理论的理解能力和需求程度也不尽相同,特别是对一些文化程度比较低的群体而言,需要我们将一些抽象、深奥的文字转变为具体、通俗的和富有亲和力的语言。这一方面,马克思为我们做出了示范,他的讲授让听众感到愉悦,表现出他有做科学理论普及工作的天赋。威廉·李卜克内西回忆说:"他提出一个问题时,总是力求简短,然后用较长的解释来说明它。尽量不用工人们听不懂的字句。然后他叫听众提问题,如果没有人发问,他就开始考问。他的考问也是很有教学技巧的,任何疏漏或误解都不能逃过他。"①马克思主义大众化还包含高等教育大众化中对大众数量的要求,就是希望通过宣传、教育,让更多的人来理解和掌握马克思主义理论,实现一个量的突破。其不同之处主要在于其领域不同,马克思主义大众化是政治领域的大众化,文艺大众化和高等教育大众化分别是指文艺领域和高等教育领域的大众化。由于领域不同,所以马克思主义大众化与上述两种大众化在内涵、途径和方式等方面都存在着明显的差别。

(三)马克思主义大众化与当代中国马克思主义大众化

马克思主义大众化和当代中国马克思主义大众化的主要区别在于内容范围大小的不同,是整体与局部的关系。当代中国马克思主义大众化是指特定内容——中国特色社会主义理

---

① 中央编译局编.《回忆马克思》,北京:人民出版社,2005.

论体系的大众化;而马克思主义大众化的内容则更为宽泛,包括马克思主义基本原理及其后来的发展。如前文所述,目前学界有学者从完整性方面考虑,认为提"马克思主义大众化"比提"当代中国马克思主义大众化"更为全面。其实,如果从整体性方面来看当代中国马克思主义,它并非是一个独立的理论片段或孤立的理论成果,它是对马克思列宁主义、毛泽东思想的继承和发展,是马克思主义在当代中国灵活运用的成果,两者在性质和核心内容上是完全一致的。因此,在当代中国推进马克思主义大众化其实就是"推进当代中国马克思主义大众化";如果机械地用局部和整体的关系人为地把两者相割裂,反而不符合马克思主义的完整性和系统性,不是对待马克思主义的科学态度。

那么既然如此,为什么不提"马克思主义大众化"而提"当代中国马克思主义大众化"呢?这主要涉及内容上的重点性和一般性关系及对象上的特殊性和广泛性问题。

1. 内容上的重点和一般的关系

世界各国的发展史告诉我们,一个国家发展得快,随之出现的问题和需要解决的问题就多。当前中国正处于快速发展阶段,改革已经步入深水区,各种社会矛盾凸显,迫切需要更有针对性的理论来迅速解决问题和管控危机。应运时代特征而生的当代中国马克思主义,产生于改革开放宏观社会背景之下,因而,解决这些问题的针对性很强。比如贫穷与社会主义的关系,邓小平理论告诉我们"贫穷不是社会主义",社会主义需要解放生产力、发展生产力,消除两极分化,实现共同富裕;比如长期执政的中国共产党,如何做好党的自身建设与执政能力建设,"三个代表"重要思想告诉我们,要始终代表中国最广大人民的根本利益,始终代表先进文化的前进方向,始终代表先进生产力的发展要求,不断加强执政能力建设和先进性建设,永葆党的生机和活力;比如面对快速发展所遇到的新难题,如城乡差异、区域差异、环境污染和发展不平衡等,科学发展观告诉我们,要坚持以人为本,树立全面、协调、可持续的发展观,促进经济社会和人的全面发展,按照"统筹城乡发展、统筹区域发展、统筹经济社会发展、统筹人与自然和谐发展、统筹国内发展和对外开放"的要求推进各项事业的改革和发展。马克思说过:"理论在一个国家的实践程度,决定于理论满足于这个国家的需要的程度。"①当前中国的发展比以往任何时候更需要中国特色社会主义理论体系的指导,这就决定了当代中国马克思主义成为当前中国推动马克思主义大众化的重点内容。重点虽不能完全代表一般,但可以依据现实国情的需要,先重点后一般,且重点体现并集中反映了一般的性质,两者并不矛盾,只是顺序上的先后关系。

2. 对象上的特殊性与广泛性的关系

中国人口众多,人们在岗位、职业和受教育程度等方面差异很大,因此对马克思主义的需要程度也不一样。马克思主义大众化也未必要求把每个人都培养成为马克思主义理论的专家,并且也不可能做到这一点,正如邓小平在视察南方的谈话中所言:"学马列要精,要管用的。长篇的东西是少数搞专业的人读的,群众怎么读?要求都读大本子,那是形式主义的,办不到。"②所以,面对更广泛的对象,马克思主义大众化只是需要人们掌握当代中国马克思主义的基本路线、基本方针、基本政策和基本经验,这样党的工作就有了群众基础;在借助这些路线、方针、政策传递党执政的价值取向的同时,广大人民群众也可以通过了解和熟悉这一理论体系,掌握党和国家政策调整变化的规律,更好地从党制定的路线、方针、政策中获取最大的利益,提高自身生活水平;还有利于凝聚人心和价值认同,达成政治共识,促进社会稳定和谐。而对于特殊对象——比如理论工

---

① 《马克思恩格斯选集》(第1卷).北京:人民出版社,1995.
② 《邓小平文选》(第3卷).北京:人民出版社,1993.

作者和党的领导干部,则需要更加深入系统地学习和研究马克思主义,全面掌握马克思主义的基本理论、基本观点和基本方法,并创造性地用这些理论、观点、方法分析问题、解决问题,不断提炼党将马克思主义理论应用于中国特色社会主义实践过程中所取得的伟大成果,不断总结广大人民群众在这一过程中创造性地应用马克思主义理论的思想智慧和实践经验,在实现当代中国马克思主义大众化的过程中不断丰富和发展当代中国马克思主义。当代中国马克思主义大众化体现了对象上的广泛性和特殊性的统一,有利于提升大众化进程中的路径选择的有效性。

（四）对马克思主义大众化内涵的理解

党的十七大报告在论述"建设社会主义核心价值体系,增强社会主义意识形态的吸引力"时提出,"开展中国特色社会主义理论体系宣传普及活动,推动当代中国马克思主义大众化"。《十七大报告学习辅导百问》中更加明确提出,马克思主义大众化就是"指通过宣传教育,使马克思主义理论由抽象到具体、由深奥到通俗、有被少数人理解掌握到被广大群众理解掌握的过程"①。党的十八大报告在论述"加强社会主义核心价值体系建设"时,再次提出:"推进马克思主义中国化、时代化、大众化,坚持不懈用中国特色社会主义理论体系武装全党、教育人民。"因此,对于马克思主义大众化内涵的理解应该注意以下几个方面:

一是马克思主义大众化的主要内容是当代中国马克思主义。党的十七大和十八大报告都明确提出马克思主义大众化的主要内容是当代中国马克思主义,特别是中国特色社会主义理论体系。

---

① 本书编写组.《十七大报告学习辅导百问》.北京:党建读物出版社,学习出版社,2007.

二是马克思主义大众化的主要目的是加强社会主义核心价值体系建设。通过宣传教育,增强人们对中国特色社会主义理论体系的情感认同、价值认同和政治认同,自觉将社会主义核心价值理念内化于精神生活,外化为自觉行动,从而引领社会思潮,凝聚社会共识,达到维护主流意识形态安全、实现国家长治久安的目的。

三是马克思主义大众化的主要手段是宣传教育。马克思主义大众化是通过宣传教育让大众接受理论的过程,同时还是马克思主义理论创新——马克思主义不断中国化和时代化的过程。

四是实现马克思主义大众化的基本方式是由抽象到具体、由深奥到通俗。即在大众化方式上,要注意将马克思主义理论具体化和通俗化,不断提升马克思主义大众化的针对性和实效性。

五是马克思主义大众化的对象是人民大众。在当前社会结构多元化、利益诉求多元化、文化思潮多元化的背景下,人民大众分化为不同阶层,这些阶层有着不同的利益、文化和精神诉求,并且不同知识结构和文化程度的人对马克思主义理论的理解能力或程度也客观存在着差异。所以在马克思主义大众化的过程中,要充分考虑人民大众的这些差异,开展有针对性的工作,以满足不同群体的人民大众对理论的不同理解、不同需求和不同期待,激发人民大众对马克思主义的接受意愿。

二、高校马克思主义大众化的内涵与意义

(一)高校马克思主义大众化与马克思主义大众化

高校马克思主义大众化和马克思主义大众化之间是具体和一般的关系,它是马克思主义大众化的一个具体领域。其所涉及的对象应包含高校全体人员,包括所有的师生和员工。但为了增强研究的针对性,本书仅以大学生群体为研究对象专门

探讨高校马克思主义大众化。

(二)高校马克思主义大众化的内涵

关于高校马克思主义大众化的实现方式,有学者认为是和实现马克思主义大众化的基本方式一样,即是一个"把马克思主义基本原理由抽象到具体、由深奥到通俗,由被少数大学生掌握到被全体认知、接受、尊崇和力行的过程"。笔者不赞成这一观点。一是由于马克思主义大众化的对象不同,其内涵应该存在诸多特质性要求,因而会呈现出不同的典型的特征,所以不能将普遍意义上的马克思主义大众化方式简单地挪用至大学生群体,这样会忽略马克思主义大众化内涵的独特性,从而降低教育方式的针对性和有效性。二是不能仅仅将高校马克思主义大众化描述成理论武装群众的"化大众"和"大众化"的过程方式,其还应同时表现为群众掌握理论的目标和结果。"化大众"和"大众化"的"理论掌握群众"是前提和基础,没有"化大众"和"大众化",理论就不可能掌握群众,社会主义核心价值体系就不可能成为人们解决问题和处理矛盾的利器,当代中国马克思主义也不可能成为凝聚人心的力量之源。"群众掌握理论"是马克思主义大众化所要追求的最终目标。两者是过程和结果、方式和目标的关系,相互联系。不能割裂两者的联系,否则会顾此失彼,使马克思主义大众化失去目标,或被动功利。

综上所述,高校马克思主义大众化就是面向大学生群体,以当代中国马克思主义理论为主要内容,以宣传、教育和实践为具体路径,以活动为载体,以课堂为主要阵地,让大学生掌握马克思主义理论,学会用马克思主义的立场、观点判断、分析和解决问题,自觉将社会主义核心价值体系内化为精神需要,外化为实际行动,做坚定的青年马克思主义者,最终实现用马克思主义武装大学生群体的目的。

(三)高校马克思主义大众化的意义

"用马克思主义中国化最新成果武装当代大学生"课题组的一项调查表明:大学生最关心的问题依次是:就业、贫困生救助、大学生活如何度过、物价上涨、贫富差距拉大、党风建设、社会治安、祖国统一、农民工生活、为人处世和待人接物等。大学生最困惑的问题是:中央一再强调贯彻落实科学发展观,为什么这一科学理论在有的基层单位未能得到很好的贯彻落实;中央旗帜鲜明地反腐倡廉,为什么有的地方和部门腐败现象仍然不断滋生和蔓延;社会发展了,生活改善了,为什么有的人依然有牢骚和不满等。大学生最期待思想政治教育工作解决的问题是:在思想多样化的大学校园,如何增强社会主义意识形态的吸引力和凝聚力,切实把社会主义核心价值体系转化为自觉追求。① 这些问题,正是在大学生中推动马克思主义大众化所要解决和回答的重点问题,同时这些问题也在提醒广大高校理论工作者,大学生群体对社会热点问题关注度高、政治敏感性强,但他们自身经历相对简单,理论视野尚不够宽阔,所以在实际生活中遇到的理论和现实问题及困惑还很多。这就不仅需要我们传道授业,教给他们马克思主义的基本原理和理论;更应该解疑释惑,引导他们学会用马克思主义的思维方式和立场看待、分析、解决和处理现实问题。所以,在大学生群体中推进马克思主义大众化意义重大,大学生理应成为马克思主义大众化的重要对象。

1. 大学生肩负的历史使命决定了大学生是马克思主义大众化的重要对象

当代大学生,寄托着国家的希望,代表着民族的未来。江泽民同志曾经指出:"马克思主义政党只有赢得青年,才能赢得

---

① 河南财经学院课题组.《用马克思主义中国化最新成果武装当代大学生》,人民日报,2008—03—19(7).

未来。党的事业离不开青年,青年成长更离不开党。"胡锦涛同志指出:"一个有远见的民族,总是把关注的目光投向青年;一个有远见的政党,总是把青年看作推动历史发展和社会前进的重要力量。"习近平同志也语重心长地指出:"历史和现实都告诉我们,青年一代有理想、有担当,国家就有前途,民族就有希望,实现我们的发展目标就有源源不断的强大力量。""在革命、建设、改革各个历史时期,中国共产党始终高度重视青年、关怀青年、信任青年,对青年一代寄予殷切期望。中国共产党从来都把青年看作祖国的未来、民族的希望,从来都把青年作为党和人民事业发展的生力军,从来都支持青年在人民的伟大奋斗中实现自己的人生理想。"可以说在社会主义建设的各个历史时期,党对青年特别是大学生这一群体,都抱有很高的期望,都提出过很高的要求。大学生也用自己的实际行动为社会进步、国家繁荣和民族振兴作出了贡献。

据统计,2011年我国就有近3 000万大学生(包括本科生、专科生和研究生)。他们是十分宝贵的人才资源,他们的思想道德素质、科学文化素质和身心健康素质如何,直接关系党和国家的前途命运,关系中国特色社会主义事业的兴衰成败,关系全面建设小康社会和中华民族伟大复兴目标能否实现。青年大学生的成长,牵动亿万家长的心,涉及千家万户的幸福,关系广大人民群众的根本利益。因此,切实加强和改进大学生思想政治教育工作,是培养社会主义合格建设者和可靠接班人、确保党和国家事业兴旺发达的"希望工程",是实践"三个代表"重要思想,落实科学发展观,办好让人民满意教育的"民心工程",是提高全民族素质、建设社会主义精神文明的"基础工程"。而在当代大学生中推动马克思主义大众化是提高大学生思想政治素质的重要途径。

2. 当前马克思主义理论教育面临的机遇和挑战决定了大学生是马克思主义大众化的重要对象

随着社会信息化、经济全球化的持续推进，国际间政治、经济力量此消彼长的发展变化所导致的世界多极化，国内改革开放的深化，以及高等教育快速发展等，都给人们提出了许多深层次问题，比如"随着经济全球化不断发展，各种思想文化相互激荡，如何用马克思主义武装青年学生，引导青年学生吸收人类优秀文明成果，批判、抵御西方腐朽落后思想文化？如何弘扬主旋律，广泛深入地进行爱国主义、集体主义和社会主义教育，引导青年学生坚定中国特色社会主义信念？如何积极主动地运用现代科技手段，使先进、积极、健康的思想文化占领网络阵地？随着高等教育规模的不断扩大和改革的不断深化，如何准确把握当前学生思想、生活、学习的特点，有针对性地加强马克思主义大众化教育？"① 这些问题解决得好，就能成为高校推进马克思主义大众化的机遇，反之，则可能成为影响高校稳定、社会和谐的危机和隐患。

20世纪，随着东欧剧变和苏联等社会主义国家的解体，冷战时代随之结束。有些人也随之在思想上出现松懈，认为不必太过于关注意识形态了，应该专注于搞好经济建设。这种思想在当下有蔓延趋势，一些党的领导干部一谈起GDP就情绪高涨，一说到党的建设和思想建设就兴致不高。改革开放以来，我国的经济建设取得了举世瞩目的成就，这一点毋庸置疑。但思想领域确实存在滑坡现象。一个政党如果没有意识形态的危机意识，一个社会如果忽视了核心价值体系的建设，盲目崇拜物质，就会使人们变成经济的动物，经济建设所带来的物质富足不仅不会给人们增添幸福感，反而会让人们在价值观上产生错乱，如"端起碗吃肉，放下筷子骂娘"的现象等。物质上的

---

① 周济.《抢抓机遇，乘势而上，加强和改进大学生思想政治教育》,《中国高等教育》,2004(21).

富足只是社会稳定的基础,但远不能实现民族复兴,成就"中国梦"。长此以往,还有可能上演20世纪末诸多社会主义国家分崩离析的悲剧,这一点必须警醒。

还有些人认为现在已经是全球化时代了,各种文化、价值观念都应得以自由传播。这些人混淆了"全球化"的概念,忽视了在"全球化"前面还应该增加而且必须增加的限定词——经济。在马克思所设想的"未来社会"没有实现之前,全球化只可能局限地存在于经济层面,即"经济全球化"。所谓的文化全球化和意识形态全球化等,只不过是西方发达资本主义国家强行推行自己价值观的借口。这一点很容易被我们忽视,有的学者在写文章时,有意无意之中省略了全球化前面的定语,甚至还有人宣扬所谓的"普世价值观"及价值观的全球化。这些观念对生活阅历相对简单、知识结构尚不丰富的大学生群体毒害很深。有些学生在西方价值观的欺骗下,简单地接受了其宣传的所谓的"自由、民主、平等",而没有透过这些浅层的文化表象,看清其本质的虚伪性和欺骗性。

经过多年实践,我们在意识形态教育方面有过经验,但同样也有过教训。意识形态教育需要从经典理论中寻找依据来驳斥西方思维方式的逻辑错误,但同样需要从一些具体案例中洞察其本质,在与学生的对话中揭示其欺骗性。我们一些思想政治教育工作者,有时忽略了这一点,放着一些生动的素材不用,而用一些学院化的语言来陈述其理由,有时只有论点没有论据、只有理论没有生活,语言显得很苍白,这样不仅不会驳倒西方意识形态,还会让学生怀疑我们意识形态的先进性。

还有些时候,我们颠倒了主次,模糊了观点。我们应该清楚,我们不是在反驳西方意识形态所倡导的"自由、民主、平等"这些词语所内含的正义性,而是要揭穿这些口号背后的虚伪性。"自由、民主、平等"是人类的共同理想,同样也是我们社会主义核心价值观的必然追求。如我们要建立的社会主义和谐社会的总要求是"民主法治、公平正义、诚信友爱、充满活力、安定有序、人与自然和谐相处";作为社会主义核心价值体系基础的"社会主义荣辱观"的基本内涵是"以热爱祖国为荣、以危害祖国为耻;以服务人民为荣、以背离人民为耻;以崇尚科学为荣、以愚昧无知为耻;以辛勤劳动为荣、以好逸恶劳为耻;以团结互助为荣、以损人利己为耻;以诚实守信为荣、以见利忘义为耻;以遵纪守法为荣、以违法乱纪为耻;以艰苦奋斗为荣、以骄奢淫逸为耻"。这些概念化的口号都已非常清晰地将"自由、民主、平等"等作为我们的价值追求。所以我们在教育中一定要明确地告诉我们的学生,我们是批驳西方提这些口号背后的虚伪性,而不是批驳这些口号的价值意义。

关于西方推崇的两党制中"民主"的虚伪性。2010年我到台湾考察时,台湾领导层正希望通过一部ECFA。这部法律的内容很多,其中有一部分是关于向大陆开放教育和卫生设施,因此得到台湾老百姓特别是教师和医生的支持。因为台湾地区的生源和病员非常缺乏,希望通过向大陆开放医疗和教育服务,以期获得更多的发展。然而,台湾的在野党——民进党却坚决反对这部法律。他们考虑很多,借口也很多,但其本质原因是什么呢?一位台湾的教授告诉我们在野党反对的真正原因。他说"ECFA一旦通过,老百姓获得了实惠,就会支持国民党,民进党就会失去选票,民进党肯定不会愿意出现这样的情况。他们绝不是为了老百姓的利益,而是为了自己的党派利益"。当党派利益和百姓利益发生冲突时,政党会毫不犹豫地选择前者。这就是西方政党政治的本质。有些时候,我们在批判西方意识形态时,还需要有足够的政治勇气,不能搞全盘否定。我们应该承认这种政党制度的存在有其一定的合理性,这种合理性在于在野党的监督,使执政党不能为所欲为,因而可以少犯错误。但"合理性"不代表其具有"优越性"。西方政党制度的"朝野之争",使其行政效率低下,党派利益之争使国家错失很多发展机遇。

有人认为,台湾地区的议会制度很民主,可以自由发表意见,甚至可以打架。我在台湾时,听到台湾一名大学教授的一席话后,恍然大悟。他的大体意思是:议员的经费按选民多少配送,即选民越多,经费越多,所以他们不仅要想方设法增加新选民,还要巩固老选民。如果不能替选民说话,就会失去选民,失去选民就有可能失去议员席位。各党派在利益冲突面前只能代表自己党派的利益,不可能代表其他选民的意愿,所以很多议员在议会上的发言,只是象征性的,没有多少实质意义,根本不可能维护他所代表的选民的利益。不能够维护选民的利益,选民就认为议员在议会中没有替他们伸张意愿,议员也就可能会失去自己的选票。于是,只要有电视直播的议会会议,必然有打架或扔鞋子的事发生。因为打架或扔鞋子就会在电视上露脸,他们就可以告诉选民,我替你们说话了。他进一步说道,当电视镜头切换后,这些打架的议员们很有可能坐在一起谈笑风生或推杯换盏,他们完全是在愚弄选民。

再看看日本。日本要想在经济上获得很好的发展,就必须和亚洲各国特别是中国搞好关系,这是日本国家利益的务实需要。作为政治家的安倍晋三,其实他比谁都明白这一点。但是,为了获得右翼势力的选票,他却不顾中国人民和一部分日本明智人士的反对,明知不可为而为之,一再伤害中日关系。说到底,他是在用牺牲国家利益的方式来谋取个人的、党派的利益。其实,西方的政党选举,很多都是哗众取宠的骗人把戏。选举口号是为了笼络人心,而不是站在国家利益的负责任高度引领民意;选举时呈现给选民的良好的个人或政党形象,其实是在作秀演戏,在大选获胜后,很多承诺便成了空头支票。本世纪初,布朗为何从英国的"最风光大臣"沦落为"最短命的首相",原因很多,但其当面一套背后一套对待自己支持者的政策质询,甚至辱骂其为"偏执狂"的做法,恐怕也是其失利的主要原因。台湾的陈水扁更是政治作秀的高手,他的参选口号是"正义第一",但是当他执政后,岛内人民却很难从他身上看到"正义"二字,许多人称他"善变、善辩、善骗",是一个不折不扣的表演者。他的这种表演,虽然让他成功当选为台湾地区第一位非国民党籍领导人,但也很快成为该地区首位因案入狱的领导人。

其实,政党本质上"是特定阶级利益的集中代表者,是特定阶级政治力量中的领导力量,是由各阶级的政治中坚分子为了夺取或巩固国家政治权力而组成的政治组织"。① 政党总是代表特定的阶级的利益。所以,只要阶级不消亡,就不可能出现代表所有人利益的政党,就不可能实现所有人甚至最广大人民的"自由、民主、平等"。因此,能让最广大人民享受"自由、民主、平等"权益的社会形态只能是"社会主义社会",最能让人民享受"自由、民主、平等"权益的社会形态应该是马克思所说的"未来社会"。西方的政党不愿意承认这一社会发展的必然客观规律,这也就注定了他们的价值观具有欺骗性和虚伪性。

透视这些虚伪的所谓的"自由、民主、平等"政治制度后,我们应该坚信我们的制度、理论和道路是适合我们国情的,是有利于我们国家发展的。事实上,中国这么多年已在政治、经济、军事、文化和外交等多方面取得了巨大成就。可是我们就是缺乏信心,因此十八大报告提出,制度自信、理论自信、道路自信,非常适时,振奋人心。三个自信其实可以归纳为中国自信。我们不要老是认为,现代化就是西方的,西方的就是现代化;民主的就是西方的,西方的就是民主。很多时候是因为我们不了解现代化和民主的真谛,所以才有上述观点。现代化归根结底是人的现代化。人是历史的人,是有国度的人,只有本土化的现代化才是我们需要的。日本和韩国的现代化仍然保留了其民

---

① 王浦劬.《政治学基础》,北京大学出版社,2005.

族的特色。如果中国的现代化照搬西方的模式,如果有一天中国和美国没有区别,即使我们的人民富裕了,我们的国力增强了,但毫无疑问的是我们的文化没落了,一个没有自己文化的民族,即使其外在的东西再强大,其衰落或灭亡也会是早晚的事。

即使再会挑三拣四的政治学家,也不可否认中国这么多年来取得的巨大成就;即使再伟大却又苛刻的经济学家,也不可否认中国在两次全球性经济危机中经济保持持续发展的这样一个事实。如果制度、理论和道路全是落后的,我们还会取得这么快的发展,会取得这么好的成就?这显然存在逻辑上的错误。当然,我们也存在这样那样的问题,这是任何一种发展所必须要经历的。一个人从幼儿到少年、青年、壮年、中年……在解决一个又一个问题的过程中,不断成熟,我们不能不允许年轻人在成长过程中犯错误,关键是要看他们是否有解决问题的勇气和办法,是否是在解决问题的过程中不断成长成熟。从"有中国特色社会主义"到"中国特色社会主义",再到最终实现马克思所说的"未来社会",也会如此。我们必须有中国式的自信。

从这个意义上说,需要我们更加全面、透彻地研究新形势下高校推进马克思主义大众化所遇到的新课题、新要求、新任务,采取切实有效的途径和方法,向青年大学生讲清楚一些事实真相,帮助他们澄清一些错误的认识,不断提高他们的思想政治素质。因此,在大学生中推进马克思主义大众化是一项极为紧迫的重要任务,对于培养中国特色社会主义事业的合格建设者和可靠接班人,对于全面实施科教兴国和人才强国战略,确保我国在激烈的国际竞争中始终立于不败之地,确保实现全面建设小康社会、加快推进社会主义现代化建设的宏伟目标,确保中国特色社会主义事业兴旺发达、后继有人,实现"中国梦",具有重大而深远的战略意义。

3. 大学生不仅是马克思主义大众化的重要对象,而且还可以成为一般意义上的马克思主义大众化的重要推进对象

首先,从马克思主义大众化的实现路径来看,大学生是推进马克思主义大众化的重要力量。实现马克思主义大众化的路径很多,但从根本上看,可以归纳为两条可能实现的路径:其一是让理论通俗化,即从抽象走向具体、从深奥走向通俗,具体和通俗化了的马克思主义易懂易学,每个人都可以理解和接受;其二是依靠理论自身的感染力和人民群众的理解力实现马克思主义大众化,因而不需要通过具体化或通俗化的路径,人民群众就能够自觉理解和掌握。

虽然"马克思主义并不玄奥。马克思主义是很朴实的东西,很朴实的道理"。① 但是,中国毕竟还是一个不发达国家,普通老百姓的文化素质不高。由于知识水平和理解能力的局限,他们不可能完全理解没有经过具体化和通俗化了的马克思主义。将一些马克思主义理论具体成一两句通俗化的简单易记的文本符号,如"枪杆子里面出政权","不管白猫、黑猫,逮到老鼠就是好猫","权为民所用,情为民所系,利为民所谋","正衣冠,照镜子,洗洗澡,治治病"等朗朗上口的经典语句,比起一些理论味十足的书房哲学和理论思辨可能更容易被人民大众所接受和掌握。所以,对于普通群众,第一条路径是实现马克思主义大众化的务实选择。

但对于大学生而言,第一和第二条路径都有实现的可能。因为他们具有良好的文化素质和理解能力,在文本上理解马克思主义并不困难,而且他们将来还将成为中国特色社会主义的建设者和接班人,有很大一部分人将会走向各行各业的领导岗位,也有一部分人会成为马克思主义理论的研究者,他们将承担马克思主义理论具体化、通俗化、普及化等大众化的任务。

---

① 《邓小平文选》(第3卷),北京:人民出版社,1993.

如此,大学生不仅容易被理论掌握,而且可以掌握、宣传和普及理论,应该是当代中国推动马克思主义大众化的重要力量,并且最有可能成长为推动马克思主义中国化、时代化、大众化的未来中坚力量。

其次,从马克思主义大众化的传播效果来看,大学生是推动马克思主义大众化的最佳群体。马克思主义大众化实质上是在广大人民群众中普及中国化和时代化了的马克思主义。如从传播效果来看,大学生群体无疑是最佳接受群体。

第一,这一群体具有较强的接受能力。当代大学生通过在高等学校对马克思主义理论的系统学习,掌握了马克思主义的基本理论和知识,并且他们具有较高的文化素质和较强的理解能力,具备了理解和接受马克思主义的基本素质和条件。他们所缺乏的是对中国国情和中国特色社会主义具体实际的了解,一旦走入社会,了解国情,就可以将马克思主义的理论与实践相结合,增强对中国化了的马克思主义的理解和认同,进而成为宣传和普及中国化马克思主义的中坚力量。因此,相比其他对象群体,大学生对马克思主义理论的理解和接受能力较强。

第二,这一群体具有较强的接受意愿。时代化是马克思主义理论的重要特征和马克思主义理论自我完善的客观需要。在回答和解决现实问题的过程中,马克思主义理论不断被丰富和发展,诞生了一个又一个时代化了的马克思主义理论成果。大学生是青年一代的佼佼者,年轻人最容易接受新生事物,最易迅速接受具有时代特征的新理论。因而青年的特征决定了大学生群体应该是传播马克思主义的最佳对象群体。

第三,这一群体最容易组织。马克思主义大众化的对象包括工人、农民、干部等不同群体。这些群体由于生活和工作的需要,独立性和流动性相对较大,难以长时间地将他们组织起来进行马克思主义理论教育。即使有党校和团校,由于各方面原因,也只有少部分人群可以享受这一资源,并且往往只能通过讲座形式,片段式地进行专题教育,系统性很难保证。大学生是相对集中的群体,可以通过课程学分体系,很容易将马克思主义理论教育贯穿于各种专业教育之中,让广大学生系统地学习和掌握马克思主义理论。

第三章　队伍与保障：高校马克思主义大众化的主体有效性研究

当代中国马克思主义，在理论上具有彻底性，在实践上符合中国人民的根本利益，满足中国人民的根本价值追求和思想要求，具有强烈的吸引力和说服力，其有效性不言而喻。但马克思主义大众化实质上是一个教育实践过程，包括领导者的推进过程、教育者的教育过程和受教者的接受过程三个环节。马克思主义大众化的实际效果与大众化进程的三个环节中各要素主体的有效性密切相关。所谓要素主体的有效性，即"诸要素所具有的有利于实现自身在理想的思想政治教育活动中所担负的功能的一切属性"。[①] 只有尊重并发挥各环节要素主体的有效性，激发各主体的主动性、能动性和创造性，马克思主义才能最终"化大众"和"大众化"。

一、高校马克思主义大众化推进主体的有效性

马克思主义大众化是关于意识形态的特殊教育实践活动。

---

① 沈壮海.《思想政治教育有效性研究》.武汉大学出版社,2008.

领导者虽然不直接从事具体的教育活动,但其战略谋划、方针制定、宏观控制、组织协调对马克思主义大众化的推进过程起着明确的导向作用,因此可以将马克思主义大众化进程中的决策者、谋划者和统领者定位为推进主体。就在大学生中推进马克思主义大众化而言,推进主体应该是学校党委。

(一)加强马克思主义大众化队伍建设

"在国家和党的任何一个工作部门中,工作人员的政治水平和马克思列宁主义觉悟程度愈高,工作本身的效率也愈高,工作也就愈有成效;反过来说,工作人员的政治水平和马克思列宁主义觉悟程度愈低,就愈有可能在工作中遭受挫折和失败,就愈可能使工作人员本身庸俗化和堕落成为鼠目寸光的事务主义者,就愈可能使他们蜕化变质——这要算是一个定理"。① 马克思主义大众化需要一批具有"马克思主义大众化"教育素质的"政治强、业务精、纪律严、作风正"的干部和教师队伍。作为推进主体的学校党委可以充分利用组织优势建设好这支队伍。

一般认为,马克思主义大众化教育主体队伍主要由从事理论研究、承担教学任务的思想政治理论课专职教师与日常思想政治教育的实务工作者两支队伍组成。

目前,第一支队伍受理性主义教育哲学影响较多。他们认为传播理性知识是大学教育的最高原则,特别强调学科理性思维和学科知识传授。在这种观念的指导下,思想政治理论课容易走入"重理论说教轻情感交流、重科学研究轻教育教学、重学科知识灌输轻学生能力培养、重解决思想问题轻解决实际问题"的误区。马克思主义理论教育需要看我们教会学生多少知识、多少原理,但仅仅如此还远远不够。一些思想政治理论课教师课前来,课后走,和学生根本没有交流,仅仅讲授马克思主

---

① 《斯大林文集》.北京:人民出版社,1985.

义理论的科学性,而不去关心学生的所思、所想、所需,不去为学生解疑释惑,期望通过课程考试这种方式迫使学生去死记硬背一些知识点。这样的教学方式即使让学生能考 100 分,也未必能保证学生就是马克思主义理论的热情支持者和坚定信仰者。因为课程在思想领域没有形成共鸣,在情感方面没有获得体验,在实践方面没有机会得以检验,所以,学生对书本的印象只是知识点。为了考试或获得学分,他们迫不得已对书本知识进行强化记忆,这样一种强迫式的教育模式,不仅不会让学生对马克思主义理论产生兴趣,形成信仰,反而会让他们十分反感。

这种局面必须改变。高校党委必须要重视这一问题。要通过制度设计,安排理论工作者和专职教师兼任辅导员,既要关注其教学和科研工作业绩,还要对其兼职工作实绩加强考核。要不断提高理论课教师的准入门槛,让那些理论水平高、科研能力强、实践能力突出,关心学生成长、成才、成人的教师讲授马克思主义理论课程,绝不能将思想政治理论课看成人人都可教的课程。这才是对党的事业高度负责的态度。

事实上,一支队伍要想赢得尊重,首先就是要提高这支队伍的准入门槛,然后就是要建立淘汰机制。一支什么人都可以随便进入的队伍,不可能赢得别人的尊重。思想政治理论课的教师队伍不仅要传授知识,而且要以身示范,在课上、课下向学生展示自己良好的学术水平、道德修养和政治素养。这么高的要求,不是随便什么人都是可以做到的。对于新教师,要采取严格的课程准入制度,还可以尝试模块化教学,即让一批有经验、有阅历的老教师带领他们通过一个一个模块后,才让他们承担完整的教学任务。对于不适合担任思政理论课的教师,要采取严格的淘汰制度。不能照顾面子,或者以教学任务繁重为借口,放松要求,让其承担教学任务。如果这样,课程教学质量就会因此而大打折扣,学生之间会形成代际传递效应,思想政治理论课就会给学生留下不好的印象。

要想使一支队伍获得尊重,还必须增强这支队伍的吸引力。马克思说过"人们奋斗所争取的一切,都同他们的利益有关",①还通俗地描述:"'思想'一旦离开'利益',就一定会使自己出丑。"②在鼓励个体奉献的同时,作为组织,我们不能老是要求个体抛弃个人利益来周全集体和整体利益,我们应该关心并给予每个个体应该获得与所付出相一致的待遇。在利益实现方式多元化的今天,很难设想一些待遇低下的工作岗位会有吸引力。当前部分高校的思想政治理论课教师的劳动价值被贬低、贬值的现象确实存在。由于思想政治理论课通常是大班上课或重复授课,课程的课时数量不仅缩水,而且还被按照一定系数打折扣,课时津贴远低于其他课程。即使是同样的授课课时,课时津贴却存在明显差距,这让很多思想政治理论课教师难以接受。在这一方面,越南的做法很值得我们借鉴。"越南各高校规定马列主义理论课教师的工资比其他专业课教师高出20%,使越南高校出现教师争当马列主义专业教师和争上马列主义课的现象"。③

第二支队伍即思想政治教育实务工作者队伍。主要包括专职从事学生事务管理和学生思想政治教育的辅导员、党务工作者和学工、团委、就业等相关职能部门的同志。他们受功利主义教育哲学的影响较多,认为衡量教育的标准就是实现价值、创造价值,教育应该充分考虑社会的需求,为学生的未来职业作准备。在我国高等教育步入大众化阶段后,学生的就业、学校的生源竞争及各类突发性事件频发,这些都给高校学生思想政治教育实务工作者带来了巨大的心理和工作压力。在这

---

① 《马克思恩格斯全集》(第1卷).北京:人民出版社,2002.
② 《马克思恩格斯全集》(第2卷).北京:人民出版社,1957.
③ 王晓丽.《普通高校推进马克思主义大众化问题研究》[D],吉林大学,2011.

种压力下，他们往往认同功利主义价值观，将学生思想政治教育简单地等同于帮助学生解决实际问题，他们更多地关注大学生的就业指导、心理疏导、学习辅导、行为引导和经济资助等事务性工作，对学生的思想问题和学生关注的理论热点、难点问题关注不够，容易将思想政治教育的主要内容——当代中国马克思主义"中立化"和"客观化"，致使学生思想政治教育价值庸俗化、专业边缘化和内容去意识形态化。他们似乎是在做纯粹的事务性管理和服务工作，忽视了管理和服务作为思想政治教育的重要载体的引领作用。

由于缺乏对自己工作意义和价值的了解和掌控，思想政治教育实务工作者容易为日常事务所拖累，萌生职业倦怠感。而且当思想政治教育实务工作者感到工作没有意义时，其工作就会变成被动的重复的简单劳动，不去对其工作的意义和价值进行思考总结，不去对其工作的实务案例进行分析思辨，不去对其工作的特色进行凝练和提升，这样就很难形成一些标志性的理论和实践成果。而如今高校是一个崇尚学术的领域，需要用科研和教研成果去评聘职称。这支队伍因为缺乏成果，所以，很难获得职务和职称晋升的机会，因而也就难以获得别人足够的尊重。

高校党委应该采取有效措施，关心这支队伍的成长。

一是在科研上设置一些实务性的专项研究项目，鼓励他们进行案例研究。案例研究不仅具有理论反馈和价值澄清意义，而且紧密结合学校实际，直接服务于学校教育教学工作实践，提升学校思想政治教育工作的实际水平，让学生受益。

二是坚持职称评定多元化。当前高校的职称评定主要依据教学和科研实绩。和其他专职教师相比，思想政治教育实务工作者由于工作性质和精力的原因，不可能兼任很多课程的教学工作，不可能从事过多的科学研究，因此在教学和科研积分上明显处于劣势，很难顺利晋升职称。很多思想政治教育实务工作者从事案例和实务研究,这种研究是理论研究的很好补充,具有很强的实践指导意义。即便如此,在当前崇尚学术理性的学术界,很多人看不起实务或案例型研究,认为其学术性和理论性不够,这样的文章很难发表在高级别期刊上。因此,从事实务研究和实践的同志晋升职称异常困难。对于学校党委,包括教育主管部门人员,应按照工作性质,单独设置职称评审序列,以解决这部分人的发展之忧,让他们安心工作。

三是要加大思想政治教育实务工作的经费投入。随着国家对生均经费拨款投入的增加,高校的教学、科研经费改善了许多,但很多高校思想政治教育实务工作的经费投入却没有相应增加,一开展活动就需要到处化缘,到处求帮助和支持。人才培养是一个系统工程,而学生思想政治教育的第二课堂是其重要的组成部分,但由于长期缺乏经费支持,高校的第二课堂活动往往流于形式,缺乏实实在在的、系统的内容,效果不够理想。

四是要在克服学术行政化的同时,也要解决行政学术化的问题。当前社会普遍关注高校学术行政化的问题,但高校同时还存在着另一问题,即行政学术化的问题。如果没有高级职称或博士学位,要想在高校担任中层行政管理职务,基本不太可能。这当然有现实的合理性,因为高校是高级知识分子的聚集地,管理高级知识分子,自己也应该是高级知识分子。但问题是,从事某项具体职能的管理者,特别是实务性工作者,有无必要必须具备高级职称或有博士学位?这一问题值得深入思考。有些教师读完博士,晋升教授职务后,就能直接调整到管理岗位担任领导职务。这些同志有理论功底,但管理经历相对简单、实务思考和案例研究比较少、解决实际问题的能力远不如实务工作者。对高校思想政治教育而言,就会使高校思想政治教育(包括马克思主义大众化)和管理工作的理论和实践衔接不够,产生脱节现象。而且高学历、高职称的专业教师空降行政管理岗位，占用了实务工作者的本不太多的发展空间，在很大程度上挫伤了实务工作者的积极性，让他们感到在管理岗位发展无望，从而减少对本职管理岗位的精力投入，转而从事学术性研究或调至专业教学岗位。这不仅影响了学校的管理工作效能，还以己之短应对别人之长，"关公面前耍大刀"，违背了职业发展的客观规律。

（二）明确在大学生中推进马克思主义大众化的目标

目标确定的准确性和推进措施的针对性呈正相关关系。推进主体应该遵循"先进性与广泛性相统一"的原则，承认大学生对马克思主义理论认知有"程度不同"的差异化现象，建立起符合大学生特点和大众化要求的层次性目标。建立分层目标可以合规律、合目的、合理想地提升马克思主义大众化的针对性，不是降低标准，而是分层要求。

当前，由于缺乏对对象差异性的准确认识和把握，在大学生中推进马克思主义大众化的目标存在单一化倾向，把"对马克思主义信仰"看成唯一目标。很多人不承认大学生群体存在差异性，否认层次性教育的必要性。但事实上，大学生群体中差异性是客观存在的。理由如下：

一是常识告诉我们，只要有人群的地方就会存在差异。因为有人群，就会有排序和分类；有排序，就会存在各种程度差异。当前，高校要评定奖学金，就会要求按照学业成绩进行排序，这种排序自然会产生学业优势和劣势群体；要评定助学金，就会要求按照经济状况进行排序，自然就会产生经济困难和不困难群体等等。此外，按照经历背景又可分为党员与非党员、学生干部与非学生干部等诸多不同的群体。所以高校学生群体的排序和分类的差异是客观存在的，这种差异决定了不同群体学生需求的差异，教育只有考虑到这种差异，方可因材施教。马克思主义大众化也是如此，在考量差异性的基础上进行大众化实践，才更具有针对性和实效性。

一般来说,在大学生中推进马克思主义大众化的目标应该分为三个层面:

一是面向一般学生的"认同"基本目标。高校必须将所有的学生培养成为中国特色社会主义事业的合格建设者,因此"认同"是社会主义大学培养目标的基本要求,同时也是最低要求。

二是面向有资助经历、相关专业背景、干部身份或政治追求等大学生群体的"信念"较高目标。"信念"相比于"认同",具有更为积极的理想追求和态度要求。这部分学生因为有着相对特殊的经历和背景,他们通过学校的资助、教育和培训,更加直接地认识到马克思主义理论和中国共产党的先进性,因而应该将"信念"作为马克思主义大众化的目标追求。

三是面向党员大学生群体的"信仰"最高目标。"信仰"是人的高级心理活动,决定人的认知、情感和行动,是精神支柱和动力之源。无论是主观需要还是客观需要,大学生党员都应成为马克思主义理论的追求者和信仰者,这是在大学生中推进马克思主义大众化的最高目标。

针对上述目标层次,高校党委应该有针对性地设计好马克思主义大众化的实践路径。

一是要设计好不同实践路径。在保证教材的科学性和系统性的前提下,针对不同专业背景,有侧重点地选择重点内容和不同的教育方式、不同的师资力量,满足不同专业学生对马克思主义理论的期待和需求。

二是要选择好重点对象群体。将大学生中的优秀分子作为高校马克思主义大众化的重点接受主体加以培养。学生党员和学生干部有接受马克思主义理论的需求,这一群体教育得好,就可以形成朋辈效应,扩大马克思主义理论的影响力。当前,有些高校充分发挥网络资源优势,要求学生党员参加教育系统马克思理论网络远程培训,规定选修内容和学分。这是一种很好的尝试。

三是要建设好阵地载体。思想政治理论课是马克思主义大众化的重要载体,高校党委要加大投入,重视对学科队伍、工程和内部保障体系建设,保障学科各门课程的教学质量。除此之外,马克思主义大众化还有三块阵地:党校、团校和青年马克思主义培养工程。目前,很多高校对此都非常重视,注重遴选高水平的师资给学生授课。不少学校还将青年马克思主义培养工程拓展为"青年马克思主义者培养学院"和"大学生骨干精英学校",除了对其进行理论教育外,还安排其挂职锻炼和进行社会实践活动,让学生在社会实践中感知马克思主义理论的先进性和魅力。

针对大学生群体差异推进马克思主义大众化,是基于"大众"客观存在的多质化现状而给予的充分尊重。分层目标推进马克思主义大众化是普遍要求和高标准要求的统一,有利于提升高校马克思主义大众化实践路径的针对性和实效性。无论是对于个体还是对于群体,从普遍的最低要求到特殊的高标准要求,都是一个动态发展的有序教育过程。

(三)营造在大学生中推进马克思主义大众化的良好校园文化环境

马克思主义认为,"人创造环境,同样环境也创造人"。① 校园文化是一种隐形教育资源,它以强有力的文化整合和引导能力,从人文关怀的视角,对大学生的道德观念、思想品格、政治素质、行为习惯等起着潜移默化的影响作用。高校作为培养中国特色社会主义事业建设者和接班人的主阵地和各种思想文化交汇的重要场所,其校园文化建设对于推动当代中国马克思主义的大众化具有十分重要的作用。高校校园文化建设的状况如何,不仅直接关系到马克思主义大众化在高校的实现程

---

① 《马克思恩格斯选集》(第1卷).北京:人民出版社,1995.

度,而且会直接影响到马克思主义大众化在整个社会的发展进程。因此,高校校园文化建设与推进马克思主义大众化有着不可分割的关系。

在构建大学校园文化方面,作为推进主体的高校党委要善于营造能够感受理想和信念的精神家园,建立一种多层次的校园文化体系,以满足大学生的价值和心理需求,最终建立一种具有明确导向作用和丰富信念感受的校园文化形态。因此,推进主体不仅要将当代中国马克思主义融入丰富多彩的文化、科技和体育活动之中,而且要大张旗鼓地打造社会主义核心价值体系和中国特色社会主义理论宣传教育品牌,构建校园精神文化;要将当代中国马克思主义和社会主义核心价值体系融入校园环境和体现学校特色的象征性建筑及文化符号之中,构建校园物质文化;要将社会主义核心价值观融入学校精神、学校品格、学校发展目标,以及学生评价评估体系之中,构建校园制度文化。孙成武(2012年)等提出,推进高校马克思主义大众化,应在校园文化建设方面做到以下几点:

一是要大力加强校园精神文化建设,营造有利于马克思主义理论宣传、教育和普及的精神氛围,在思想上、观念上把马克思主义理论渗透到每个校园人的头脑当中。在马克思主义理论的教学方面,进一步加强马克思主义理论学科建设,构建和完善马克思主义理论学科的教学体系、课程体系和教材体系,在教学的内容、形式和手段上不断创新,努力推进中国特色社会主义理论体系"进课堂、进教材、进头脑",增强马克思主义理论课教学的生动性和实效性,充分发挥马克思主义思想政治理论课教学的主渠道作用;在马克思主义理论的日常教育和普及方面,要努力创新马克思主义理论的传播、教育方式和方法,注意采取一系列有效形式和措施来进行马克思主义理论的教育、宣传和普及,如利用校园报刊、广播、电视、互联网等进行马克思主义理论的教育和传播,依托学术讲座、形势报告会、研讨会等形式加强马克思主义理论的学习、研究和交流,从而形成多种传播手段相互补充、多种宣传形式相互配合的马克思主义理论教育和传播体系,增强当代中国马克思主义的影响力、吸引力和渗透力。

二是要大力加强校园物质文化建设,为推动当代中国马克思主义大众化提供必要的物质基础和保证。马克思主义大众化在高校的实现,不仅有赖于校园精神文化建设,而且有赖于校园物质文化建设。校园物质文化作为校园文化的一个重要组成部分,能够对高校马克思主义大众化产生直接的作用和影响,是高校推进马克思主义大众化的物质基础和保障。空气清新、景色宜人的校园环境,具有个性化的校园建筑、富于文化底蕴的校园标志物等,能够陶冶人的情操,振奋人的精神,启迪人的想象,激发人的热情;一流的教学、科研和生活设施、充足的经费投入,是开展马克思主义理论教育教学、宣传普及活动的重要物质保证。因此,高校党委必须根据当代中国马克思主义大众化的实际需要,大力加强校园物质文化建设,并把校园物质文化建设和精神文化建设有机结合起来,强化校园文化管理,优化校园内部环境,完善校园各项活动设施,加大马克思主义理论宣传、教育和研究工作的资金投入,为推进当代中国马克思主义的大众化创造良好的物质条件。

三是要大力加强校园制度文化建设,为推进当代中国马克思主义大众化提供必要的制度保障。校园制度文化是校园精神文化在制度层面的反映,是对校园精神文化和物质文化建设的制度规范。当代中国马克思主义的大众化作为当前高校校园文化建设的一项根本任务,要体现在高校校园文化建设的各个方面和各个环节之中,因此必须要有相应的制度规范,通过一系列制度化建设来加以保障。具体来讲,就是要建立健全马克思主义大众化的宣传教育制度,包括宣传教育的管理制度、激励制度、监督制度、媒体传播制度、考核评价制度,以及宣传队伍培养制度等。通过一列制度化建设,建立起推动当代中国马克思主义大众化的长效机制,使高校马克思主义大众化走上科学化、规范化、制度化的轨道。①

二、马克思主义大众化教育主体的有效性

教育者无疑是马克思主义大众化教育的主体。教育活动的有效性与教育主体的有效性密切相关。马克思指出:"如果你想感化别人,那你就必须是一个实际上能鼓舞和推动别人前进的人",②"要对无产阶级运动有益处",必须是"真正的教育者"③。就在大学生中推进马克思主义大众化的现实而言,其教育主体应该是具有政治鼓舞能力和专业推动能力的"真正的教育者"。

(一)政治鼓舞是对马克思大众化教育主体的共性要求

马克思主义大众化实质就是中国特色社会主义理论和社会主义核心价值体系社会化的过程。马克思主义理论是科学理论,科学的理论虽然具有吸引力,但却不会被大众自发掌握,需要教育主体能够并善于用政治鼓舞的手段和方式宣讲当代中国马克思主义,或者说具有政治鼓舞素质的教育主体开展马克思主义大众化教育才具有有效性。目前,高等学校教师的科学研究水平已经成为教师职称评定和职务晋升的主要标准,这使得很多思想政治教育工作者热衷于科学研究,较少关注课堂上的教学效果,不会以学生感兴趣的热点问题作为切入点,用学生喜欢的语言方式,宣讲当代中国马克思主义。另外,少数教育主体没有正确处理好马克思主义的科学性和政治性的关

---

① 孙成武等.《试析高校校园文化建设中的马克思主义大众化》.《北京交通大学学报》(社会科学版),2012(7).
② 《马克思恩格斯全集》(第42卷).北京:人民出版社,1979.
③ 《马克思恩格斯选集》(第3卷).北京:人民出版社,1995.

系，热衷于科学性论述，回避政治性宣讲。科学性是马克思主义学科的基本特征，政治性是马克思主义学科的特殊要求，政治性来源于科学性，两者并不矛盾。人为割裂两者关系，就会产生马克思主义理论教育和实践活动的去政治化或泛政治化问题。当代大学生正处于政治观形成的关键阶段，社会转型阶段所特有的社会文化多样性、社会思潮多向性、价值取向多元化在相对自由宽松的大学校园得以集中体现，大学生犹如置身"思潮卖场"、"思想超市"、"价值仓库"和"文化市场"之中，各种思潮、思想、价值观和文化用不同的方式和形式影响着大学生。他们面临的思想和价值选择很多，如果马克思主义大众化的教育主体不具有政治鼓舞的能力素质，大学生就会对教育和实践活动失去兴趣，就会影响马克思主义大众化的效果，因此，即便是科学的理论也未必能够吸引大学生。

（二）专业推动是对马克思大众化教育主体的特殊要求

相比于其他群体，大学生们的知识水平较高，他们往往需要透过现象来了解更为本质的东西，需要更充分的论证来澄清思想上的困惑。这就要求教育主体必须具有较高的专业理论水平，能够用马克思主义的基本原理及马克思主义中国化的最新成果来回应现实热点、难点和焦点问题，而不是逃避现实，回避问题。理论上清醒才能政治上自觉，教育主体必须重视提升专业素质，在理论根源上弄清楚诸多现象背后的本质问题，及时从专业的视角大张旗鼓地阐述、宣传党和国家方针、政策的科学性和合理性，绝不能含含糊糊、似是而非。马克思恩格斯批判德国社会改良派不是真正的教育者时说："他们什么也没有弄清楚，只是造成了极度的混乱——幸而几乎仅仅是在他们自己当中。这些教育者的首要原则就是把自己没有学会的东西教给别人。党完全可以不要这种教育者。"①如果教育主体自己都弄不清楚马克思主义,却又试图使用马克思主义的理论和观点去解释、回答现实问题,那只会给人们提供一个比一个更为糊涂的观点,让人们对马克思主义大众化过程和马克思主义理论的有效性产生怀疑。

(三)"真正的教育者"是对马克思大众化教育主体的最高要求

马克思主义大众化是一项具有鲜明政治特性的意识形态教育实践活动,因而教育主体必须是具有特殊素质的"真正的教育者"。"党的政论家应当具备完全不同于海因岑先生……所具有的素质。海因岑先生也许怀有人间最善良的愿望,他也许是全欧洲信念最坚定的人。我们也知道,他是一个正直的人,具有勇气和毅力。但是,单凭这些条件还不能成为党的政论家。作为党的政论家,除了有一定的信念、善良的愿望和洪亮的嗓音而外,还需要一些别的条件。同海因岑先生现在具有的和多年经验证明他能够具有的各方面的条件相比,党的政论家还需要具有更多的智慧、更明确的思想、更好的风格和更丰富的知识"。②当前,国际风云变幻莫测,西方的民主社会主义、普世价值、历史虚无主义、无政府主义等各种社会思潮以不同的方式影响着我们的政治立场、政治思维和教育对象,如果教育主体不具备丰富的"政治智慧、政治思想、政治风格和政治知识",就难以向大学生讲清楚马克思主义的根本立场,澄清一些社会思潮的虚伪性和欺骗性,马克思主义大众化就难以获得满意的效果。但是,"真正的教育者"并非是仅仅通透理论和掌握宣讲技巧就够了,他们还应该不断提升自己的道德修养,以德感人;善于营造宣讲环境或情境,以情动人;充分利用自己的人生经历和体验,以身示范。唯有如此,方能成为"真正的教育

---

① 《马克思恩格斯选集》(第3卷).北京:人民出版社,1995.
② 《马克思恩格斯选集》(第1卷).北京:人民出版社,1995.

者",方能不断提升马克思主义大众化的有效性。

三、马克思主义大众化接受主体的有效性

从马克思主义大众化的教育环节来看,大学生是客体。但如从马克思主义大众化的接受环节来看,大学生又成为主体。"推动人去从事活动的一切,都要通过人的头脑,甚至吃喝也是由于通过头脑感觉到饥渴而开始,并且同样由于通过头脑感觉到饱足而停止。外部世界对人的影响表现在人的头脑中,反映在人的头脑中,成为感觉、思想、动机、意志,总之成为'理想的意图',并且以这种形态变成'理想的力量'"[1],"不愿意明白的人是不可能明白的"[2]。因此,接受主体是否有效,即他们是否有接受意愿和接受能力,如何激发接受主体的接受意愿和提升其接受能力,对于在大学生中推进马克思主义大众化非常关键。提升马克思主义大众化接受主体的效率,主要有以下几个方面的措施:

(一)明确接受主体的主体性角色

有人认为,相比较于其他社会群体,大学生群体无论在接受意愿和接受能力方面都有先天优势,因为他们具有较好的知识背景和良好的理解接受能力。但他们的人生经历相对简单,对社会实践的感知相对缺乏;他们的兴趣十分广泛,尤其对参与度高、时代感强的流行性元素十分感兴趣,容易成为其崇拜者。因此必须明确当代中国马克思主义在众多的信息源中的主导地位,通过"知情意信行"过程,明确大学生在马克思主义大众化过程中的主体角色,实现价值认同。"知"就是通过对当代中国马克思主义学习研究的认知过程,明确自身的接受主体意识;"情"就是大学生们在体验感知当代中国马克思主义的过

---

[1] 《马克思恩格斯选集》(第4卷).北京:人民出版社,1995.
[2] 《列宁文稿》(第5卷).北京:人民出版社,1978.

程中,能激发出热情和激情;"意"就是大学生们在马克思主义大众化过程中表现出来的一往无前的气概和决心,体现接受主体角色的责任感;"信"就是在马克思主义大众化过程中,大学生们不仅对当代中国马克思主义,而且对推动主体和教育主体产生了信任,"信"体现了马克思主义大众化推动过程、教育过程和接收过程的良性互动和和谐统一。"行"是"被理论掌握"和"掌握理论"的外在行为表现,充分展示自身的接受主体地位。

(二)激发接受主体的接受意愿

"需要—动机"理论告诉我们,人不可能不带有需要的目的去思考和解决问题,因此接受主体对教育内容需求程度直接关系到他们参与教育活动的主动性和能动性。处于社会转型阶段和利益多元背景下的大学生,他们无论是在思想上还是在现实中,都存在许多困惑,他们迫切需要教育主体帮助他们解疑释惑。在大学生中推进马克思主义大众化必须把握好这个切入点,在帮助学生回答一个又一个思想困惑,解决一个又一个现实困难的过程中,使当代中国马克思主义成为贴近大学生生活实际的、温暖人心的、有生命力的理论。由于家庭经济、学科专业和政治背景等方面的差异,大学生群体表现出不同的生活追求,从而生活在不同的生活场景下。如果教育主体不能有效把握不同大学生群体的生活场景,运用不同方式和手段来展现马克思主义理论的魅力,体现马克思主义理论"化大众"的说服力,就可能使马克思主义脱离人们的生活而成为抽象的、高高在上的存在,吸引不了他们的注意力。马克思主义有自己的观点、方法和立场,但马克思主义从来不教条地用一成不变的理论和方法去说服所有对象,重要的是将理论魅力回归现实生活场景,揭示现实不同生活中蕴含着的普遍价值规律,并从现实生活出发阐述人生的根据和意义,使日常生活"为他们自己的存在";让人们在追求"有意义的生活"的同时,学会用马克思主义的思维方式分析和解决问题,从而确立起马克思主义的世界观、人生观与价值观。所以,推进主体和教育主体在推进马克思主义大众化过程中要重视政治教育,但政治教育绝不是政治控制,应该动员一切有效资源,将理论说服与情感感化、思想教育与利益实现、政治宣传与民生工程相结合,既以理服人,又以情感人;既解决思想问题,又解决实际问题;既关心国家的未来,又关注每一个个体的发展。如此,方是利益多元化背景下的马克思主义大众化的务实选择。

(三)提升接受主体的接受能力

接受能力即"教育对象对教育者的施教行为所具意义及其所传递的思想政治教育内容的理解、判别、选择、内化等方面的能力"。① 马克思指出"只有音乐才能激起人的音乐感;对于没有音乐感的耳朵来说,最美的音乐也毫无意义"。② 虽然"马克思主义并不玄奥,马克思主义是很朴实的东西,很朴实的道理"③。但是马克思主义,特别是当代中国马克思主义——中国特色社会主义理论体系,无论是对文本的理解,还是对实践的思考,都需要经济、哲学、政治、文化和党的建设等学科领域的知识作为支撑。因此,只有具有相应条件和知识的人,才能从本质上理解马克思主义。大学生有不同的学科专业,相比较而言,有经济、哲学、政治、文化和党的建设等学科专业背景的学生更容易掌握理论和被理论掌握。相对而言,其他学科领域的学生在理解和掌握理论方面就存在一定差距。并且,专业上的差异,一定程度上会导致不同专业学生的价值观念、思维方式、行为表现等存在差异,这些专业习惯差异一定程度上会影响他们对当代中国马克思主义的体验与认知。然而,当前高校思想政治理论课在马克思主义大众化过程中却忽视了不同学科背

---

① 沈壮海.《思想政治教育有效性研究》.武汉大学出版社,2008.
② 《马克思恩格斯全集》(第42卷).北京:人民出版社,1979.
③ 《邓小平文选》(第3卷).北京:人民出版社,1995.

景有差异的特点,千篇一律,统一教材,统一教案,教学的针对性不强。高校要采取有力措施做好教学内容设计和教师课前培训,增强马克思主义与学生学科专业的结合程度。如能在理工科学生中开设马克思主义科学技术观和自然辩证法之类课程或讲座,在文史哲专业学生中开设马克思主义哲学、马克思主义人才观、辩证唯物主义和历史唯物主义之类课程和讲座,那么,或许会同学生形成专业互动,引导他们更加深入、自觉地学习和感悟马克思主义理论,也会不断提高学生对马克思主义理论的理解和接受能力。

第四章　环境与影响：高校马克思主义大众化引领社会思潮研究

党的十六届六中全会就提出了要"以社会主义核心价值体系引领社会思潮,尊重差异,包容多样,最大限度地形成社会思想共识"。然而,引领社会思潮是一项长期复杂的系统工程,任务相当艰巨。正如十七届六中全会通过的《中共中央关于深化文化体制改革推动社会主义文化大发展大繁荣若干重大问题的决定》指出的那样,当前"一些领域道德失范、诚信缺失,一些社会成员人生观、价值观扭曲,用社会主义核心价值体系引领社会思潮更为紧迫,巩固全党全国各族人民团结奋斗的共同思想道德基础任务繁重"。

一、影响大学生的社会思潮的主要类型

国内外各种主客观因素的综合作用使得我国当前各种社会思潮风起云涌:不仅有占主导地位的马克思主义,而且也有各种非马克思主义,乃至反马克思主义的错误思想;不仅有社会主义的主流思想,也有资本主义的腐朽观念,甚至还有封建主义思想的残余等。尤其是新自由主义、历史虚无主义、民主社会主义、拜金主义、极端个人主义、享乐主义等形形色色的反马克思主义思潮,对人们的政治生活产生了消极影响。① 影响大学生的社会思潮主要有:

(一)新自由主义思潮

这种思潮具有很强的阶级性,经济上主张全面"自由化";政治上全面否定公有制、社会主义和国家干预政策;极力鼓吹以超级大国为主导的资本主义全球化。新自由主义思潮贬低和否定集体主义,这与我国坚持公有制的主导地位,提倡集体主义的社会主义制度是背道而驰的。近几年,这种思潮对我国高校校园有所影响,侵蚀了部分高校青年师生的思想意识,对此我们必须保持高度警惕。

(二)历史虚无主义思潮

历史虚无主义是近年来在我国高校知识分子和学生中兴起的一股思潮。这种思潮对近代中国历史采取虚无主义的态度,以"重新评价"为名,肆意歪曲历史。从其表现看,历史虚无主义主要是否定中国人民的革命运动、中国共产党的领导、马克思主义的指导、社会主义制度和人民民主专政,同时美化和歌颂帝国主义与封建主义。

(三)民主社会主义思潮

这种思潮否定社会主义发展的历史必然性,把争取社会主义的斗争局限在资产阶级民主的框架内,以对经济的民主监督取代或消灭私有制,用共同参与的经济民主来补充议会民主。这种社会思潮干扰了一些师生的科学社会主义价值观的形成,特别是对一些青年教师和学生的政治价值观念有迷惑作用。

(四)公共知识分子思潮

这种社会思潮兴起于西方。它鼓吹知识分子应当是超阶

---

① 李孝纯.《划清马克思主义与反马克思主义的界限》.《红旗文稿》,2010(2).

级的,是公共事务的介入者和公共利益的"守望人"。而我们认为,知识分子是工人阶级的一部分,是中国特色社会主义的建设者。20世纪90年代以来,"公共知识分子"思潮在我国高校青年学生中产生了一定影响,许多青年以获取和认同这种思想观点为时尚。对于这一思潮的严重危害性,我们要有清醒的认识。

(五)大陆新儒学思潮

其基本主张表现为崇儒反马和儒化共产党。大陆新儒学的提倡者和传播者主要是一些高校学者,尽管对当今社会的影响不大,但对于它的严重危害,我们也应引起高度重视。

另外,以对金钱的盲目迷信和崇拜为中心的拜金主义思潮,以精神空虚、个人利益高于一切、追求"贵族化"生活为表现的享乐主义,以片面强调个人价值,否认社会价值,忽视他人利益、集体利益和国家利益为表现的极端个人主义,在高校中也有着极其广泛的市场,严重影响着青年师生的健康成长,危害着党和国家的教育事业。①

二、社会思潮影响高校马克思主义大众化进程

高校马克思主义大众化实质上就是在大学生中普及中国特色社会主义理论体系,说到底是一种价值观和意识形态的教育过程。当前,各种社会思潮用各种方式向大学生兜售其信奉的价值观和意识形态。一般来说,人们的信仰通常非此即彼,如果这些社会思潮在校园得以广泛传播,无疑会影响马克思主义大众化的推进进程;反之,如果马克思主义大众化推进得好,必然会整合思想,引领思潮,最大限度地形成社会思想共识,从而为建设中国特色社会主义提供有力保障。

---

① 参见,《社会思潮对大学生的影响及其对策》,http://www.xinli110.com/education/jytt/201206/302631.html.

（一）社会思潮迎合受众特点，影响马克思主义大众化主体宣传的有效性

一般认为高校马克思主义大众化的主体有高校党委、教育者和大学生，他们分别是推进主体、教育主体和接受主体。推进主体主要起确定方向和提供保障的作用，而教育主体和接受主体则直接影响马克思主义理论的教育水平和接受状况，对马克思主义大众化的进程起着十分重要的作用。然而这两个主体在当前均不同程度地受到社会上各种思潮的影响。对于马克思主义大众化的接受主体——大学生而言，他们正处于人生观和价值观形成的关键时期，希望有一种价值标准来帮助他们评判各种是是非非，再加上接受新事物的意识强，所以对社会思潮非常敏感，容易选择性地接受某些社会思潮，如民族主义、民主社会主义、个人主义、自由主义等。这些社会思潮善于抓住大学生普遍关注的现实问题，给出貌似合理的解答，从而影响部分大学生的政治取向和价值追求。相对于其他社会场所而言，高校的文化氛围相对宽松和自由，这一点也正好为社会思潮传播提供了外部环境和土壤，社会思潮也正是通过专业书籍和学术研究平台对马克思主义大众化的教育主体——教师施加影响的。如"后现代主义"、"女权主义"等，通过一些文学、艺术和学术作品，潜移默化地影响着高校教师，特别是青年教师。有些时候，高校的专业课堂甚至演变成为社会思潮的卖场，这一点绝非危言耸听。"社会思潮一般都拥有相当数量的从众。如果我们把社会思潮的从众看作社会思潮的载体，那么这个载体的扩展就有一个传递的过程。这就是：从知识分子的一部分人，到更多的青年学生，再到更广泛的社会群众，依次传播扩展。前两个环节是关键阶段，其人员大多集中在高校。这些人不是我们的同行、就是我们的学生"。[①]

---

① 刘书林.《社会思潮研究与"两课"教学改革》.《思想理论教育导刊》，2003(9).

(二)部分社会思潮放大现实问题,质疑马克思主义大众化内容的正确性

社会思潮是社会现实的精神反映,主要体现并反映某一群体对带有普遍性的社会事件和基本问题的价值评价,代表着这一群体的利益和精神诉求,并以这一群体利益代言人的身份构建话语体系,在社会上抢夺话语权。当代中国马克思主义满足中国人民和中华民族的根本利益需求,因而具有强烈的吸引力。但当代中国正处于改革的攻坚期和矛盾的凸显期,发展带来的问题客观存在。而我们在马克思主义大众化的过程中,往往偏重于向大学生宣传我国改革开放以来在政治、经济、文化和社会建设方面取得的巨大成就,对于发展不均、贫富分化、腐败等问题却关注不多、回应不够。这一点,正好被某些社会思潮抓住。他们不仅紧抓现实问题不放,而且将问题放大,以平民百姓利益代言人的身份诘难党和政府的方针政策,挑战党执政的合法性,并诱导大学生用他们的价值观和思维方式看待和分析现实问题,达到否定和调和马克思主义的根本目的,如"大陆新儒学"、"民主社会主义"和"普世价值"等。他们要么从传统文化入手,以复兴民族文化为借口,鼓吹用儒教复活中国,倡导用儒教理论代替当代中国马克思主义,"儒化共产党";要么认为马克思主义已经过时了,以学习现代文化为借口,企图用宪政代替党的领导,用民主社会主义代替中国特色社会主义,用普世价值代替社会主义核心价值体系,"西化中国"。

(三)社会思潮注重影响模式,挑战马克思主义大众化方式的恰当性

作为执政党,推行自己的意识形态和价值观的最好手段就是显性教育,即通过宣传媒体、文化产品、学校课堂等主流阵地宣传自己的核心价值体系。显性教育的优势在于其计划性强、影响力大,但其弱点也显而易见,总是居高临下,单向控制,接受者总觉得自己是被动的,不得不学,容易产生情感上的厌倦、

心理上的逆反和行为上的排斥等现象。社会思潮则不然,他们对隐性阵地十分重视,往往通过兴趣爱好、价值取向等相近的朋辈群体或各种非正式组织,借助非官方途径横向传播、施加影响。他们通常同大学生平等对话,一起追问事实"真相",一起探究客观"真理",一起感悟人生"真谛",在思想碰撞过程中左右大学生的思维方式;一些社会思潮支持的社会组织热心大学生公益实践活动,积极投身捐赠助学活动,在物质帮助过程中影响大学生的价值观;一些社会思潮通过网络等新媒体将社会热点问题列入讨论话题,并进行及时回应,从而吸引注意力,凝聚人心和汇聚力量。马克思主义大众化在重视显性阵地建设、显性教育等传统方式的同时,应该加强隐性教育阵地建设和重视利用朋辈引导、咨询指导、团体辅导,以及网络新媒体疏导等现代教育方式,拓展途径,丰富形式,如此方能引领思潮,提高马克思主义大众化的实际效果。

三、在马克思主义大众化进程中引领社会思潮

"教育科学文化战线是社会思潮最集中的战线,高校是对各种社会思潮最敏感的'社会细胞'",[①]唯有勇于正视并积极正确应对各种社会思潮的不良影响,才能在推进马克思主义大众化的过程中最大力度地引领社会思潮,最大限度地形成思想共识,最大程度地引导和保证价值取向。

(一)加强阵地建设,在倡导主旋律中实现引领

加强研究阵地建设,用专业化的水平推进马克思主义大众化。大学生既是大众化的教育对象,又是接受主体,他们知识水平较高,不会满足于对社会思潮泛泛而谈式的批判,只有在洞察社会思潮本质之上进行彻底性的论证,才能让他们看清社

---

① 丁祥艳.《社会思潮多样化背景下的高校思想政治教育:挑战与对策》.《广西社会科学》,2011(7).

会思潮的虚伪性和欺骗性,对当代中国马克思主义产生信仰。这就要求我们必须重视提高专业素质,从理论根源上弄清楚诸多思潮背后隐藏的本质,及时从专业的视角大张旗鼓地揭示其本质、解释根源,绝不能含含糊糊或似是而非,这样只能动摇大学生对马克思主义的信仰。高校理论工作者是马克思主义大众化的教育主体,是理论创新的主体力量,应该在引领社会思潮的过程中大胆创新、不断丰富和发展马克思主义。从马克思主义发展史来看,马克思主义的成长过程正是同各种非马克思主义、反马克思主义思潮斗争的过程。例如,马克思、恩格斯等在同封建的和小资产阶级的社会主义、空想社会主义、巴枯宁主义、拉萨尔主义、普鲁东主义及杜林主义等流派的斗争中创立和发展了马克思主义;列宁等在同伯恩施坦主义、考茨基主义等思潮的斗争中发展了马克思主义,建立了列宁主义;中国的马克思主义者在同新自由主义、历史虚无主义,以及以苏共前领导人戈尔巴乔夫的人道的民主的社会主义等思潮的斗争中建立了中国特色社会主义理论体系。

加强课堂阵地建设,用通俗化的方式推动马克思主义大众化。课堂是马克思主义大众化的主阵地。马克思主义大众化的主要内容——中国特色社会主义理论体系涉及政治学、经济学、管理学和社会学等不少学科知识,因此,具有相关学科背景的大学生比较容易接受。而其他学科专业背景的学生接受起来难度相对较大,这就需要我们因材施教,化解学科差异,将马克思主义理论具体化、通俗化,学会用通俗化的语言和方式讲解马克思主义理论所蕴含的无穷道理,从而充分激发课堂活力,增强马克思主义理论的吸引力,展现马克思主义理论的魅力,防止课堂教学语言"经院化"倾向。其次,要正确处理马克思主义理论与普通学科之间的关系,将马克思主义理论的基本原理融入其他学科课堂。马克思主义理论,特别是马克思主义哲学和其他学科应该是源与流的关系,完全可以融入到其他学科知识中,实现春风化雨,润物无声的效果。最后,要推出一批有影响力的通俗易懂的教材。艾思奇《大众哲学》对马克思主义大众化的贡献,已经证明了一部通俗普及读物对大众的影响力有多大。马克思主义理论需要教师在课堂上进行彻底的论证和生动讲解,但更需要像《大众哲学》这样的一部读物,它能很快抓住读者、吸引读者,解决大学生对理论的渴求。遗憾的是"目前高校所采用的马克思主义教材几经改版,但在对问题的论述上,语言的表达仍然存在假、大、空现象,在某些情况下仍然是简简单单地过于政治化色彩的宣传。教材的语言表述和时代脱节、和大学生的语言习惯不相符直接影响到对理论的接受效果"。①

加强宣传阵地建设,用文化的力量推动马克思主义大众化。关于马克思主义为什么要大众化,理论宣传工作者通常关注的是政治维度。人们总是从政治需要的视角来阐述马克思主义大众化的必要性,忽略了马克思主义的文化品格,淡化了马克思主义作为文化形态的传播作用。马克思主义作为一种先进文化,必然同知识、信仰、道德、习惯、艺术、法律等其他文化形态相联系,其大众化的传播过程可以通过文化对话、文化批评和文化自觉等形式来实现。马克思主义在中国的早期传播,其地位和其他社会思潮一样,只是作为一种文化产品供人们选择。当时的中国先进知识分子感受到前所未有的文化压力和文化危机,正如李大钊之感叹:"东洋文明既衰颓于静止之中,而西洋文明又疲命于物质之下","非有第三新文明之崛起,不足以渡此危崖。"②当时的中国先进知识分子需要一种先进的文化来摆脱文化困境,需要建构一种能够实现"光复"中国的新文化,而这种"新文化的基础,本当联合历史上相对峙的而现今时代之初又相补助的两种文化:东方与西方",这时候马克思

---

① 冯晓阳.《对高校马克思主义大众化教育的思考》.《社会科学家》,2010(6).
② 《李大钊文集》(上卷).北京:人民出版社,1984.

主义就成为人们的自然选择,因为它"将开全人类文化的新道路,亦即此足以光复四千余年文物灿烂的中国文化"。① 因此,马克思主义当初在中国的传播所依靠的并非是政治的力量,而仅仅是借助批评、对话和自觉等文化的力量,将马克思主义从精英文化上升为主流文化。当前,作为主流文化的当代中国马克思主义已经成为全社会的政治导向,宣传阵地必须从整体出发,关注人们的文化需求,利用理论界的人才优势和文化自身的力量进行宣传教育,使马克思主义成为知识分子的精英文化和普通民众的大众文化,或者成为两种文化的引领者。

(二)关注现实需求,在解决问题困惑中实现引领

社会思潮何以影响深刻,关键是抓住了人们的需求。一种社会思潮总是代表某一群体或某一阶层的利益,总是用他们利益代言人的身份来发表言论、阐明观点、表达愿望和希冀诉求,因而很快引起这一群体或阶层的关注和兴趣,并慢慢地接受、认同他们的价值观和思维方式。事实上,人们接受任何一种理论,总要考量这种理论是否符合他们的整体需求,这些需求既包括政治需求、精神需求,也包括物质需求和价值需求。马克思主义从传入中国之时起,就以其特有的理论彻底性和强大的生命力,不断结合中国国情,不断解决中国在新民主主义革命、社会主义革命和建设发展过程中的各类问题和困惑,满足了中国人民的需要,因而具有强大的吸引力。一部我国马克思主义大众化的历史,其实就是一部马克思主义与中国人民需求相结合的中国化历史,就是一部帮助、回应、解决我国新民主主义革命、社会主义革命和中国特色社会主义建设发展中出现的各类问题和困惑的历史。所以马克思主义要想引领思潮实现大众化,就必须继续关注中国国情和中国人民的现实需求。反观当前的高校马克思主义理论教育,有些时候忽视了人的主体性需

---

① 瞿秋白文集(文学编,第1卷).北京:人民文学出版社,1985.

求,试图用知识灌输的方式,教会大学生的马克思主要理论;或片面地关注某一方面需求,忽视其他需求,大多时候人们总是将马克思主义当作人们的精神产品和政治需求,很少将其与人们的物质需求相结合,更不在意人们关于未来发展的价值需求。这些都不是对待马克思主义的科学态度。马克思主义大众化过程应是深入回答现实生活中的重大理论和实际问题的过程,应该是直面社会矛盾、解答时代难题、解决广涉人民群众利益的难点和热点问题的过程。这样,马克思主义理论的魅力和吸引力才能展现,马克思主义对于其他社会思潮的理论优势才能体现,大学生价值迷惘和信仰危机才能得以彻底克服和消除。

(三)正确对待思潮,在尊重包容批判中实现引领

当前我国正处于社会转型阶段,伴随着改革发展进程的加快,城乡差距、区域差别、环境污染、资源浪费、就业压力,以及社会管理等问题可能会更加突出,由此逐渐形成了代表不同利益的各种社会阶层,而这些阶层为了保护自己的利益,就形成了共同的话语体系和价值信仰,这也正是各种社会思潮的产生和蔓延的社会现实基础。对于高等学校而言,学生来自不同的家庭和地区,面临着毕业就业的巨大心理压力,高校成为城乡差距、区域差别、就业压力等不同社会问题的交织体;再加上相对宽松自由的文化氛围和大学生身份的独特性,各种社会思潮都不约而同地将高校当作自己推销价值观的"卖场"。学生容易被各种社会思潮所困扰。"对学生的影响较大的社会思潮依次是民族主义、民主社会主义、个人主义"。[①] 一般来说,依据社会思潮和马克思主义之间的关系,可以将社会思潮分为近马克思主义、非马克思主义和反马克思主义三类。对于前两类思

---

① 余双好.《社会思潮对高校学生核心价值观形成的影响研究》.《思想教育研究》,2011(6).

潮,绝不能简单、粗暴、蛮横地贬低、排斥或回避,因为他们有其合理的部分,代表着某一阶层的利益和价值需要,体现着现实社会生活的差异性和多样性。在尊重利益多元和价值多元的时代,盲目且简单地排斥这两类社会思潮不符合现代社会的思维方式,是达不到预期效果的,应该本着"尊重差异,包容多样"的原则,对待这两类社会思潮,坚持主旋律的引领作用,最大限度地形成社会思想共识。而反马克思主义社会思潮和我们的教育方针相左,代表着现实社会生活中消极、腐朽、落后的方面,高校应该站在"培养中国特色社会主义事业可靠接班人"的高度,对其加以坚决的抵制和批判,揭示其虚伪本质,最大限度地消解其负面影响。

四、加强集体主义研究,抵御社会思潮渗透

集体主义是社会主义道德的基本原则,也是引领各种非马克思主义思潮,特别是抵御反马克思主义思潮渗透的强大思想理论武器,我们必须清晰、准确、完整理解其内涵和精神实质,才能在引领和抵御各种社会思潮中占据思想和理论高地。集体主义的内涵通常表述为"集体利益和个人利益的辩证统一、集体利益高于个人利益、重视和保障个人的正当利益"三个部分,而这三层含义的共同发生前提是集体利益和个人利益出现矛盾,否则并无集体主义可言。这似乎与对集体主义的传统理解不太一致,但从马克思关于虚幻共同体和真实共同体的论述出发,我们就可发现只有在社会主义这一社会形态下才有集体主义这一道德原则,并且集体主义需要适应国情和时代特征,加以演进完善,成为中国特色社会主义社会形态下指导人们处理集体利益和个人利益关系的核心价值观。

(一)集体的模型构建

1."真实共同体"和"虚幻共同体"

在《德意志意识形态》中,马克思把集体区分为"真实的共

同体"与"虚幻的共同体"两种不同的类型。在描述真实共同体时,马克思认为"在真实的共同体的条件下,各个人在自己的联合中并通过这种联合获得自己的自由",①在这个共同体中,因为消除了劳动者与生产资料相分离的状况,所以人人都将得到自由而全面的发展,这个共同体是"一个集体的、以生产资料公有为基础的社会",是"个人在现代生产力和世界交往所建立的基础上的联合"。②显然,在真实共同体中,个人利益与集体利益的指向和实现方式是高度一致的,没有谁与谁发生冲突,自然也不存在谁高于谁、谁服从谁和谁取舍谁的问题。于是,在真实共同体中集体主义就如同人们穿衣吃饭一样成了人类社会的自然选择,同时也是最低选择和生存法则,因而也就失去了大张旗鼓宣扬的价值。

在描述"虚幻的共同体"时,马克思主要从工具主义的视角揭示并批判了资本主义国家的虚伪本质,他指出:"在过去的种种冒充的共同体中,如在国家等等中,个人自由只是对那些在统治阶级范围内发展的个人来说是存在的,他们之所以有个人自由,只是因为他们是这一阶级的个人。从前各个人联合而成的虚构的共同体,总是相对于各个人而独立的……因此对于被统治的阶级来说,它不仅是完全虚幻的共同体,而且是新的桎梏。"③马克思认为,正是由于特殊利益和共同利益之间的这种矛盾,共同体才采取国家这种与实际的单个利益和全体利益相脱离的独立形式,同时采取虚幻共同体的形式。显然,在马克思所描述的虚幻共同体中,这个集体所要实现的目标被某一部分成员所利用,这个集体所要维护的利益只代表某一部分成员而脱离其他社会成员的利益,这个集体甚至成为损害其成员目标和利益的工具,绝大多数成员的命运往往被个别人所主宰,一切正当的"个人利益"总是在"服从集体利益"、"维护集体利

---

①③《马克思恩格斯选集》(第1卷).北京:人民出版社,1995.
②《马克思恩格斯选集》(第3卷).北京:人民出版社,1995.

益"和"保全集体利益"的名义下,以种种方式被某一部分成员所侵害、所剥夺、所吞噬,这种共同体的共同奋斗目标完全沦落为虚幻的符号,这样的共同体也就成了"虚幻共同体"。在虚幻共同体中,个人与集体之间的利益总是矛盾的,只有完全地牺牲和排斥个人利益,方能保全集体利益;只有否定个人需要与个人价值的任何合理性,才能够勉强维系"虚幻的共同体"的存在。于是,集体主义从解决人们利益选择的道德原则转变为蒙骗共同体成员的政治把戏,成为一切"虚幻的共同体"欺骗其成员的精神生命线或政治护身符。其成员觉醒之时,也必然是这种虚伪的集体主义走入坟墓之时,个人主义于是乘机大行其道。这种虚伪的集体主义不仅不能弘扬,反而应该成为批判的对象。

在研究马克思关于两种共同体的描述后,我们很容易发现这样一个问题:在虚幻共同体中,集体主义是统治阶级维护自身利益而欺骗人的手段,应该成为批判的对象;在真实共同体中,集体主义又成为人们生活的底线和最低需要。那么,作为一种道德原则,集体主义所适用的社会形态到底是什么?如前所述,马克思描述真实共同体和虚幻共同体的主要目的在于揭示资本主义国家的虚伪本质。他所描绘的虚幻共同体主要是指当时的社会形态——资本主义国家,而真实共同体主要是指未来的社会形态——共产主义社会。虽然对于上述两种社会形态而言,集体主义失去了宣扬的意义和价值,但是否意味着集体主义就无存在的必要了呢?

考察我们生活的社会形态——社会主义社会,他既不像真实共同体那样个人利益和集体利益高度一致,但又完全不同于虚幻共同体那样个人利益和集体利益格格不入。由于我们实行的是以生产资料公有制占主体地位的社会主义基本经济制度、人民当家作主的社会主义政治制度,集体利益和个人利益在根本上具有一致性,这一点如同真实共同体。但根本上的一致性,并不意味着集体利益和个人利益没有矛盾。特别是在当下利益格局多元化、利益实现手段多样化、利益分配方式多样化的社会转型时期,虽然在绝大多数情况下个人利益和集体利益没有矛盾,但是个人和集体之间的利益冲突或利益矛盾随时、随地可见,需要有一种道德原则教会人们在二者之间进行取舍;在某些时候,在某些相对的集体中甚至还存在着不少虚幻的成分,需要有一种道德原则作为核心价值观去指导和引领。

也就是说,我们生存的共同体在表现形式上不同于马克思所描绘的"真实共同体",在根本性质上又完全区别于他所描述的"虚幻共同体",因此,姑且称之为"现实共同体"。在"现实共同体"中,集体利益和个人利益根本上的一致性和特定场合的矛盾性正是集体主义原则的发生前提。于是,社会主义集体主义原则应运而生,集体主义也就有了宣扬和发展的土壤和环境。

(二)集体主义的时代演进:现实共同体中集体与个人之间的利益权衡

1. 现实共同体中的集体主义原则

集体主义作为现实共同体成员利益选择的指导原则,其发生前提是集体利益和个人利益发生矛盾。那么,在现实共同体中,集体利益和个人利益为什么会发生矛盾呢?为什么要强调集体利益高于个人利益呢?

假如现实共同体的利益为 J,若干个人利益分别为 A、B……M、X。A、B……M 分别代表若干共同体普通成员的个人利益,X 代表可能存在的共同体特殊成员的个人利益。A、B……M 又可以分为根本利益 A_1、B_1……M_1 和非根本利益

A2、B2……M2①，那么 J＝A1＋B1＋……＋M1，而非 J＝A＋B＋……＋M＋X 或 J＝A＋B＋……＋M。即 J 代表的是若干个体中绝大多数普通个体的根本利益。因此，不同于理想的"真实共同体"，在现实共同体中，集体利益并不能完全代表所有成员的利益，也不能代表部分成员的全部利益，在实现集体利益 J 的时候，必然要放弃个人利益 A2、B2……M2 和 X，所以集体利益和个人利益的矛盾在所难免。原因在于，我们生活的现实世界——中国特色社会主义还不是马克思所描述的未来社会和真实共同体。马克思设想的未来社会，是在高度发达的资本主义社会基础上发展出来的新社会，是一个国家、民族、政治等都消亡了的自治性社会。在当代世界，国家、民族等政治现象依然存在，民族国家依然是最基本、最重要的国际行为主体。中国要想发展，社会主义要想在中国发展，首要任务就是维护民族独立、保障国家安全、捍卫国家利益。并且我们的社会主义发展程度还很低，尚处于初级阶段，个体发展的需求与集体所能提供的条件之间的矛盾客观存在，只能根据现实的条件和可能性逐步加以解决，不可能一蹴而就。因此，在社会主义这一现实共同体中，个人和集体之间的利益矛盾和冲突将长期存在，集体主义作为利益选择的一种原则，在现实共同体中仍发挥着重要作用。

为什么在坚持集体主义原则的同时要重视和保障个人的正当利益呢？斯大林曾经做过很好的说明。他认为："个人和集体之间、个人利益和集体利益之间没有而且也不应当有不可调和的对立。不应当有这种对立，是因为集体主义、社会主

---

① 区分根本利益和非根本利益并非易事，两者之间的界限有时相当模糊，需要在一定的社会场景中、在特殊的时段，妥善加以区分。但如从共同体及其成员共同发展的视角考量，两者界限似乎比较明确。如从个人的发展和国家当前发展所面临的问题出发，则注重可持续发展的长远利益为根本利益，关注短期行为的眼前利益就应该是非根本利益。

并不否认个人利益,而是把个人利益和集体利益结合起来。社会主义是不能撇开个人利益的。只有社会主义社会才能给这种个人利益以最充分的满足。此外,社会主义社会是保护个人利益唯一可靠的保证。"① 从价值本位的视角看,集体主义和个人主义的区别显而易见。集体主义是社会本位主义,正是因为集体和个人利益之间没有根本的利益冲突,所以,以集体利益为本位维护并实现个人利益的以人为本思想的产生成为可能。个人主义是个人本位思想,正是因为集体和个人利益有直接的不可调和的矛盾,所以才强调个人利益至上,主张个人本身就是目的和最高价值的"人本主义"思想。因此,集体主义的"以人为本"绝不等同于西方社会的"人本主义"思想。但苏联在社会主义实践中并没有很好地贯彻他们所提出的完美的集体主义理论,他们片面强调集体的作用,否定个人的正当利益,否认个体的创造性与差异性,将集体权威化,使人变成集体的附属物,使解放人的集体演变成为压制人的集体,这无疑是歪曲理解集体和对集体主义思想的扭曲。集体主义价值观中的集体,是具有独立个性的若干个人之间的自主联合,而不是如同虚幻共同体那样存在着"天然首长"和等级束缚的"虚幻共同体"。同时,现实共同体在实现集体利益 J 的时候,绝不可假借 A2、B2……M2 和 X 之名,毫无顾忌地牺牲个人的正当和合法利益。有些时候,即使是非根本利益 A2、B2……M2 和 X,但如果这些利益是合法的,是维持个人生存的必需利益,那么,除非遇到战争和大规模的自然灾害,共同体仍然需要进行权衡,给予 A2、B2……M2 和 X 以基本保护。事实上,在现实生活中也经常会出现这一现象,如暴力拆迁。城市共同体的规划发展代表着集体利益 J,但个别钉子户为了个人利益 A2、B2……M2 和 X 而拒绝搬迁,而这些个人利益又是合法房产,或是个人生存

---

① 《斯大林选集》(下),北京:人民出版社,1979.

的必需品，因此，集体必须给予足够的重视和尊重，充分做好道义上的说服和利益上的补偿，以谋求两种利益的两全其美和利益发展的可持续性，绝不能简单地使用集体主义对 A2、B2······M2 和 X 进行机械割舍。

2. 现实共同体中集体主义的时代演进

(1)政治指向：从现实共同体走向真实共同体

集体主义产生的前提是集体与个人利益发生矛盾和冲突，其根源是现实共同体的生产力状况和人的主体素质存在局限，尚未达到未来社会的要求。这种实际局限致使个人利益的欠缺和真实共同体成分的匮乏同时并存。当前，我国还处在社会主义初级阶段。因此执政党必须进行科学的制度设计和安排，不断促进人的自由和全面发展，使得现实共同体能够代表先进生产力的发展要求，能够代表最广大人民的根本利益，这样，共同体的虚幻成分就会逐渐减少，最终走向真实共同体。

例如，党的十七届五中全会提出的"努力实现居民收入增长和经济发展同步，劳动报酬增长和劳动生产率提高同步"的两个同步思想，正是提升现实共同体真实成分的有力举措。只有当人们从共同体的强大过程中看到个人从共同体中获得越来越多的利益，人们才会对这样的共同体充满信任，才更愿意在利益发生冲突的过程中选择舍弃个人利益而保全集体利益，集体的虚幻成分就会逐渐减少。反之，如果肆意侵犯个人的正当利益，就会使人们对集体产生怀疑，集体在人们的心目中就会从真实走向虚幻，人们就会如同虚幻共同体成员那样抵触和反抗集体主义，转而信仰个人主义。此时，集体主义的宣扬也就失去了土壤和环境，而成为欺骗人的手段。

(2)价值导向：从基本原则到核心价值观

集体主义作为一种道德原则，具有强大的生命力。即便是虚幻共同体，他们在鼓吹个人主义的同时，也潜在地使用集体主义的基本逻辑来要求他的成员在共同体利益和个人利益发生矛盾的时候,应该尽可能选择保全共同体利益,个人应该尽己所能为共同体的发展作贡献。比如,在我国封建社会时代,统治者号召每个个体都要信奉儒家思想的"义利观"——"君子喻以义,小人喻以利",鼓励人们"舍利取义"。他们所指之"义"其实就是"集体或团体之利",而"利"则为"个人之利"。西方发达资本主义国家,尽管实行多党制,但无论哪一个党派执政,都非常重视公民教育,都无不在告诫他的成员要对国家共同体负责,要为国家共同体的利益奉献个人力量,至少在追求个人利益和行使个人权利的过程中不能损害代表国家共同体的公共利益和公共权利。有的资产阶级思想家在认识到个人主义有销蚀社会和集体的危害性时,甚至巧妙地将集体主义作为实现个人主义的方法加以运用。或者说,他们在目的上强调个人主义,但在方法上却更加强调集体主义;在权利观上推行个人主义,而在道德观上却更倾向于维护共同体利益的集体主义。因此,集体主义的道义相对于个人主义在人类历史发展的漫漫长河中更能得到人们道德心理上的认同,显示出无可比拟的优越性。

虽然这些虚幻共同体也在宣扬集体主义的部分内容和理念,但我们必须要清醒地认识到,他们所宣扬的集体主义和我们的集体主义有着本质的区别。私有制的本质属性决定了他们的集体主义的出发点和根本目标必然是打着实现共同体的利益的幌子来维护共同体中某一些人的利益和某一些人的自由。"个人自由只是对那些在统治阶级范围内发展的个人来说是存在的,他们之所以有个人自由,只是因为他们是这一阶级的个人"。[①] 我们的经济基础是社会主义公有制,尽管集体利益和个人利益有时会出现矛盾,但两者在根本取向上是一致的,因此我们的集体主义的出发点和根本目标是实现和维护最广

---

① 《马克思恩格斯选集》(第1卷).北京:人民出版社,1972.

大人民的根本利益,实现每个人的自由和全面发展。在我们的共同体中,"每个人的自由发展是一切人的自由发展的条件"。①"只有在集体中,个人才能获得全面发展其才能的手段,也就是说,只有在集体中才能有个人自由"。②因为"个人力量(关系)由于分工转化为物的力量这一现象,不能靠从头脑里抛开关于这一现象的一般观念的办法来消灭,而只能靠个人重新驾驭这些物的力量并消灭分工的办法来消灭。没有集体,这是不可能实现的"。③科学的社会主义核心价值规定是人的彻底解放与自由全面发展,中国特色社会主义将科学社会主义作为理论基础,就必须将人的彻底解放与自由全面发展作为自己的核心价值,就必须将体现并服务于这个核心价值的集体主义作为自己的核心价值观,就必须大力宣扬集体主义,使之成为人们处理集体与个人利益关系的根本价值导向,使之成为引领社会思潮和抵御社会思潮负面影响的思想理论武器。

概而言之,社会主义只有将集体主义从道德原则上升为核心价值观,才能凝聚人心,抵制诱惑;只有坚持集体主义并不断丰富其内涵,逐渐减少现实共同体中的虚幻成分,现实共同体才能不断演进,最终实现马克思所描绘的未来社会——真实共同体的理想蓝图。

---

①②③ 《马克思恩格斯选集》(第1卷).北京:人民出版社,1972.

第五章 传承与借鉴:国内外高校马克思主义大众化的经验教训

一、苏联在高校推进马克思主义大众化的基本经验

学界关于苏联马克思主义大众化的经验和教训的研究成果很多,所提观点逐渐趋同,说明学界已经基本达成共识。

吉林大学王晓丽(2011年)认为:作为世界上第一个社会主义国家,苏联在无产阶级专政条件下建立的马克思主义理论教育体系与模式,具有开创性的意义。在列宁的领导下,俄国无产阶级革命政党把马克思的普遍真理同俄国革命的具体实际相结合,在无产阶级和劳动群众中开展了马克思主义理论的宣传和教育,从而保证了十月革命的胜利,巩固了新生的人民政权,为社会主义革命和建设做出了不可磨灭的功绩。从此,马克思主义理论教育进入了各级各类学校及机关、军队和企业等一切社会组织和经济组织,成为提高无产阶级意识、教育广大人民群众和培养社会主义新人的重要手段。

随后在苏联社会主义革命和建设的实践中,苏联借助高校中的大批教学科研人员,把高校作为马克思主义理论教育的主

阵地,形成了以高校开设"马克思主义政治经济学"、"辩证唯物主义和历史唯物主义"和"联共(布)党史"为主体课程的马克思主义理论教育体系,并通过课堂教学、社会实践活动、媒介宣传等形式推进马克思主义大众化。这样,以马克思主义的科学理论体系和基本原理为主要内容的传统马克思主义理论教育模式形成了。

苏联传统马克思主义理论教育模式体现了与时俱进,既有向青年学生进行马克思主义学说基础理论的灌输教育,也有注重解决现实问题的理论与本国实际结合的内容。为社会主义国家如何推进马克思主义大众化提供了可资借鉴的"苏联模式"。在"以苏为师"的思维方式影响下,处于革命与战争时代的其他社会主义国家,广泛接受了这种"苏联模式",其影响之大,范围之广,始料未及。然而,苏联未能将马克思列宁主义的旗帜一直飘扬在苏联上空,社会主义的阵营未能固守,在社会转型的关键期召开的苏共二十八大及所谓"新思维"的变革,最终酿成震惊世界的剧变。①

黑龙江大学王春英(2004年)把苏联马克思主义理论教育的失误归结为以下几点原因:一是党的理论建设、指导思想上的失误,此失误动摇了马克思主义理论教育的理论根基;二是忽视执政党的自身建设,难以有效承担马克思主义理论教育的领导使命;三是未能揭示马克思主义理论教育的自身规律,混淆了与学术研究、文艺创作等活动的界限;四是马克思主义理论教育的目标整齐划一,压抑了人的个性发展;五是马克思主义理论教育方法简单粗暴,形式主义严重,动摇了人们的共产主义信念。② 总之,苏联虽然在马克思主义理论教育方面取得了一些成就,但是因为有这些失误,就难以发挥它的积极作

---

① 王晓丽.《普通高校推进马克思主义大众化问题研究》.吉林大学,2011.
② 王春英.《对前苏联思想政治教育的历史反思》.《哈尔滨市委党校学报》, 2004(2).

用了。

苏联马克思主义理论教育的失误启示我们：第一，马克思主义理论教育必须坚持马克思主义在主流意识形态领域的指导地位，时刻防止和警惕指导思想多元化。中国共产党虽然自从诞生之日起就把马克思主义确立为自己的指导思想，但是在发展中也未能避免"左"右倾错误的反复出现，沉痛的历史教训告诫我们必须要巩固马克思主义的指导思想地位，彻底摆脱非马克思主义、反马克思主义思潮的消极影响，这样才能为社会主义现代化建设提供强大的精神支柱和前进动力。第二，马克思主义理论教育要尊重个性，体现人文关怀。"一刀切"和"齐步走"的做法遏制马克思主义理论教育对象的个性发展，其结果只会造成教育对象反感、厌倦马克思主义理论教育。第三，马克思主义理论教育的方法要不断更新、改进。因为"宣传思想工作是做人的工作，关键是要有吸引力和实效性。形式主义的宣传教育，尽管也费了力气，但是收不到效果，达不到目的"。为此，"我们既要继承和发扬过去党的宣传思想工作中好的传统好的经验，又要大胆在新实践中探索新的途径、方法、手段，积累新的经验"。[1] 第四，必须重视对青年进行马克思主义理论教育。青年是马克思主义大众化的重要宣传对象，在青年人中推进马克思主义大众化，对于主流意识形态的巩固具有关键意义。[2]

二、古巴、越南等当代社会主义国家马克思主义理论教育的经验与启示

古巴、越南两国，相比较中国而言，综合国力有限，且长期受困来自于发达资本主义国家的政治、经济、文化、军事和外交等

---

[1] 《求是》杂志社政治编辑部.《学习〈毛泽东、邓小平、江泽民论思想政治工作〉问答》.北京：红旗出版社，2000.

[2] 王晓丽.《普通高校推进马克思主义大众化研究》.吉林大学，2011.

多方面的压力,特别是古巴,受到的限制、挤压和封锁更为直接和强烈,社会主义建设事业面临的压力很大、困难很多。两国之所以能够取得社会主义建设的成功,是和他们坚持并不断创新和发展马克思主义理论,高度重视马克思主义理论教育不无关系。两国在马克思主义理论教育方面的一些做法和经验,对我国马克思主义理论教育的研究和实践工作颇具借鉴价值,具有一定的启示意义。

(一)本土化:马克思主义理论教育内容创新的基本方向

理论来源于实践,理论又用来指导实践。任何先进的理论,只有符合本国的具体实际才能焕发出蓬勃的生机与活力。古巴和越南都在坚持马克思主义的指导思想地位的同时,根据本国社会发展的具体情况和时代背景,不断创新和发展马克思主义。

古巴共产党的马克思主义本土化的理论成果是菲德尔·卡斯特罗思想,它是以卡斯特罗同志为核心的一代古巴共产党人根据社会主义建设的需要,将何塞·马蒂思想和马列主义结合起来而形成的指导古巴社会主义建设的思想。尽管何塞·马蒂本人未必是马克思主义者,但是何塞·马蒂思想却在古巴深入人心,对古巴革命和建设具有深远的影响。卡斯特罗曾说,他自己在成为马克思主义者之前"是一个马蒂主义者"。何塞·马蒂思想和马列主义的结合,突出了古共的"民族性"和"本土性",[①]既符合古巴历史和现实的需要,又保证了马克思主义的指导地位,体现了古巴共产党人的智慧。卡斯特罗思想主要包括:反对帝国主义、坚持民族独立,坚持社会平等公正、塑造社会新人,以及坚持无产阶级国际主义、正确看待全球化、全面加强党的建设、正确对待宗教等思想。[②]

---

① 肖枫.《古巴压而不垮的奥秘》,《科学社会主义》,2006(3).
② 毛相麟.《古巴社会主义研究》,北京:社会科学文献出版社,2005.

越南共产党一般将马克思主义理论教育称为马列主义教育。胡志明思想是越南马列主义理论本国化的产物。2011年,越共九大报告将胡志明思想概括为关于民族解放、阶级解放和人类解放的思想;关于民族独立与社会主义紧密联系、民族力量与时代力量相结合的思想;关于人民力量和民族大团结的综合力量的思想;关于全民国防和建设人民武装力量的思想;关于经济和文化发展以及不断改善人民物质和精神生活的思想;关于革命道德、勤奋、节俭、诚恳、正直、为公和无私的思想;关于培养未来革命接班人的思想;关于建设廉洁和强大的党以及把党的干部和党员锻炼成为既是领导者又是真正忠于人民的公仆的思想等。① 越共九大还进一步指出"胡志明思想是关于越南革命基本问题的一套全面、深刻的理论和政治观点体系;是在我国具体条件下创造性运用和发展马克思列宁主义,继承和发展优良民族传统价值观以及吸收人类文化精华的产物","我们党和人民决心沿着以马克思列宁主义和胡志明思想为基础的社会主义道路建设越南"。②

两国都是在坚持以马克思主义为指导思想的进程中,不断推进马克思主义理论的本土化,才赋予两国具体社会主义实践以勃勃生机,给人民带来了更多的福祉,使两国人民更加坚定走社会主义道路的信心和对马克思主义理论的信仰。实践已经证明,先进的理论仍需要在继承的基础上发展,使其更符合时代特征和本国需要,僵化、教条式地对待马克思主义理论的态度,可能会给社会主义建设带来灾难甚至是毁灭性打击,苏联解体、东欧剧变和中国的"文革"都为此付出了惨重的代价和血的教训。因此,坚持马克思主义基本原理同推进马克思主义本土化相结合,用发展着的马克思主义理论解决本国社会主义建设的具体问题是当代社会主义国家社会主义建设的必由之

---

① 胡斌武.《越南马列主义教育管窥》,《学校党建与思想教育》,2007(3).
② [越]古小松.《越南的社会主义》,北京:人民出版社,1995.

路,绝不能指望套用一国的模式解决所有社会主义国家社会主义建设所遇到的难题,更不能指望所有社会主义国家都采取统一的内容、模式进行马克思主义理论教育。

（二）先进性:马克思主义理论教育领导核心的必然要求

党是马克思主义理论教育的领导核心,党的形象是马克思主义理论先进性的具体体现。党领导人民群众在发展和建设社会主义的进程中展现的先进性越多,马克思主义理论教育的效果就越显著。古巴、越南两国共产党深知这一道理,他们高度重视加强党的建设,永葆党的先进性,使党能够在马克思主义理论教育工作中有效承担领导使命和责任。

越南共产党重视加强和改进党的自身建设。早在1988年6月召开的六届五中全会上,越南共产党就提出必须坚持"五项基本原则",即坚持社会主义、坚持马列主义和胡志明思想、坚持党的领导、坚持无产阶级专政和建设社会主义民主、坚持爱国主义与国际主义相结合。越共七大报告指出:"劳动人民和全民族已承认我党是领导者,是自己基本的和切身利益的真正代表者。为了完成历史赋予的重任,我党把自我革新、自我整顿、提高党的领导能力视为党建工作中的头等重要的要求,是保证我党始终同革命任务相称的经常性工作。"1992年6月召开的七届三中全会又通过了《关于革新和整顿党的决议》,指出"经济建设为重心,党的建设为关键"。1992年3月至4月间、1993年至1995年间、1999年至2001年间,越南共产党先后开展过三次大规模的整党运动。2006年4月在越共十大期间,还修改了越南共产党党章,重新对越南共产党的性质作了表述,并对党员行为规则作出了更加明确的要求。会议结束后,越共中央成立了反贪污反浪费局,专门对贪污腐败行为进行监督和调查。①《共产杂志》2006年第113期刊登了越共中央总书记农德孟的《防止和反对贪污腐败、浪费的斗争是全党全国人民的政治决心》文章,文章指出:越南反贪污腐败、反浪费斗争是一项急迫、长期而复杂的斗争,必取采取各种配套措施来落实,要将十大报告的有关内容具体化,中央从思想、政治、经济、法律以及道德、生活方式等方面对党员进行教育,同时要求完善有关机制、制度和规定,尤其是监督和监察制度。

古巴共产党同样重视维护党的先进性和纯洁性,对腐败和违纪行为严加处理,绝不迁就姑息。对贪污金额300比索以上的领导干部,撤销其领导职务。1989年,古巴掀起了一场毫不留情的肃贪反腐运动,将参与贩毒和走私、腐败和挪用公款的原古巴驻安哥拉驻军司令奥乔亚中将等14名高级军官和官员逮捕并判刑,其中包括奥乔亚中将在内的4人被判处死刑。1999年处分党员34 000人,2000年处分43 539人。特别是那些在住房和家属问题上犯错误的党员,因为违反了从政道德而常常会受到从严处罚。② 古巴共产党还重视发挥党员,特别是党员领导干部的先锋模范作用,在全国建立了一套完备的党校系统,以加强对党员的马克思主义理论教育。党的领导干部和每个党员都要分别到不同级别的党校进行长期和短期的政治培训。每个新党员都必须在基层党校接受100个小时的党性教育。党员领导干部勤俭务实的工作态度、深入群众的工作作风、公正透明的办事原则、廉政自律的生活作风,是古巴共产党凝聚人心、战胜各种内外困难和威胁的法宝。③

心理学研究表明:人们对知识信息的选择一般有两种途径,一是理智型选择,如果认为知识信息是科学的,符合逻辑

---

① 胡斌武.《越南马列主义教育管窥》,《学校党建与思想教育》,2007(3).
② 季正矩.《古巴缘何红旗不倒》,《党史纵横》,2007(4).
③ 徐世澄.《古巴共产党巩固执政地位的战略举措》,《当代世界与社会主义》,2007(6).

的,则予以接纳,否则排斥;另一种是情感型选择,如果认为传输信息的人是值得信赖和尊敬的,则认为其传输的信息是值得信赖的,因此予以接受,否则排斥。因此,马克思主义理论教育的实效性需要理论本身的先进性,还需要马克思主义理论教育的领导力量——马克思主义政党的先进性加以体现,所谓"亲其师,信其道",说的也是这一道理。腐败现象则是马克思主义理论教育的大敌,是阻碍马克思主义理论教育功能正常发挥的重要原因,直接影响到人们对马克思主义理论的信仰,影响马克思主义理论教育的效果。马克思主义政党必须高度重视加强党的自身建设,加大反腐倡廉的力度,不断提升并展现党的先进性,这是提高马克思主义理论教育效果的必然要求。

(三)群众性:马克思主义理论教育资源利用的务实选择

实践证明,先进的理论并不能被广大人民群众自发掌握和接受,必须重视整合并利用各种社会资源和社会力量,吸引更多的人在参与马克思主义理论教育活动的过程中,感受马克思主义理论的先进性和魅力,理论教育方能显现蓬勃生机。两国共产党都结合本国实际,采取了许多切实可行的办法,充分重视调动广大人民群众参与马克思主义理论教育的积极性。

古巴共产党在整合和利用社会资源开展马克思主义理论教育方面,成效显著,有很多做法对我们具有启示意义和借鉴价值。

一是十分重视学校资源的利用。在古巴城区,各级各类学校都安排一定的时间组织学生参加生产劳动,连幼儿园的儿童和神学院的学生也不例外。中学生则实行半日学习半日劳动的制度。在高等教育发展战略上,古巴共产党提出"大学为全社会服务"和"大学为全体人服务"的思想。卡斯特罗提出:"我们要下很大的气力来培养师资,把教学同我国社会主义建设的实际结合起来,改善教育设备的物质基础,并把学习一大文件纳入到所有政治思想培训中心的教学中,把教授马列主义和一般的政治教育逐步引到教育部所属的初中、高中和大学中去。这一工作应由我党来承担。同样,教师、科学家、新闻记者以及文化和艺术工作者也要提高马列主义水平。"①课堂教学是古巴开展大学生思想政治教育的主渠道和主阵地,全国有540多名教师专门从事马克思主义理论教育工作。在古巴政府的指导下,编写了统一的教材,开设了相同的课程。古巴政府还通过开展"社会主义新人"工程,努力培养全面发展的人才。古巴政府和教育部门采取了多方面的措施加强对学生进行马克思主义理论教育,积极鼓励大学生自发成立各种社团组织,凡遇重大事件或做出重大决策之前,都通过这些社团组织向大学生宣传、沟通、听取意见。古巴提出要把整个社会变成一所大学。在这种思想指导下,古巴的马克思主义理论教育形成了学校与社会的双向互动局面:一方面,学校的理论学习和教育与社会实践紧密结合,通过学习解决思想认识问题;另一方面,社会全体成员日益受到学校教育的影响,使全体成员的马克思主义理论素质得到了很大提高。②

二是重视先进典型资源的利用。一些在人民群众中拥有崇高威信的革命领袖人物成为古巴马克思主义理论教育的鲜活素材。如格瓦拉的身先士卒、忘我工作、不怕牺牲的精神。正如卡斯特罗所说的那样:"共产党员应是一个不屈不挠的战士,他坚信自己的事业是完全正义的。他应该热爱学习,热爱劳动,严于律己,思想深刻,彻底地献身于人民。党因有了人民才得以存在,也是为了人民而存在。任何官僚主义作风和小资产阶级的观念都是同党的原则水火不相容的。干部、党员和人民之间,应建立起最紧密、最牢固的联系,这种联系主要应当建

---

① [古]菲德尔·卡斯特罗.《在古巴共产党第一、二、三次全国代表大会上的中心报告》,北京:人民出版社,1990.
② 李辽宁、闻燕华.《古巴马克思主义理论教育的特点及启示》,《社会主义研究》,2006(6).

立在这样的基础上,即干部和党员要起模范带头作用,而人民要相信革命者是为人民而生,为人民而死。"①

三是重视利用宗教、群团等组织资源的作用。古巴共产党认为,宗教人士不仅可以与共产党人一起改造世界,而且也可以成为马克思主义者。关键在于这些教徒中的优秀分子应该是真诚的革命者,决心根除人剥削人的制度,为公平分配社会财富而斗争。因此,古巴共产党"四大"决定取消党章中关于"有宗教信仰的革命者不能入党"的规定,允许符合条件的宗教人士中的优秀分子入党。这些人入党后扩大了古共的社会基础,不断巩固和加强了古共的执政地位。② 古巴共产党还高度重视并大力推动社团组织的发展,充分发挥共产主义青年联盟、大学生联合会等社团组织的作用,使学校的马克思主义理论教育开展得生动活泼,丰富多彩。卡斯特罗指出:"我们要努力把党校、共产主义青年联盟和群众组织的学校以及政治思想培训中心,都变成进行马列主义教育的模范机构。"③古巴不仅社团组织多,而且在党的支持下,都能够充分发挥作用。如在卡斯特罗亲自提议和指导下,由古巴青年联盟中央组织的一支约有3.5万名青年(其中盟员占60%)的专门从事社会工作的"青年社会工作者"专职队伍。该组织帮助党和政府解决了一系列的关系到社会稳定而政权机关又难以直接解决的问题。如古巴的石油需求有一半要靠进口满足,汽油和电力都严重不足。一些加油站内外勾结,倒卖汽油票,给国家造成很大损失。"青年社会工作者"便进驻全国的加油站,清查账目,若发现问题,有权撤换其工作人员。为了节约电力,"青年社会工作者"还挨家挨户更换节能灯、节水龙头和从中国进口的节电电冰箱。组建"青年社会工作者"队伍,不仅有效解决了许多需要解

---

①③ [古]菲德尔·卡斯特罗.《在古巴共产党第一、二、三次全国代表大会上的中心报告》,北京:人民出版社,1990.
② 姜述贤.《古巴对社会主义道路的不断探索》,《当代世界与社会主义》,2007(1).

决的社会问题,密切了党和政府与广大人民群众之间的关系,而且锻炼了从事这项工作的年轻人,培养了一批忠于社会主义事业的接班人。大量社团组织作用的发挥不仅给古巴共产党提供了强大的政治和民众支持,还使敌视古巴社会主义政权的人失去群众基础,尽管他们阴谋策划过一些骚乱,但无法动摇古巴共产党的执政地位,也不能从根本上破坏古巴的政治稳定和社会团结。①

越南共产党则十分重视对舆论宣传资源的开发和利用。越南共产党的《人民报》和党刊《共产主义》,以及各种宣传媒体在越南的马列主义宣传与教育中发挥着重要作用。越南的舆论宣传与教育强调坚持党管媒体的原则,强调增强舆论引导的本领,掌握舆论宣传的主动权;强调坚持团结、稳定、鼓劲、正面宣传为主,引导新闻媒体增强政治意识、大局意识和社会责任感。越南政府拨出专款出版了马克思恩格斯全集,再版胡志明全集,并把《关于当代马列主义的若干问题》作为全国通用读本,引导全体干部系统学习;越南还出版了越文版的《邓小平文选》、《邓小平同志建设有中国特色社会主义理论学习纲要》等著作,并规定一律九折优惠销售,以鼓励越南人民了解和学习中国社会主义的改革开放事业的经验。越南共产党还十分重视马克思主义理论课教材的建设工作,成立了专门指导全国马克思主义理论教育的重要机构,在该机构的直接领导下,组织专家学者编写了包括马列主义哲学、马列主义政治经济学、科学社会主义、越南共产党历史和胡志明思想等5门课程在内的国家教材。各高校编写的教学参考资料必须经过国家教育与培训部审定。越南每年召开由马列主义学科教师参加的全国专业培训会,与会者在会上可以对国家教材提出意见,由教育与培训部组织整理和补充,使国家教材越来越完善。越南在马

---

① 朱佳木.《古巴的社会主义政权为什么能够长期存在》,《马克思主义研究》,2007(110).

克思主义理论教材建设方面比较有特点的做法是考虑不同专业和行业的教学需要,分别组织编写适用于师范类、经济类、农业类、工程类等高校的系列教材,这表明了越南思想界在马列主义教材改革上有创新意识,并能大胆尝试。通过加强党的建设与理论武装,越南共产党提高了党的战斗力,保持了党的先进性,也进一步提升了马列主义教育的政治地位,营造了马列主义教育的社会氛围,深化了马列主义教育。①

(四)现实性:马克思主义理论教育方式的理性回归

应该承认,古巴、越南等国所面临的国际环境和建设社会主义的基本条件较之中国更差一些,但是两国能够将社会主义道路坚持下来,这在很大程度上得益于他们的马克思主义理论教育所取得的成果,并且这种教育不只是简单的说教,而是把教育与帮助群众解决实际问题结合起来进行。

古巴共产党非常关注民生问题。一是实行全面的社会保障制度。1959年革命胜利后至今,即使在20世纪90年代经济形势十分严峻的情况下,古巴一直强调社会公正,实行全民和全面的免费社会保障制度,保持社会和谐发展。苏联解体后不久,1992年,古巴全国人民政权代表大会对1976年宪法作了重要修改,再次明确规定了公民享受社会保障的权利。古巴的社会保障制度一直保持以下几个显著的特点:(1)全民保障。在古巴,迄今为止,一个5岁的孩子从接受学前教育起,直至大学毕业,其学费和书本费全部由国家负担。宪法还规定,所有古巴人都有免费看病和免费住院治疗的权利。(2)全面保障。古巴的社会保障制度包括社会保险和社会救济两个方面的制度。社会保险的范围包括孕妇、产妇和儿童、退休者、病患者、伤残和死者、低收入者等。在社会救济方面,对孤寡老人、无依无靠的病人、残疾人、孤儿的照顾作了具体和详细的规定。古

---

① 胡斌武.《越南马列主义教育管窥》,《学校党建与思想教育》,2007(3).

巴在社会保障方面取得了举世公认的成就。到20世纪80年代中期,社会保障体系的覆盖率已达100%。二是实施全民免费教育。古巴党和政府认为教育是保持社会发展的重要因素,教育是促进经济发展的战略部门。20世纪90年代,在经济困难的特殊时期,古巴政府提出"不关闭一所学校,不让一个孩子失学"的口号,千方百计保证教育事业的正常运行。自2000年起,古巴政府提出"普及高等教育"的口号。古巴不仅重视对学龄儿童和青少年的教育,而且重视对成人、下岗人员的教育和培训,重视培养人力资源,重视提高全社会公民的素质。古巴的教育支出占国内生产总值的7%左右,古巴的教育事业在发展中国家中居前列。①

越南共产党早在1986年越共六大就制定了"以民为本"的指导原则和"民知、民谈、民做、民检"的方针。越共又从党和人民关系的角度,提出"近民,解民,重民,有责于民"的方针。作为政治革新目标,越共提出"建设属于人民、来自人民、为了人民的社会主义法权国家"。② 越共的这些新思想是对马列主义民主理论和胡志明民主思想的继承和发展,尤其是"属于人民、来自人民、为了人民"这三句话深刻揭示了社会主义民主的内涵和社会主义国家的实质。"属于人民"就是人民当家作主,人民是国家的主人。胡志明说过:"我国是民主的国家,所有的利益都属于人民,所有的权力都属于人民,革新建设的事业是人民的责任,抗战建国事业是人民的任务。从乡到中央的政权都由人民选出,从乡到中央的社会团体都由人民组织。总而言之,一切权力和力量都在于人民。""来自人民"是马克思主义权力观的基本问题。每一个干部和党员都应当明确我们的权力

---

① 徐世澄.《古巴共产党巩固执政地位的战略举措》,《当代世界与社会主义》,2007(6).

② [越]古小松.《2007年越南国情报告》,北京:社会科学文献出版社,2007.

是人民赋予的。国家必须"以民为本"。人民可以通过"代表民主和直接民主"两种渠道表达自己的意志。"代表的民主是通过全民选举出来的国会和各级的人民议会的形式。直接的民主是权利的主体（即人民）对若干重要问题的意志的主要表现"。既然权力是人民给予的，就应由人民来评估政权机关行使权力的绩效，应以人民满不满意为评价标准，应当让人民选拔和推举称职的人员到行使权力的岗位。"为了人民"是越南共产党领导的社会主义革新建设事业的出发点和归宿。革新的成果和建设的成果必须由人民共享。必须是使广大人民而不是使一部分人在革新中受益。要处处为人民谋福利，通过革新解决人民的实际困难，"胡志明主席曾指教党和政府要为人民照顾到从酱、茄子、鱼露、盐至每条针、线，若让人民受饿、寒冷、失业，不仅政府而党也对人民有罪、有错误"。①

虽然古巴、越南两国在生产力发展的效率方面还有待提高，但是其在社会公平方面的指导思想和具体做法值得称道。否则，两国特别是古巴就不可能在如此恶劣的国际环境下维持社会的稳定。这启示我们，在我国建设和谐社会的今天，一定要把马克思主义理论教育与解决人们的实际问题结合起来，把马克思主义理论教育的方式回归到满足群众的现实需要，使不同阶层的社会成员能畅通地表达自己的利益需求，使民众的利益得到维护。这既是维护社会稳定的重要措施，也是提高马克思主义理论教育效果的关键。

总之，两国的马克思主义理论教育经验启示我们，理论教育是一项系统工程，其成效依赖于教育方式的选择和对教育资源的利用，依赖于对马克思主义理论体系的创新和发展。

三、我国高校马克思主义大众化的历史脉络

笔者按照"五四运动前后至建国前、建国后至改革开放前、

---

① 陈明凡.《越南社会主义民主建设的理论与实践》,《科学社会主义》,2007(1).

改革开放以来",将高校马克思主义大众化分为"艰难的探索阶段、曲折的发展阶段、不断的创新阶段"三个时期。

(一)艰难的探索阶段

1. 高校马克思主义大众化的发端(1919—1921)

19世纪末20世纪初,中国处于风雨飘摇之中,封建地主阶级发起的洋务运动失败,资产阶级改良派发起的维新变法运动失败,资产阶级革命派发起的辛亥革命胜利果实被窃取,袁世凯复辟……一系列运动、革命的失败让中国的进步知识分子充满困惑,也让他们认识到封建文化的巨大束缚力,认识到思想启蒙的重要性。1915年,陈独秀在上海创办《青年杂志》(1916年更名为《新青年》),高举"民主"和"科学"两面旗帜,向封建主义展开了猛烈的进攻,提倡民主,反对封建专制和伦理道德,要求平等自由,个性解放,主张建立民主共和国;提倡科学,反对尊孔复古思想和偶像崇拜,反对迷信鬼神;提倡新文学,反对旧文学和文言文,开展文学革命和白话文运动。这就是新文化运动,是一次前所未有的思想解放和启蒙运动,它为马克思主义在中国的传播开辟了道路。

"中国人找到马克思主义,是经过俄国人介绍的。在十月革命以前,中国人不但不知道列宁、斯大林,也不知道马克思、恩格斯。十月革命一声炮响,给我们送来了马克思列宁主义。十月革命帮助了全世界的也帮助了中国的先进分子,用无产阶级的宇宙观作为观察国家命运的工具,重新考虑自己的问题。走俄国人的路——这就是结论"。① 从此,马克思主义开始在中国广泛传播,这一阶段,马克思主义的传播多为对其学术思想的介绍,但对马克思主义的巨大的思想价值和实践价值还认识不深,研究不够,如果从马克思主义中国化与大众化的先后关系上讲,这个时期的马克思主义传播还算不上是马克思主义大

---

① 《毛泽东选集》(第4卷).北京:人民出版社,1991.

众化。但是一小部分率先觉醒的中国人在"五四"运动中,将马克思主义与高校结合了起来,1919年也就成为高校推进马克思主义大众化的历史起点。① 新文化运动后期也成为宣传马克思主义及各种社会主义流派的思想运动,使旧民主主义的文化运动转变为由马克思主义理论指导的新民主主义的文化运动。一是李大钊在北京大学以开设课程的方式传播马克思主义。主要开设有"唯物史观研究"、"社会主义史"、"社会主义与社会主义运动"、"史学思想史"等课程,其他早期马克思主义者,如李达、陈独秀等也都有在大学讲授马克思主义的经历。二是一批马克思主义宣传者开展的学术研究。李大钊等早期马克思主义者在讲授课程的过程中,不断地研习马克思主义的相关理论,留下了大量的授课讲义,成为早期马克思主义者开展马克思主义学术研究的珍贵资料,如李大钊的《史学思想史讲义》,含《史观》、《马克思的历史哲学与理恺尔的历史哲学》等11篇。同时,"1920年3月,在李大钊的倡导下,由邓中夏、黄日葵、高君宇等十几人在北京大学最先成立了研究马克思主义和社会主义的团体——马克思主义学说研究会。该会以研究马克思学说为主要目的,同时研究共产主义运动和当时国内外的重大问题,开展马克思主义的宣传"。② 广州的"马克思主义研究会共有八十余人,其中百分之二十是法律系的学生,百分之二十是高等、中等院校的学生,其余的人是各种政治小组和编辑小组的成员。这些小组里没有工人,因为我们很难与他们建立联系。而与士兵群众建立联系,就更加困难"。③ 三是积极促成党组织的建立。"五四"运动的胜利,使早期的马克思主义者看到了中国工人阶级的力量,也看到了工人阶级与马克思主

---

① 王晓丽.《普通高等学校推进马克思主义大众化问题研究》.吉林大学,2011.
② 李俊卿.《高校马克思主义大众化水平研究》.北京:知识产权出版社,2012.
③ 《中共中央文件选集》(第1册).北京:中共中央党校出版社,1991.

义结合的可能。"在这以后直到1921年中国共产党成立的两年间,新的思想运动和新的群众运动成为这次爱国运动的延续。历史上将这两年称为五四运动时期,实际上也是建设中国共产党的准备时期"。① 马克思主义在高校进步青年学生中的广泛传播,促成以李大钊、陈独秀、毛泽东为代表的激进民主主义者先后转变为马克思主义者。1920年10月,李大钊在北京大学发起创立了"中国共产党北京小组",成员有3人,都是北京大学师生——教授李大钊、讲师张申府、学生张国焘。随后罗章龙、刘仁静、邓中夏等一批又一批北京大学进步学生相继加入。1920年11月,小组举行会议,决定将这个组织命名为"中国共产党北京支部"。这是北京大学第一个中共支部,也是北京和中共北方的第一个中共支部。李大钊任支部书记,张国焘负责组织工作,罗章龙负责宣传工作。同北京大学马克思主义传播相类似,很多高校的进步师生都关注马克思主义,并逐步汇集到一起,为了同一个信仰而奋斗。② 据统计,在中国共产党第一次代表大会之前,全国8个地方党组织的主要领导人有6位是北京大学的师生或校友。全国仅有的53名共产党员中有21名是北京大学的师生或校友。参加中国共产党"一大"的13名代表中有5名是北京大学的师生或校友。北京大学作为中国共产党早期活动的主要基地之一,为中国共产党的创建及中国革命的胜利做出了重大贡献。③

2. 高校马克思主义大众化引领革命洪流的到来(1921—1927)

1921年至1927年,中国共产党共召开了四次代表大会,四次会议明确了党的奋斗目标、民主集中制的组织原则和党的纪律,通过了关于当前实际工作的决议,确定了党成立后的中

---

① 中共中央党史研究室.《中国共产党历史》(上卷).北京:人民出版社,1991.
② 李俊卿.《高校马克思主义大众化水平研究》.北京:知识产权出版社,2012.
③ 王晓丽.《普通高等学校推进马克思主义大众化问题研究》.吉林大学,2011.

心任务是组织工人阶级,领导工人运动;讨论和确定了党在民主革命阶段的纲领;接受共产国际执委会关于在中国实行国共合作的决议,正确地分析了孙中山反对帝国主义和封建军阀的民主主义立场;分析了中国社会各阶级在民族革命运动中的地位,明确地提出了无产阶级领导权和农民同盟军问题。一系列指导思想的确定,为中国各族人民的革命斗争指明了方向。但如何发动工人、农民,让工农阶级认识、了解马克思主义关于阶级斗争、无产阶级革命和无产阶级专政理论,并自觉地加入无产阶级革命斗争中来,"在现时,毫无疑义,应该扩大共产主义思想的宣传,加紧马克思列宁主义的学习,没有这种宣传和学习,不但不能引导中国革命到将来的社会主义阶段上去,而且也不能指导现时的民主革命达到胜利"。① 谁来宣传呢？主要途径是从高校选派学生深入到工农群众中间宣传马克思列宁主义和革命纲领,领导工人运动,创办工人夜校。通过这种方式,深化了工农群众对国民革命联合阵线和打倒军阀、打倒帝国主义的认识。学生们也在实践中加深了理论认识,体验到了工农群众的生活疾苦,救国救民意识显著增强。由此,马克思主义在中国开始深入大众心灵并茁壮成长。②

同时,中国共产党在建党初期采取多种形式兴办各种高等学校,传播马克思主义。如毛泽东在长沙创办的湖南自修大学、利用国共合作在上海创办的上海大学、在广东黄埔创办的陆军军官学校(简称"黄埔军校")、通过苏联帮助在广州创办的中山大学等,在当时的马克思主义宣传教育中都发挥着重要的影响。譬如,恽代英于1926年在中央军事政治学校、广州农民运动讲习所讲授《政治学概论》,其讲稿作为中央军事政治学校讲义丛刊第五种得以印行。这是一部以马克思主义理论为指

---

① 《毛泽东选集》(第2卷).北京:人民出版社,1991.
② 王晓丽.《普通高等学校推进马克思主义大众化问题研究》.吉林大学,2011.

导、集中研究政治学基本问题的学术著作。又譬如,陈启修1926年到广州,在黄埔军校和广州农民运动讲习所任政治讲师,他用马克思主义的观点来讲授政治学。再譬如,上海大学于1923年开展马克思主义教育,瞿秋白在1923年秋在上海大学讲授现代社会学、社会哲学等课程,发表了《社会哲学概论》、《现代社会学》和《社会科学概论》,其中《社会哲学概论》和《现代社会学》第一次系统地介绍了辩证唯物主义,集中论述了哲学的基本问题。①

随着马克思主义宣传的深入,人民的革命热情高涨。从1922年1月到1923年2月,中国共产党发动了大小罢工100多次,参加者总计有30万多人。例如香港海员罢工、京汉铁路罢工、安源路矿工人罢工等。1921年9月,在浙江萧山县衙前村成立了第一个农协;1922年6月,彭湃在故乡广东海丰县成立了农民代表大会,开展反抗地主压迫的斗争。1924年1月,国民党一大召开,共产党员以个人名义加入国民党,第一次国共合作正式形成。1926年7月,国民革命军出师北伐,严重打击了帝国主义和封建军阀的反动统治,预示着国民大革命高潮的到来。

1927年4月,中共五大召开,这次会议是在蒋介石集团发动"四一二"反革命政变之后半个月、武汉汪精卫集团日趋反动,中国革命处于危急关头召开的。这一时期,尽管高校在推进马克思主义大众化的过程中,已经尝试着应用马克思主义的基本原理来分析和解决革命过程中遇到的实际问题,如中国的革命性质、革命领导权等,但对马克思主义是否符合中国国情尚认识不清,对马克思主义中国化问题认识不够明确。这表明高校对马克思主义研究有待加强,对马克思主义的理解有待深入。

---

① 赵欢春.《高校推进马克思主义大众化的路径研究》.南京师范大学,2011.

3. 高校推进马克思主义大众化深入展开(1927—1949)

这一阶段包括土地革命时期、抗日战争时期和解放战争时期。在这个阶段,伴随着革命的进程,高校推进马克思主义大众化经历着一个从低潮到深入的过程,中国共产党也逐步由弱小到强大,中国的革命理论也逐步丰富和切合国情,并逐步实现了马克思主义的中国化。

高校马克思主义大众化的低潮。1927年,大革命失败,国共合作破裂,国统区在国民党的高压统治下,党的组织机构被破坏,党员被迫害,马克思主义的宣传教育工作不能公开正常进行。大革命失败后,中国共产党在纠正右倾错误的同时,却又埋下了"左倾"的隐患,中国共产党连续出现了三次"左倾"错误,导致党在白区的组织受到严重破坏,红军和革命根据地遭到严重损失,第五次反"围剿"失败而被迫长征。同时,日本帝国主义的入侵,成为中国革命成功的重大外患。然而,在困难的斗争环境中,高校在中国共产党的领导下从未停止对马克思主义的学习、研究与宣传。一是在高校讲坛结合专业性课程宣讲马克思主义的基本理论,如陈启修这一时期的经济学课程的讲稿,由听讲者整理,陈启修本人审阅,最终于1934年由北平好望书店出版,书名叫《经济学讲话》。这部著作将国内反对马克思主义劳动价值论的观点概括为8种,并一一加以批驳,从而捍卫了马克思主义劳动价值论的历史地位。二是通过组织学生研究团体,加强马克思主义对高校学生的学术影响力。如20世纪的30年代,在中国共产党领导下成立了"左联"和"社联",其重要成员一方面在这些学术团体中秘密工作,探讨马克思主义与中国实际相结合的问题;另一方面又在各高校从学术研究的层面宣传马克思主义。三是著书立说,为高校青年学生提供通俗的学术读物,推进马克思主义大众化。如王思华在20世纪30年代,就在北平大学及中法大学讲授政治经济学,积极宣讲《资本论》的学术思想,并致力于《资本论》的通俗化工作,其在大学的讲稿的一部分被整理为《大众资本论》,由生活书店出版。① 更为重要的是以毛泽东为主要代表的共产党人,在1927年以后的几年间,坚决抵制共产国际和党内的教条主义错误,不断总结革命的经验教训,不仅在实践中开辟了一条不同于俄国十月革命的农村包围城市、武装夺取政权的中国革命新道路,而且从理论上阐述和论证了这条道路及与这条道路相关的一系列中国革命的基本问题。1930年初,毛泽东在《星星之火,可以燎原》中,提出了以"乡村为中心"的思想,初步形成了农村包围城市、武装夺取政权的革命道路理论,这是马克思主义中国化的第一个理论成果——毛泽东思想形成的主要标志。这一成果对高校马克思主义大众化具有重要的推动作用,从此,我们的理论宣讲有了自己的灵魂,并且有了自己的方式,那就是结合我国的国情,结合我们面对的革命现实开展马克思主义教育。

高校马克思主义大众化不断走向深入。随着革命实践的发展,马克思主义理论与中国革命实践结合得更加紧密,中国马克思主义大众化宣传教育愈发具有针对性。抗日战争时期和解放战争时期,高校推进马克思主义大众化紧紧围绕抗战路线、方针、政策,用毛泽东思想武装学生头脑,然后带动社会大众。在根据地,中国共产党在各类高校中大多构筑了牢固的基础,扩大了马克思主义的宣传,使马克思主义的大众化程度有了很大提高。这一时期马克思主义大众化发展得最好的高校是中国共产党在根据地建立的大学,代表性的有三所,即抗日军政大学、陕北公学和延安大学。这些高校接受中国共产党的直接领导,学校有专门课程讲授马克思主义理论,组织工作和宣传工作都很有特色,为马克思主义的传播创造了极为有利的

---

① 赵欢春.《高校推进马克思主义大众化的路径研究》.南京师范大学,2011.

环境和条件。① 同时，这些根据地高校的马克思主义宣传教育呈现出三个特征：第一，宣传马克思主义与研究马克思主义结合起来；第二，马克思主义大众化教育与现实的政治斗争紧密结合；第三，马克思主义大众化与生产和生活实践紧密结合。② 二是国统区高校的马克思主义传播工作因受到国民党的控制只能秘密开展。在这种情况下，中国共产党依靠进步教授和学生团体因地制宜地开展宣传教育工作，团结进步学生，发展骨干力量，使马克思主义理论在国民党的严密监控中得以传播。③

(二) 曲折的发展阶段

1. 高校马克思主义大众化长足进步(1949－1956)

1949年，中华人民共和国成立，中国人民从此站起来了，中国共产党成为执政党，马克思主义成为中国人民的主流意识形态，高校马克思主义大众化获得了良好的发展时机。但这一切新面貌并不能让我们忽视新中国建立后所面临的困境，如国民党残余的捣乱、土匪的破坏、帝国主义的干涉和封锁；国内生产萎缩，交通梗阻，民生困苦，失业众多；广大人民群众的文化素质总体较差，又面临着社会的剧烈转型，思想状况比较混乱，群众的政治理想、思想定势、价值取向、生活态度、道德标准、心理状态与建设新中国的艰巨任务的要求有相当大的距离。这些又成为马克思主义传播和高校马克思主义大众化的很大障碍。

其中，对于马克思主义传播和高校马克思主义大众化而言，最为关键的问题是知识分子的缺失和现存知识分子知识水平的参差不齐。因此，培养和改造一支有相当数量的合格的知

---

①③ 李俊卿.《高校马克思主义大众化水平研究》.北京:知识产权出版社，2012.

② 赵欢春.《高校推进马克思主义大众化的路径研究》.南京师范大学，2011.

识分子队伍已成为当务之急。

建国初期,全国当时大约有各类知识分子200万人,只占总人口的0.3%。其中高级知识分子约为10万人。① 而这些为数不多的知识分子,并不都是坚定的马克思主义者,他们在思想层次、革命立场、价值观等方面都体现出不同的特点。一是"五四"时期,一批进步的知识分子尤其是高校知识分子加入革命的队伍中来,宣传马克思主义,传递革命火种,他们是坚定的马克思主义者,有着坚定的革命意志和革命精神。从大革命时期到解放战争又有一批进步的知识分子投奔革命,他们经过了革命的历练和艰难的选择,经历了一次次的政治洗礼。建国以后,这些知识分子大都成为党、政、军、高校和国家其他事业机关的核心领导成员和工作人员。这部分知识分子的革命立场是坚定的,是可靠的。但建国后的形势变化需要他们不断地改造思想,跟上时代。二是建国前夕毕业和在校的广大青年学生,绝大多数具有爱国主义和民主思想,多数同情或参加过1946年的抗暴运动和1947年国统区的反内战、反饥饿、反迫害、求民主、争自由的斗争。他们拥护中国共产党和人民政府,是建设新中国的重要力量。但他们接受的是资产阶级教育,他们倾向革命,参加革命往往是不能忍受反动派的压迫的原因。他们容易口头上接受革命理论和马克思主义,缺乏集体主义的教育和训练,因此,他们的世界观、人生观还需要经过一番改造。三是从旧社会过来的各类专家、学者、工程师、记者等,是建国初期知识分子队伍的最重要的组成部分。他们在旧社会受过许多煎熬,不满国民党的反动统治,有的同情或参加过民主运动,有的保持中立。一些知名学者,在国民党蒋介石政权崩溃之际,不受威胁利诱,拒绝去台、去美。但是,由于他们在旧社会生活时间较长,可依据思想政治表现把他们区分为左、

---

① 郭春华.《建国初期中国共产党思想政治教育工作述评(1949—1957)》.江西师范大学,2009.

中、右三部分,据京、津4所高校对141名教师的统计,进步分子只占18%,中间分子占54%,比较落后的占28%。① 需要培养和改造的知识分子队伍主要是针对后两类知识分子而言的。1951年9月29日,周恩来在京津两市高等学校教师中作了《关于知识分子的改造问题》的报告;中共中央于1951年11月发了《关于学校中进行思想改造和组织清理工作的指示》;1952年1月,人民政协发了《关于开展各界人士思想改造的学习运动的决定》,号召各民主党派、各级政府机关、各人民团体及宗教界积极参加思想改造学习运动。通过知识分子的改造运动,广大知识分子认真学习马列主义基本理论,学习时事政治和社会发展史,思想政治觉悟和劳动积极性都有了很大的提高,成为建设国家的一支主力军。

建国以后,高校稳步推进课程改革,完善马克思主义理论课,取得了一系列成果。

1949年10月,华北人民政府高等教育委员会颁布了《华北专科以上学校一九四九年度公共必修课过渡时期实施暂行办法》,确定"辩证唯物论与历史唯物论(包括社会发展史)"、"新民主主义论(包括近代中国革命运动史)"和"政治经济学"为最基本的思想政治理论课程,并对教学内容作了专门规定。② 但由于教材、师资缺乏等原因,当时高校都没能按文件的规定开设"辩证唯物主义与历史唯物主义论",只开设了其中的"社会发展史"。经过一年的准备和实践,1951年9月,教育部颁布了《关于高等学校1951年度上学期进行"辩证唯物主义与历史唯物主义论"等课教学工作的指示》,将"社会发展史"改为"辩证唯物主义与历史唯物主义论",与"新民主主义论"及"政

---

① 郭春华.《建国初期中国共产党思想政治教育工作述评(1949—1957)》. 江西师范大学,2009.
② 段忠桥.《建国以来普通高校马克思主义理论课和思想品德课课程设置及教学内容历史沿革资料汇编》(上). 北京:高等教育出版社,2004.

治经济学"同时开设。① 1952年10月,教育部颁发了《关于全国高等学校马克思列宁主义、毛泽东思想课程的指示》。1953年2月,教育部颁发了《关于确定马列主义基础自1953年度起为各类型高等学校及专修科(二年以上)二年级必修课程的通知》,规定各类型高等学校及专修科(一年的专修科除外)自1953年起,有条件者即在二年级开设马列主义基础课,政治经济学改为各类型高等学校的三年级以上学生的必修课。② 在教学实践中,人们发现"新民主主义论"与"政治经济学"在内容上有重复,并且与高中三年级所学的"共同纲领"也有重复。所以,教育部在1953年6月17日下发了《关于改"新民主主义"为"中国革命史"及"中国革命史"的教学目的和重点的通知》,决定自1953年度起,将高等学校一年级开设的"新民主主义论"一律改为"中国革命史"。③ 1956年9月,教育部颁发了《关于高等学校政治理论课的规定(试行方案)》,正式将高校马克思主义理论课规定为四门,即"马列主义基础"、"中国革命史"、"政治经济学"和"辩证唯物主义和历史唯物主义",并对学时和年级开课顺序做了详细的规定。这标志着我国思想政治理论课课程体系基本形成。

建国初期,高校除在课程体系建立上有重大进展外,在马克思主义大众化的手段、方法上也有重大突破。一是通过参与土地改革、抗美援朝、"三反"、"五反"等运动,把马克思主义大众化从课堂引向课外,引向政治社会实践活动,使广大师生在政治实践中受教育,思政策,明方向。特别是土改运动,知识分子参加土地改革,是从北京开始的。1949年夏天,京郊农村即将实行土地改革,中央美术学院的师生认为,这是一个难得的学习机会。12月中旬,由院长徐悲鸿先生发起,该校110余名师生奔赴京郊参加土改。随后,北京的其他高校如北京大学、

---

①②③ 段忠桥.《建国以来普通高校马克思主义理论课和思想品德课课程设置及教学内容历史沿革资料汇编》(上).北京:高等教育出版社,2004.

清华大学、燕京大学及中央戏剧学院的师生也积极响应。到1950年2月中旬,共800余人参加了京郊的土地改革。北京高校的师生"共分成65个工作队,分布在京郊8个区,利用寒假工作近两个月,协助完成了100多个行政村的土地改革",①"民主人士及大学教授愿意去看土改的,应放手让他们去看,不要事先布置,让他们随意去看,不要只让他们看好的,也要让他们看些坏的,这样来教育他们"。② 高校师生参加土地改革,是高校马克思主义大众化的有效方式,结合实践进行思想改造,使他们更好地理解马克思主义,更好地理解党和国家的政策、方针,更好地为社会主义建设服务。二是通过辅导员、团组织加强对青年学生的马克思主义教育。1953年10月,《中共中央关于加强党对青年团的领导给各级党委的指示》强调,青年团"是青年群众的政治的和战斗的组织,是党的助手和后备军,是党影响广大工农劳动青年的桥梁"。③ 在青年学生中开展马克思主义教育要考虑到青年学生的特点,同时要加强对青年团员的政治和思想领导,实现团组织和青年团员的政治功能。1953年,清华大学蒋南翔校长倡导建立"双肩挑"的政治辅导员制度在清华园诞生了,这是当时高校对又红又专人才培养理念的具体实践。

2. 高校马克思主义大众化曲折发展(1956—1978)

高校马克思主义大众化在这一阶段经历了缓慢发展,并遇到了从未有过的曲折和困难,而这一曲折与困难恰恰与马克思主义中国化失误有重要关系。

1957年10月,在反右斗争扩大化的影响下,毛泽东在党的八届三中全会上提出无产阶级和资产阶级的矛盾、社会主义

---

① 《中共中央文件选编》.第17.北京:中共中央党校出版社,1992.
② 《建国以来毛泽东文稿》.第2.北京:中央文献出版社,1988.
③ 中共中央文献研究室.《建国以来重要文献选编》(第四册).北京:中央文献出版社,1993.

道路和资本主义道路的矛盾,仍然是当前我国社会的主要矛盾。自此以后,全党全国的各项工作的根本指导思想均以"阶级斗争为纲",并成为后来"无产阶级专政下继续革命"理论的核心内容。1957年12月,高等教育部、教育部联合颁发了《关于在全国高等学校开设社会主义教育课程的指示》,规定在全国高等学校各年级普遍开设"社会主义教育"课程,课程内容以毛泽东同志的《关于正确处理人民内部矛盾的问题》为主,同时阅读一些马克思列宁主义经典著作、党的文件和其他文件,原开设的四门政治课一律停开。

1959年,中共中央开始纠正"左"的思想倾向,整顿教学秩序,思想政治理论课也开始逐步稳定下来。1961年4月,中宣部和教育部制定了《改进高等学校共同政治理论课教学的意见》,指出高等学校共同政治理论课程包括两类,一是马克思列宁主义基础理论,二是形势与任务。其中,文科专业一般设四门,即"中共党史"、"马克思列宁主义基础"(主要学习毛泽东同志的政治学说)、"政治经济学"、"哲学";理科院校和艺术、体育院校一般设两门,即"中共党史"和"马克思列宁主义概论"(包括马克思主义三个组成部分)。专科学校一般开设"马克思列宁主义概论"一门课。"形势与任务"课是各专业、各年级的必修课程,主要内容是讲解国内外形势、党和国家的任务、方针、政策。① 至此,高校马克思主义理论教育又重新走上了健康发展的轨道。

1964年10月,中共中央批转下发的由中宣部、高教部、教育部联合起草的《关于改进高等学校、中等学校政治理论课的意见》(以下简称《意见》)指出,高校马克思主义理论课由"形势与任务"、"中共党史"、"哲学"、"政治经济学"四门构成。《意见》在一定意义上规范了高校思想政治理论课的课程建设。但

---

① 教育部社会科学司.《普通高校思想政治教育课程文献选编(1949—2006)》.北京:中国人民大学出版社,2007.

其也明确指出:"社会主义时期,存在着资产阶级和无产阶级的阶级斗争,存在着资本主义和社会主义两条道路的斗争,因而也存在着资本主义复辟的危险。这个斗争是长期的、反复的、曲折的、复杂的,有时是很激烈的。在高等学校和中等学校中也是这样。""政治理论课必须从思想上和理论上积极参加这一场阶级斗争,兴无产阶级思想,灭资产阶级思想;宣传马克思列宁主义、毛泽东思想。政治理论课必须同国内国际的阶级斗争密切联系,坚决反对主要危险现代修正主义,同时也反对现代教条主义"。

1966年至1978年,高校不仅成为"文革"的重灾区,而且成为"文革"的策源地,一些大学生成为"红卫兵",对全国的"文革"形势起了推波助澜的作用。"文革"期间,随着全民学哲学和活学活用毛泽东思想的运动的开展,高校马克思主义大众化的内容逐渐演变为背诵毛泽东语录、学毛选、背红宝书和马列六本书,对马列主义的信仰也逐渐演变成为对毛泽东同志的个人崇拜;马克思主义大众化的基本方法也逐渐被"阶级斗争"、"反击右倾翻案风"等群众运动所简单代替。使高校推进马克思主义大众化工作遭到了重大挫折,所有高校停止招生,所有课程一律停开,师资队伍解散,组织机构瘫痪,马克思主义大众化的进程又一次中断。

(三)不断的创新阶段

1. 高校马克思主义大众化在反省中探索(1978—1992)

从1978年到1992年,随着国家政策的调整,党的执政方针的变化,高校在马克思主义教育与宣传上逐步摆脱了"文革"的影响,开始在反思中探索,在马克思主义理论课课程设置、师资队伍建设等方面有了一个良好的开端,高校马克思主义大众化在探索中前进。

1978年5月10日,中共中央党校《理论动态》第60期发表了《实践是检验真理的唯一标准》一文,揭开了关于真理标准的大讨论,这场大讨论"很有必要,意义很大"。① 高校迎来了思想解放的春天,率先打破思想束缚,开始了对马克思主义理论的研究与宣传工作。在思想领域内,以当时南京大学青年教师胡福明为代表,打破"两个凡是"的束缚,1978年5月11日在《光明日报》发表《实践是检验真理的唯一标准》一文,掀起了全国性的马克思主义思想解放运动,以此为标志,高校马克思主义大众化工作逐步回归到正确的轨道。②

改革开放后,高校马克思主义大众化首先要解决的就是课程和师资问题。"文革"结束后,1977年冬,中断了11年的中国高考制度得以恢复,随之而来的就是马克思主义理论课如何设置的问题。1978年6月,高等学校文科教学工作座谈会在武汉召开。会议基本肯定了1961年文科教材会议制定的教学方案的原则精神。此间,高校马克思主义理论课的课程设置大体上同60年代初的情况相同:一年级开设"中共党史",二年级开设"政治经济学",三年级开设"辩证唯物主义历史唯物主义";文科四年级另设"国际共产主义运动史"。这一方案一直延续使用到"85方案"的实施止。1985年8月,为了适应我国社会主义现代化建设的需要、适应现代科学技术和现代经济政治的巨大发展变化、适应新时期青少年心理发展的具体状况,以及各方面改革的需要,中共中央发出了《关于改革学校思想品德和政治理论课程教学的通知》,明确指出:"马克思主义从来不是也不可能是一个封闭的、凝固的体系","我国现行的以马克思主义为指导的思想品德和政治理论课的课程设置、教学内容和教学方法也必须进行认真的改革","在它的教学中必须面向现代化,面向时代,面向未来","引导他们逐步树立正确的人生观和世界观,运用正确的观点和方法去积极地思考并回答

---

① 《邓小平文选》(第2卷).北京:人民出版社,1994.
② 常宝红.《改革开放视阈下高校马克思主义大众化的基本历程和基本经验》.《前沿》,2011(10).

自己所面临的重大问题,认清和履行我国青年一代的崇高责任"。并规定从1986年起,用3到5年的时间进行政治理论课教学改革工作,逐步由"老四门"过渡到"新四门",即"中国革命史"、"中国社会主义建设"、"马克思主义原理"和"世界政治经济与国际关系"。

1986年7月,中宣部、国家教委印发了《关于对高等学校学生深入学习进行形势与政策教育的通知》(以下简称《通知》),要求各省、自治区、直辖市宣传、教育部门和高等学校及时了解学生的思想动态,有针对性地进行形势与政策教育。《通知》中明确要求"各高等学校要利用教学计划中规定的形势与政策教育时间,举办专题讲座,有针对性地进行坚持四项基本原则、反对资产阶级自由化的教育"。[①] 1987年5月,《中共中央关于改进和加强高等学校思想政治工作的决定》再次提出:"形势、政策教育应当列入教学计划。要经常、有针对性地进行形势再次教育,帮助学生正确理解党的路线、方针和政策,从而使他们坚定社会主义信念,拥护改革、开放,更好地团结在党的周围。"[②] 同年10月,国家教委出台的《关于高等学校思想教育课程建设的意见》中规定"形势与政策"课是高等学校思想教育课程的必修课之一。这表明,"形势与政策"课作为思想政治教育的重要手段被正式纳入了课程建设之内。1986年9月,国家教委下发了《关于在高等学校开设"法律基础课"的通知》,要求各地进行试点,务必在1990年前,使在校学生都要受到普及法律知识的教育。同年10月,《关于高等学校思想教育课程建设的意见》指出:法律基础课的教学目的是"使学生懂得马克思主义法学的基本观点","以适应社会主义法制建设的要求"。可见,法律基础课作为马克思主义法律观教育课程,已成为高校思想政治教育的必要组成部分。

---

①② 教育部社会科学司.《普通高校思想理论课文献选编(1949—2008)》. 北京:中国人民大学出版社,2008.

"文革"结束后,马克思主义理论课师资队伍建设的有序推进成为高校马克思主义大众化得以顺利开展的重要前提。1978年4月形成的全国教育工作会议的征求意见稿,对马列主义理论课提出了"教师必须教好,学生必须学好,各级领导必须管好"的教学要求。在这"三好"中,"教师必须教好"居于教学要求的首位。针对当时教师队伍"数量缺、水平低、任务重、后继乏人"的现状,征求意见稿提出四条解决问题的"紧急措施",在第四条"紧急措施"中,就"必须提高理论课教师的水平"提出了六个方面的对策。① 1984年,教育部连发3个文件,布置一些高校开设思想政治教育专业。当年,全国首批12所院校的思想政治教育专业本科的设立和第二学位的新生入学,标志着我国正规培养思想政治工作专门人才的开始。② 1987年3月,国家教育委员会根据"85方案"实施中存在的具体问题,发布了《关于进一步改革高等学校马克思主义理论课(公共课)教学的意见》,对思想政治理论课程建设加强领导、推进课程设置和教学内容改革、保证教学课时、加强教师队伍建设、积极开展科学研究等五个方面问题作了专门部署。面对"85方案"实施的实际,"通过多种形式培养、培训马克思主义理论课师资"的问题,已成为思想政治理论课程建设的重大问题。③ 1987年5月,中央作出了《关于改进和加强高等学校思想政治工作的决定》,要求"有关院校认真办好思想政治教育专业,办好第二学位班,并创造条件培养这方面的硕士和博士研究生,为造就从事思想政治教育的专门人才开辟一条新路"。④ 1991年,根据当时改革开放和社会主义现代化建设的新形势和新要求,为"落实党中央关于把德育放在学校工作首位的指示精神",国家

---

①③ 顾海良.《改革开放以来高校思想政治理论课教师队伍建设回顾与展望》.《思想理论教育》,2008(17).
② 赵欢春.《高校推进马克思主义大众化的路径研究》.南京师范大学,2011.
④ 《十二大以来重要文献选编》(下),北京:人民出版社,1988.

教育委员会对高校马克思主义理论教育提出了包括"大力加强教师队伍建设,改善他们的政治待遇和工作条件"在内的五个方面的改革要求。这些要求,体现了对当时教育改革中出现的"最大失误"的反思,是对走向新世纪的高校思想政治理论课程建设的部署。① 一系列师资政策的出台和落实,一方面有力地解决了师资不足问题,同时,一系列培训、进修制度的实施,提升了教师的理论水平和业务水平,提高了教育教学质量,这些教师也成为实现高校马克思主义大众化的重要力量。

2. 高校马克思主义大众化创新中发展(1992—至今)

1992年以来,改革开放的深入发展为高校进一步推进马克思主义大众化教育提供了良好的社会背景和物质条件。尤其是在党的领导下,马克思主义理论与中国建设实践相结合所取得的成果为高校马克思主义大众化开辟了广阔的道路,除在师资建设、课程改革等方面取得突破外,高校马克思主义大众化在相关学科建设、研究工作、教育方式改革等方面均有创新发展。

课程改革与师资建设稳步推进。思想政治理论课是高校推进马克思主义大众化的主阵地和主渠道,在马克思主义大众化过程中具有不可替代的重要作用。以1992年邓小平的南方谈话和党的十四大的召开为标志,我国进入了改革开放和现代化建设的新阶段。为适应新的要求,1993年,中共中央、国务院转发了《中国教育改革和发展纲要》,明确了学校德育工作的根本任务:"用马列主义、毛泽东思想和建设有中国特色的社会主义理论教育学生,把坚定正确的政治方向摆在首位,培养有理想、有道德、有文化、有纪律的社会主义新人。"1997年,党的十五大把邓小平理论确定为指导思想,写进了党章。党的理论创新和指导思想与时俱进,对高校马克思主义理论教学提出了新的任务和新的要求。党中央高度重视邓小平理论教育,提出

---

① 顾海良.《改革开放以来高校思想政治理论课教师队伍建设回顾与展望》.《思想理论教育》,2008(17).

邓小平理论"三进"要求,即"进课堂、进教材、进学生头脑"。1998年4月28日,中宣部、教育部下发了《关于普通高等学校开设"邓小平理论概论"课的通知》,要求从1998年秋季开始,普通高校都要以"中国社会主义建设"课程为基础,开设"邓小平理论概论"课,并把"马克思主义原理"中"科学社会主义论"的课程内容和"中国革命史"中关于1956年以后的课程内容融合到这一课程中进行讲授。邓小平理论作为"两课"教育教学的中心地位的确立,标志着新课程方案设置的制定迈出了关键的一步。1998年6月,中宣部、教育部印发了《〈关于普通高等学校"两课"课程设置的规定及其实施工作的意见〉的通知》,规定二年制专科开设"马克思主义哲学原理"和"邓小平理论概论"两门课程,三年制专科开设"马克思主义哲学原理"、"毛泽东思想概论"和"邓小平理论概论"三门课程,四年制本科开设"马克思主义哲学原理"、"马克思主义政治经济学原理"、"毛泽东思想概论"、"邓小平理论概论"和"当代世界经济与政治"(文科类开设)等5门马克思主义理论课,同时开设"思想道德修养"和"法律基础"等两门思想品德课。研究生开设"科学社会主义理论与实践"、"自然辩证法"(理工类)和"马克思主义经典著作选读"(文科类),博士生马克思主义理论课开设"现代科学技术革命与马克思主义"(理工类)、"马克思主义与当代社会思潮"(文科类)。同时,还规定,各层次各科类学生都要开设"形势与政策"课。这就是思想政治理论课改革进程中的"98方案"。[1]

2002年党的十六大以来,在全面建设小康社会的新实践中,党中央全力贯彻"三个代表"重要思想,着力于马克思主义的新发展,提出了科学发展观等重大战略思想。2004年8月,中共中央、国务院颁发了《关于进一步加强和改进大学生思想政治教育的意见》,对思想政治理论课程体系的设置,提出了三

---

[1] 秦宣.《新中国成立60年来高校思想政治理论课沿革及其启示》,《思想理论教育导刊》,2009(10).

点基本要求:一要体现马克思主义与时俱进的理论品质,更好地适应时代发展的要求;二要突出重点,更好地吸收理论和实践发展的最新成果;三要有利于更好地用马克思主义武装大学生头脑。2005年2月7日,中宣部、教育部下发了《关于进一步加强和改进高等学校思想政治理论课的意见》(以下简称《意见》),规定四年制本科的课程设置为:"马克思主义基本原理"、"毛泽东思想、邓小平理论和'三个代表'重要思想概论"、"中国近现代史纲要"、"思想道德修养与法律基础"等4门必修课,同时开设"形势与政策"课;另外,开设"当代世界经济与政治"等选修课。《意见》还就加大学科建设、师资队伍建设、教学方法与教学手段改革、教材建设等方面的力度提出了明确的要求。这就是现在正在实施的"05方案"。①

"98方案"和"05方案"的出台与实施,顺应了时代的需要。两个方案立足于马克思主义中国化的最新理论成果,着眼于引导和帮助学生掌握马克思主义立场、观点、方法,树立科学的人生观、世界观和价值观,成为切合国情、符合学情,有效推进高校马克思主义大众化的重要措施。同时,1996年,以加强高校"两课"建设为主旨的马克思主义理论与思想政治教育二级学科正式设立。2005年2月7日,中宣部、教育部下发了《关于进一步加强和改进高等学校思想政治理论课的意见》,将马克思主义理论设为一级学科。2005年12月,国务院学位委员会、教育部下发了《关于调整增设马克思主义理论一级学科及所属二级学科的通知》,正式设立马克思主义一级学科,下设"马克思主义基本原理"等五个二级学科。2008年4月,又增设"中国近现代史基本问题研究"一个二级学科。从学科层次的确立到学科地位的不断提升,使高校马克思主义思想政治理论课有了更好的发展平台,课程建设有了学科基础,根基更加扎实,课程建设也更有

---

① 秦宣.《新中国成立60年来高校思想政治理论课沿革及其启示》.《思想理论教育导刊》,2009(10).

力度。目前,马克思主义理论学科学位点拥有一级学科博士点21个、硕士点73个;二级学科博士点213个、硕士点842个。

学科建设的推进、课程建设的改革要求师资队伍的素质全面提升。"98方案"的形成和实施,使教师队伍建设摆到了更加重要的地位。1995年10月,国家教育委员会发布的《关于高校马克思主义理论课和思想品德课教学改革的若干意见》,明确提出了"抓好师资队伍建设是'两课'改革和建设的一项紧迫的战略任务",并从"战略任务"的高度,对师资队伍建设提出了一系列新的要求,主要有明确教师队伍建设的新要求、建立师资培训制度和落实培训计划,以及教师职务岗位设置新规定等内容。2004年3月,胡锦涛总书记对加强和改进大学生思想政治教育工作作了重要批示,强调要本着与时俱进的精神,深入研究思想政治理论课的教学问题,要求从师资队伍、教材建设、教学方法、宏观指导等方面下工夫,力争使教学情况在几年内有明显改善。这一重要批示,突出了师资队伍建设在加强和改进思想政治理论课程建设中的重要作用。2004年8月,中共中央、国务院发布了《关于进一步加强和改进大学生思想政治教育的意见》(即"16号文件"),其中对高校思想政治理论课程的建设和改革作出重大部署。2005年2月,中共中央宣传部和国家教育部发布了《关于进一步加强和改进高等学校思想政治理论课的意见》,正式提出了新的思想政治理论课程设置,即"05方案"。几乎与"05方案"提出的同时,中组部、中宣部、中央党校、教育部和总政治部联合发布了《关于组织高校哲学社会科学教学科研骨干研修的意见》,决定对包括思想政治理论课程骨干教师在内的哲学社会科学教学科研骨干进行培训。"05方案"正式实施后,中宣部和教育部发布了《关于组织高校思想政治理论课骨干教师研修的意见》,以"进一步加强和改进高校思想政治理论课教师队伍建设,高质量实施高校思想政治理论课新课程方案,提高思想政治理论课教学质量"为主旨的教师研修规划得以全面实施。"05方案"的实施,极大地促进了以教师队伍建设为重点的新一轮的思想政治理论课程的改革与发展。①

在马克思主义思想政治理论课师资队伍建设质量得到提升的同时,以开展大学生思想政治教育为主要职责的高校辅导员队伍建设也获得了重大突破。2006年7月,教育部下发了《普通高等学校辅导员队伍建设规定》(以下简称《规定》)。《规定》指出:"高等学校总体上要按师生比不低于1:200的比例设置本、专科生一线专职辅导员岗位","专职辅导员可按助教、讲师、副教授、教授要求评聘思想政治教育学科或其他相关学科的专业技术职务","辅导员的培养应纳入高等学校师资培训规划和人才培养计划,享受专任教师培养同等待遇","省、自治区、直辖市教育行政部门应当建立辅导员培训和研修基地,承担所在区域内高等学校辅导员的岗前培训、日常培训和骨干培训工作,对辅导员进行思想政治、时事政策、管理学、教育学、社会学和心理学,以及就业指导、学生事务管理等方面的专业化辅导与培训,开展与辅导员工作相关的科学研究","高等学校要把辅导员队伍建设放在与学校教学、科研队伍建设同等重要位置,统筹规划,统一领导"等。经过几年的建设,全国高校专职辅导员已经突破10万人,辅导员的素质较以往也有很大提高,成为高校推进马克思主义大众化的骨干力量。

1993年以来,高校马克思主义研究工作成果丰硕。一是对马克思主义经典著作的编译、出版和研究工作有了大步推进。《马克思恩格斯全集》中文第2版从1995年起陆续问世,到2007年底已出版20卷,计划到本世纪20年代出齐,共60~70卷;《马克思恩格斯文集》(10卷)、《列宁专题文集》(5卷)已完成编译出版;新版《马克思恩格斯选集》(4卷)、《列宁选集》(4卷),均于1995年出版;《邓小平文选》第3卷于1993年出

---

① 顾海良.《改革开放以来高校思想政治理论课教师队伍建设回顾与展望》.《思想理论教育》,2008(17).

版,《邓小平文选》第1、2卷第2版于1994年出版。与此同时，马克思主义经典著作研究更加全面、系统、深入。2000年，中央编译局牵头承担马克思主义经典著作基本观点研究课题，联合中国社会科学院、中央党校、教育部、国防大学、军事科学院等单位的200多名专家学者参与研究，设置18个子课题，致力于科学阐释马克思主义经典著作的基本观点，出版了《马克思主义研究论丛》、《共产党宣言》、《资本论》、《德意志意识形态》、《1844年经济学哲学手稿》等，引起了研讨新热潮。此外，随着对外学术交流的深入开展，对《马克思恩格斯全集》历史考证版第2版(MEGA2)等国外马克思主义经典著作文本的研究成果，也引起了国内学界的关注。二是马克思主义理论研究和教学机构不断壮大，学科设置趋于完善。随着对邓小平理论研究的深入，继上海社会科学院于1993年2月13日成立全国首个邓小平理论研究中心之后，中央党校、中国社会科学院、国防大学也分别成立了邓小平理论研究中心，许多省、市及其社会科学院和北京大学、复旦大学等高等院校也相继成立了邓小平理论研究机构。进入21世纪之后，中共中央启动实施了规模宏大的马克思主义理论研究与建设工程，极大地团结凝聚了马克思主义理论研究队伍。经党中央批准，2005年12月26日，中国社会科学院马克思主义研究院成立，全国数十所高等院校随后也相继成立了马克思主义研究院、研究中心或学院。三是马克思主义理论研究领域不断拓展，研究主题不断深化，研究成果与时俱进。为解决我国改革开放和社会主义市场经济建设实践所面临的重大问题，我国马克思主义理论工作者不断深化对马克思主义基本原理、马克思主义发展史、马克思主义中国化、国外马克思主义等各个领域的研究，不断强化对马克思主义理论体系整体性研究和中国特色社会主义理论体系研究，积极推动当代中国马克思主义大众化，努力用人民群众喜闻乐见的形式和通俗易懂的语言，宣传阐释中国特色社会主义理论体系。

围绕"建设什么样的党、怎样建设党"这一重大问题,深入学习研究"三个代表"重要思想,认真探讨执政党执政能力建设和执政规律,科学总结苏东剧变、苏联解体的教训。围绕"实现什么样的发展、怎样发展"这一重大问题,深入研究阐释党中央提出的坚持以人为本、实现科学发展、构建社会主义和谐社会、完善社会主义市场经济、建设社会主义新农村、建设创新型国家、发展社会主义民主政治、建设社会主义核心价值体系等一系列重大战略思想。①

"青年马克思主义者培养工程"与"马克思主义理论研究和建设工程"成果丰硕。2007年5月15日,团中央在北京启动了"青年马克思主义者培养工程",旨在通过教育培训和实践锻炼等行之有效的方式,不断提高大学生骨干、团干部、青年知识分子等青年群体的思想政治素质、政策理论水平、创新能力、实践能力和组织协调能力,使他们进一步坚定跟党走中国特色社会主义道路的信念,成长为中国特色社会主义事业的合格建设者和可靠接班人。这一工程,简称"青马工程"。把大学生骨干、团干部、青年知识分子等青年群体培养成坚定的马克思主义者,这是推进马克思主义大众化的必然要求。高校马克思主义理论社团的发展壮大是与这些青年马克思主义者的坚定信仰和热情宣传分不开的。以北京大学的青年马克思主义发展研究会为例,它在2001年成立,最初只有几十个成员,其中大多数是马克思主义理论相关专业的研究生,党员比例也很低。经过几年的发展,研究会的正式会员现已经达到200多人,会员的专业分布涵盖了全校文、理科10多个专业,学历范围也扩大到本、硕、博各个层次,会员中的党员比例超过了60%。另外,清华大学的学生马克思主义学习研究协会自1995年成立以来,发展迅速,协会会员总数达到4 000余人,成为全校最大的

---

① 程恩富,胡乐明.《中国马克思主义理论研究60年》.《马克思主义研究》,2010(01).

社团。中国人民大学的春晖社、北京师范大学的求索学社、北京科技大学的求是学会等一大批学生理论社团也纷纷成立,在向青年学生传播马克思主义理论方面发挥着重要作用。①

2004年1月,中共中央发出《关于进一步繁荣发展哲学社会科学的意见》,提出实施马克思主义理论研究和建设工程。工程的主要任务是:把邓小平理论、"三个代表"重要思想和科学发展观作为研究重点,以重大现实问题为主攻方向,把马克思主义在中国发展的最新理论成果贯穿到哲学社会科学的学科建设、教材建设中,进一步加强马克思主义理论队伍建设。工程自2004年实施以来,对中国化马克思主义的学习研究不断深化,重大理论和现实问题研究取得新进展;马克思主义经典著作编译和基本观点研究扎实推进;反映马克思主义中国化最新成果的学科体系和教材体系建设取得明显进展,加强和改进高校思想政治理论课势头良好,确定了马克思主义学科体系建设的基本目标;马克思主义理论队伍建设进一步加强,在整合研究资源、创新研究机制方面取得新进展。在实施马克思主义理论研究和建设工程中,高校的马克思主义理论学科建设、课程建设、教材建设、师资队伍建设都取得了较大的发展:马克思主义理论由原来的二级学科升为一级学科,从2005年到现在,进行了课程调整,马克思主义思想理论教育的教材也重新编写。除了主干课程外,高校还加强了通识课的教育;通过教师专题培训、两课硕士教育和思想政治教育博士的培养,使师资队伍的数量得到增加,质量得到提高。高校是马克思主义理论建设和研究工程的主阵地,高校的积极作为必将对推动中国马克思主义大众化产生重大而深远的影响。②

---

①② 李俊卿.《高校马克思主义大众化水平研究》.北京:知识产权出版社,2012.

四、我国高校思想政治教育的典型经验与启示

马克思主义大众化是高校思想政治教育的重要内容。2004年以来,全国各高校认真贯彻落实中发16号文件精神,在多年工作实践与理论研究的基础上,创造性地提出和实践各具特色的大学生思想政治教育模式。既有针对整体的模式,也有涉及局部的模式,可谓百花盛开,争奇斗艳。这些模式所体现出来的亮点——框架的逻辑性、理念的先进性、内容的贴切性,反映了思想政治教育及学生工作的内在规律,体现了模式建构的实用性和可操作性。本书节选了几所高校颇有特色的思想政治教育模式,这些模式将会对全国高校推进马克思主义大众化具有启发和示范意义。

(一)东北师范大学的"一本三向六段式"大学生思想政治教育模式

东北师范大学始终坚持"尊重为本、培养至上"教育理念,积极探索将社会主义核心价值体系融入大学生思想政治教育全过程的新举措、新途径,构建形成"一本三向六段式"的大学生思想政治教育新模式。

把握根本,用社会主义核心价值体系引领大学生思想政治教育。学校坚持用社会主义核心价值体系引领学生的思想观念、价值取向和行为实践,面向全体学生开展系列主题思想政治教育。一是加强系统的马克思主义理论教育。坚持用中国特色社会主义理论体系武装大学生头脑,不断提高大学生运用马克思主义的立场、观点和方法分析问题和解决问题的能力,增强政治意识,树立正确的政治价值标准。二是加强理想信念教育和师魂教育。学校把大学生理想信念教育与职业理想教育相结合,以冯志远、陆家曦、马宪华、郭力华等一大批全国优秀教师、杰出校友为典范,通过组织事迹报告会等形式,引导大学生高度认同并自觉践行"充满爱、有本领、能吃苦、肯奉献"的

东北师范大学师魂品质,把实现个人价值与实现社会理想结合起来,切实增强责任意识。三是加强爱国主义教育和创新精神教育。学校紧抓教育契机,以我国发生的重大、突出事件所形成的教育资源为生动教材,通过集体学习、主题讨论等多种教育形式,增强大学生的民族自尊心、自信心和自豪感,以及投身改革开放和社会主义现代化建设的使命意识。如在四川汶川特大地震发生后,学校以"国魂、青春、使命"为主题面向全校大学生开展了灾后教育活动,收到了较好的教育效果。四是加强社会主义荣辱观和基本道德规范教育。在校内推广《健康文明生活方式公约》,开展"大学生文明修身月"活动;组织寝室文化建设评比活动,引导大学生自觉从小事做起,从自身做起,成为践行社会主义荣辱观的模范。

因"时"制宜,"三向六段式"实现循序渐进。学校在系统调研基础上,根据不同年级阶段的思想特点及成长成才规律,制订"三向六段式"教育规划,组织开展"导向、定向、去向"系列主题教育活动。即:以理想导向、职业定向、毕业去向为基本教育方向,把社会主义核心价值体系教育贯穿到大学生"三向"教育的各个方面、各个环节;以本科生在校学习的四年时间为基础,把一年级和四年级各分为两个教育阶段,与二、三年级一起作为"六段式"教育的基本时段,根据不同时段大学生的思想特点及成长成才规律,采取不同的教育方式:第一阶段为适应式教育,第二阶段为疏导式教育,第三阶段为主体式教育,第四阶段为分流式教育,第五阶段为实践式教育,第六阶段为体验式教育。为了把分阶段教育落到实处,学校还探索实施了"年段工作组制"的教育管理模式,把辅导员按学生成长的六个规律性阶段分成六个工作组,根据每个年段特点设计方案并开展工作。

因"人"制宜,"成长的足迹"确保因材施教。为切实服务于大学生成长成才,及时了解各阶段思想政治教育的实际效果,学校要求每名大学生从入学起填写"成长的足迹"规划书,即时记录自己的思想动态,包括成长目标、成长规划、成长困惑、成长感言和成长大事记五方面内容;规划书上交后由辅导员和专业导师分别进行指导,在帮助学生解决思想、生活、学习等各方面困惑的同时,根据教育效果及时调整教育方案,增强思想政治教育的针对性和实效性。

此外,学校还构建了"三三制"大学生心理健康教育模式、"双线"资助模式和"就业指导、职业规划、创业援助"的就业指导模式等,将解决思想问题与解决实际问题相结合,收到了明显成效。

东北师范大学构建的"一本三向六段式"思想政治教育模式,具体说来,"一本"是指把握一个根本,即根据不同年级阶段的思想特点及成长成才规律,确定社会主义核心价值体系教育为根本。"三向"是指以理想导向、职业定向、毕业去向为基本教育方向,组织开展"导向、定向、去向"系列主题教育活动。"六段"是指在大学生成长成才成功的不同时段,采取不同的教育方式。因此,该模式体现了框架构建的内在逻辑性——主要从人的认知的规律性和需求的递进性来构建思想政治教育框架,以提高思想政治教育的科学性和实效性。①

(二)福州大学"梯链式教育模式"

"梯链式教育模式"以"安全感培育—素质拓展—价值提升—自我实现"为主链条,每一内容都贯穿大学四年生活,但在不同年级,侧重内容不一样。

1. 以安全感培育为基础,构建大学生的物质、环境、心理、认知安全感

英国哲学家霍布斯认为,人的安全乃是至高无上的法律。传统上,"安全教育"较多涉及对用电、用水、交通等外在安全隐

---

① 上文参见:http://www.wnzy.net/fxwshow.asp? fid=28&ID=2028

患的规避,较少从学生的心理需要来构建"安全"概念。笔者认为,安全教育要以人为本,既要从外部环境的改善着手,更要关注人的内心体验。我们把这种内心安全体验称为"安全感"。安全感可细分为四种:经济安全感、环境安全感、人际安全感、求知安全感。经济安全感是第一位。要使学生思政工作真正做到在物质上帮助学生,在精神上鼓舞学生,在能力上锻炼学生。其次,大学新生对校园环境、周边生活环境具有陌生感,所以构建学生的环境归属感非常重要。其三,交流群体的改变、交流范围的扩大,使得大学新生容易产生人际疏离,因此,对人际安全感的培育非常重要。其四,大学教育不同于中学教育,需要及时构建大学生求知的安全感,消除专业困惑,树立专业认同。

2. 以素质培养为重点,发展人的主体素质,完善人的个性品质,使大学生德才兼备

解决了内心安全感问题后,就面临着发展问题。素质培养关乎大学生成才目标的实现,关系到大学生成才的方向和质量,甚至影响到社会主义现代化建设的兴衰成败。要将素质培养与所学专业特点相结合、与现代社会的市场需求相结合,首先就要结合所学专业特点,注重素质培养与科技、人文的结合,以提升大学生科技、人文素质。其次要结合市场需求,注重素质培养与时代要求的结合,以增强大学生的实践能力。

3. 以价值提升为核心,解决个体与自身、个体与社会、个体与国家命运的价值认识问题

良好的价值观不仅影响大学生的行为及人生选择,更关系到国家、民族的未来发展。良好的价值观是理想与现实的结合、物质与精神的兼顾、个人价值与社会价值的统一。培育良好价值观需要遵循这样的逻辑过程:先解决自身存在的价值问题,再做价值提升。首先,疏导个人情感,以解决个体对自我的认知问题。其次,培育社会情感,以强化个体对他人、社会的道德意识,对集体、社会的责任意识。要坚持以社会主义核心价值体系为标准,对大学生进行社会情感塑造,使大学生拥有关于规则、正义、善恶、良心、荣辱的判断和处理能力。最后,进行理想信念教育,提高政治素养,以增强大学生将个人理想与国家命运相结合的自觉性。"一个民族有一些关注天空的人,他们才有希望;一个民族只是关心脚下的事情,那是没有未来的"。温家宝同志曾引用黑格尔的这句话与当代中国年轻人共勉,强化他们对国家、民族的责任意识,而作为社会建设的主力军,大学生担当此任,责无旁贷。

4. 以自我实现为目标,强化大学生成才与良好的素质、正确的价值观、新的时代要求的"三结合"

大学生能否顺利实现自我,需要强化大学生成才与自身素质相结合,实现能力与职业相匹配;需要引导大学生将成才与正确价值观相结合,将个体发展与社会奉献相结合,将个人价值与社会价值良好统一;将成才与时代需要相结合,用大学生的前瞻意识、创新意识去创造财富,引领未来。

梯链教育模式以"安全感培育—素质拓展—价值提升—自我实现"为主要内容,这一具有阶梯层次的链条既遵循大学生心理成长"从不适应到适应,从不成熟到成熟"的规律,又按照先解决基础问题,再解决发展问题的次序来开展,是对新形势下系统开展大学生思政工作的有益探索。①

(三)阜阳师范学院"零距离"大学生思想政治教育模式

思想政治教育模式是对各种内容、各样方式、各类对象的思想政治教育的简洁描述或抽象概括。自 2004 年中共中央、国务院《关于进一步加强和改进大学生思想政治教育的意见》颁行以来,阜阳师范学院认真贯彻落实中央 16 号文件精神,创

---

① 陈婉婷,谢晓歌.《梯链式教育与大学生思想政治教育模式新探索》.《吉林教育学院学报》,2011(8).

造性地提出和实践为学生精神成长和科学获取知识提供全方位服务的"零距离大学生思想政治教育"模式。这一模式依据以人为本的精神,遵循学生成长成才规律、社会发展规律和高等教育发展规律,将大学生思想政治教育和高校学生工作有机结合起来,使大学生思想政治教育的理念、事务、内容、方法、途径贯穿于学生工作之中,不断创新工作方式方法,用学生喜闻乐见的方式方法实现"春风化雨"、"润物无声"的教育效果。作为一种工作模式,"零距离大学生思想政治教育"在学生知识获取和精神成长的过程中,围绕育人这个中心,确立了零距离教育、零距离管理、零距离服务、零距离活动四位一体的工作体系。

1. 零距离教育:注重大学生思想政治教育的价值引领

价值引领即用正确的价值标准引导群众的价值判断,并逐步形成全社会的价值共识。在当今社会思想意识多元、多样、多变的复杂形势下,价值引领对大学生思想政治教育具有重要作用。

一是把握时代节拍,作贴近时代的教育。努力摆脱传统教育照本宣科的模式,以丰富的社会现实生活和学生身边的话题为素材,以学生关心的话题为突破口,结合重大时事和社会热点问题,邀请校内外专家学者开展"周末论坛"活动,对学生进行思想教育。重视利用"节庆、纪念日"资源进行情感教育,将思想政治教育与情感教育联系起来,实现"春风化雨、润物无声"的效果。

二是贴近学生思想,作以人为本的教育。教育从来就不能无的放矢,学校利用"学生工作通讯"、"学生工作通报"等方式,关注贴吧、校园 BBS 及部门留言板,积极调动学生辅导员工作助理、学生工作信息员、学生教学工作信息员、大学生自律管理委员会和学生党员、学生骨干的积极性,开展学校领导、机关部处领导与大学生"零距离沟通"、"公寓值班"活动,使对学生思想的监测成为日常的一项重要工作。各项工作紧紧围绕学生思想开展,增进了师生间相互了解、交流与融合的程度,赢得了学生的支持和欢迎。

三是服务学生成才,作务实求真的教育。检验学生是否成才,是否满足社会需要,主要标准就是看学生是否具备过硬的专业理论知识和实践技能。学校在教育工作中,引导学生"厚德博学、自胜勤行",着力在学生的学业规划和专业学习上下工夫,引导学生把精力放在学习上,提升学生的专业理论水平;组织学生参加各类实践活动,把专业知识学习、实践能力训练与就业能力提高相结合,强化学生的"学习、创新、实践、交流和社会适应"能力。

四是了解学生兴趣,开展新鲜生动的教育。在科技快速发展的今天,学生的兴趣从 QQ 到论坛,从网络到手机,都是处在不断变化之中的。学校不断丰富教育内容、优化教育手段,与学生的兴趣互动共进,让教育变得新鲜生动。

2. 零距离管理:制定和执行大学生思想政治教育的科学规范

通过思想政治教育规范学生的品德修养,制定学生的行为准则,客观上对学生日常事务管理起到了保证作用;而规范、高效的事务管理又增强了思想政治教育的感染力。零距离管理正是基于学生事务和思想政治教育二者目标一致性与功能互补性而确定的。

一是管理体制深入学生。学校不断优化体制建设,先后成立了大学生思想政治教育工作领导小组、校风建设领导小组、学风建设领导小组等机构,领导小组由学校领导亲自挂帅,党政机关有关部门共同参加,形成了党、政、工、团、群齐抓共管的领导机制。同时,积极发挥学生骨干的作用,把学生组织和学生骨干纳入整个体系中,形成了上自学校、中到院系、下到班级的纵深式体系,使各项工作有效深入学生之中。

二是管理制度围绕学生。学校积极开展学生管理制度调研,充分利用高等学校的办学自主权,考虑自身的优势和特色,制定了相互配套的管理制度,为学生的学习、生活提供了保障。在学习方面,为了完善学生评价标准并在学生中营造合作争优的氛围,制定了各类评奖评优办法。在生活方面,学校制定了具体的规范,以提高学生的生活质量,保证学生生活和学习愉快。在素质拓展方面,为增强学生的实践能力,制定了系列专业实践和社会实践规范制度;为提高学生的综合素质,制定了校园系列文化科技艺术活动管理办法等。

三是管理手段亲善学生。学生是学校的主人、学习的主人、知识的主人,学生有权参与学生工作。为此,学生工作理应构建完善的学生参与机制,疏通学生利益表达的渠道,让处于相对弱势地位的学生充分而有效地表达自己的合理建议与合法诉求。学校学生管理手段强调人性化、注重法制化,突出主体性,建立了学生参与制度。形成了学生听证惯例,与学生相关的规章制度让学生知晓,与学生利益相关的事项实行公示,重大决策给予学生发言的机会。定期召开各类学生权益座谈会,必要时专门召开听证会听取学生意见。在对学生违纪处理过程中,设立申诉委员会接受学生申辩等。

四是家校合力跟进学生。学校非常重视家庭教育资源在大学生思想政治教育中的重要作用,采取多种措施加强与家长的联系,制定了《学生情况家长通报制度》,建立了学生家长联系方式信息库,利用手机短信群发系统把学生的学习和生活表现、学校的建设和发展状况等向学生家长动态通报,把家长纳入学校育人的体系之中。

3. 零距离服务:体现大学生思想政治教育的人文关怀

在思想政治教育过程中,为每一位大学生的成长成才提供平台和服务,为每一位大学生的成功提供机会,促进每一位大学生的全面发展,应成为当今高校思想政治教育工作者的自觉行为。零距离服务旨在将管理主体逐渐由学生工作人员让位于学生,集中精力做好服务、教育、监督和保障工作,及时了解不同群体学生的需求,提供与之相适应的服务。除了满足优势群体学生进一步发展的需求,做好考研服务、竞赛辅导、评优评奖等工作外,学校更加重视对弱势学生群体的帮扶和服务工作,将解决思想问题同解决生活实际问题结合起来,提升思想政治教育的实效性和针对性。

一是关爱经济困难学生送温暖。学校制定了以经济资助为主体、精神解困和能力提升相结合的立体资助和激励措施,设立家庭经济困难学生科研基金,鼓励他们通过能力训练获得经济资助。在物质帮助的同时,学校特别强调情感关怀的作用,做好人文关怀,通过送冬衣上门、资助特困学生、救助大病学生等形式为困难学生送上物质和情感的双重温暖。

二是关心学习困难学生送辅导。从入学开始,学校就注重对学生学习状态的把握,重点关注学习困难学生,通过多种形式引导学生抓好学习。学校特别设立了"学习进步奖",用于奖励那些学习成绩较上学年有进步的学生。此外,还通过"一帮一学习互助活动"等形式组织高年级学生与低年级学生、学习成绩优秀的学生与学习有困难的学生结成对子,进行帮助。

三是关照心理困难学生送疏导。学校在每个校区都设立了心理咨询室,有专人接待心理困难学生的咨询和访谈。为消除学生的后顾之忧,学校还开通了电话和网上心理咨询服务,有效解决了心理困难学生不愿走进咨询室的困扰。此外,学校还组织开展了形式多样的心理健康教育活动,如心理普查、心理讲座、心理影片展播、心理剧表演等,为心理困难学生营造良好的学习生活氛围。

四是关怀行为困难学生送引导。对因行为失范而违纪的学生,过去往往是重处分而轻教育,这样既不利于违纪学生的转化,也达不到处分的目的。为了给违纪学生改正过错、重新奋起的机会,学校建立了违纪学生帮导制度,学生与学校签订《帮导协议书》,学校和学生家长共同对学生进行思想引导、学习辅导和生活督导,做好学生的转化工作。学生定期向学校汇报思想,学校定期联系学生家长沟通帮导进展。帮导工作对违纪学生改正自己的过错、重新奋发产生了积极且重要的作用。

五是关注就业困难学生送指导。学校构建了点—线—面结合的立体指导体系。在"面"上通过开展就业指导课、就业指导讲座等活动做好对全体学生的指导;在"线"上通过把各方面的专家、名师请到学校与大学生开展"就业面对面"等活动,做好对各专业学生的指导;在"点"上以"学生工作处留言板"、"就业门诊"和"就业指导教练员1+1"等形式做好对学生个体的个性化指导,为学生就业解疑答惑、传经送宝。学校重视发挥领导、专家、名师在学生就业指导中的作用,形成了"人人了解就业工作、人人关心就业工作、人人参与就业工作"的良好工作局面。

4. 零距离活动:彰显大学生思想政治教育的文化内涵

大学生社会实践活动以其灵活多样的组织形式和贴近实际、贴近生活,受到高校学生的广泛欢迎,并逐步成为大学生思想教育的有效载体和助推器。2002年,我国高等教育迈入大众化阶段,高等教育的大众化不仅意味着"量"的增长,更意味着"质"的提高。高校学生工作和共青团工作如何适应高等教育大众化的"量"的增长和"质"的变化?我们认为高等教育大众化给了高校学生工作和共青团工作前所未有的发展机遇:学生身份的多元化,为学团工作实践提供了活力源泉;学生需求的多样化,为学团组织提供了更多实践的空间;就业方式的社会化,为学团工作提供了实践创新的动力。所有这些都在提示高校学团工作要重视"实践"的作用,无论是大学生思想政治教育、学生事务工作,还是共青团工作均要以"实践"为载体,寓各种教育内容于实践之中,从而达到育人效果。我校零距离活动充分发挥第二课堂优势,坚持"贴近社会、贴近学校、贴近专业、贴近学生、贴近实际"五个贴近，实施"德育、专业、文化、科技和社会"五项实践措施，不断提升大学生"学习、创新、实践、交流和社会适应"五种能力。

一是内涵丰富，德育实践引领精神追求。学校深入贯彻落实中共中央国务院《关于进一步加强和改进大学生思想政治教育的意见》（中发〔2004〕16号文件）精神，坚持用马克思主义中国化的最新成果和十七大精神武装学生，用社会主义核心价值体系教育学生，着力抓好青年学生的思想政治教育工作，发挥学生党支部、团支部、各级各类学生组织的辐射带动作用。

二是深入扎实，专业实践延伸知识技能。学校以"未来教师职业技能大赛"为龙头，紧扣师范专业特色，组织开展专业技能训练，培育学生优良的学习风格；积极开展"四赛、两会、一查、一班、一角"等各类学习型活动，营造良好的学习风气。"四赛"即英语四、六级模拟考试竞赛、高等数学竞赛、理科学生实验技能大赛、新生普通话大赛等学习型竞赛；"两会"即考研交流会、"我的大学"学习经验交流会等学习型经验座谈会；"一查"即学风督察组学风检查；"一班"即举办考研辅导班；"一角"即英语角。专业实践有效延伸和扩大了学校专业教育的时间与空间，提高了学生的专业实践技能。

三是形式活泼，文化实践健全人格体魄。把握学生特点，精心组织丰富多彩的阳光体育活动，锻造大学生健康的体格。以素质教育为统揽，不断创新校园文化活动机制，组织开展格调高雅的文化实践活动，精心培育大学生高尚的审美品格。大学生心理健康教育中心和大学生心理协会组织开展"5·25大学生心理健康节"和"心理健康宣传周"活动，宣传、普及心理健康知识，促进大学生形成健全的人格。文化实践已经成为我校学生"锻造体格、培养品格、健全人格"的有效平台。

四是规范有序，科技实践启迪思维创新。制定政策、搭建平台、规范管理、完善指导，营造学生学术科技创新氛围。学校制定了《阜阳师范学院大学生课外学术活动实施办法》等相关制度,从政策和资金上加大对学生创新、创业的扶持力度;通过鼓励学生独立申报科研课题、参加教师科研项目、向学生开放实验室、设置学生能力学分、举办学生创新作品设计大赛等形式,为广大学生搭建学术科研平台,提高学生创新能力和创业能力。

五是主题突出,社会实践感知责任使命。学校一贯坚持在把握学生特点、时代特征、学校特色和专业特质的基础上,将社会实践与专业实践、科技实践、文化实践相结合,不断满足学校发展需要、学生专业训练需要和地方经济发展需要,提高和扩大大学生社会实践活动的活力、影响力和感召力。针对阜阳地区留守儿童教育的难题,在假期开展以"支教"和"关注留守儿童"为主题的"三下乡"与"四进社区"社会实践活动。学校因此连续多年被评为全国大学生"三下乡"社会实践活动先进单位。

当前,我国高等教育已经从精英化转向大众化,大学生思想政治教育的对象、方式和内容均发生了深刻的变化。面对当前学生思想活动的独立性、选择性、多变性和差异性不断增强的现实,如何适应新的变化发展的需要,寻求更有针对性和更富实效性的大学生思想政治教育发展的道路,是大学生思想政治教育和高校学生工作者需要共同面对的重大理论和现实问题。"零距离大学生思想政治教育模式"所倡导的大学生思想政治教育和高校学生工作融合的理念,正是我国高等教育学生管理相比于国外的优势所在,既满足了办好社会主义大学和办好人民满意的高等教育的共同要求,又满足了大学生思想政治教育和学生工作科学发展的现实需要。

追求特色、艺术,成为新世纪新阶段各高校思想政治教育工作的发展动向和潮流趋势。思想政治教育是一门科学,也是一门艺术。那些结合学校实际的思想政治教育模式之所以能让党放心、让高校满意、让学生喜爱,是与其实施的技巧性和艺术性密切相关的。只有在科学、特色、艺术上下工夫,不断探索新的思想政治教育模式,才能增强思想政治教育的感染力、吸引力、时代性和实效性,①才能有效推动高校马克思主义大众化的进程。

---

① 蔡晓良,陈少平.《高校思想政治教育三大前沿课题研究的回顾与展望》,《思想理论教育导刊》,2011(5).

第六章 任务与要求：高校马克思主义大众化的教学研究

一、马克思主义大众化是思想政治理论课教育教学的重要任务

2005年,根据《中共中央国务院关于进一步加强和改进大学生思想政治教育的意见》、《中共中央关于进一步繁荣发展哲学社会科学的意见》精神,为了加强对马克思主义理论体系、马克思主义发展史、马克思主义中国化和思想政治教育的研究,推进党的思想理论建设和巩固马克思主义在高等学校教育教学中的指导地位,加强高校思想政治理论课建设,培养思想政治教育工作队伍,国务院学位委员会、教育部学位办[2005]64号文件决定在《授予博士、硕士学位和培养研究生的学科、专业目录》中增设马克思主义理论一级学科,将思想政治教育列为该一级学科下的二级学科。这就是说,伴随马克思主义理论一级学科的设立,思想政治教育学科由过去与马克思主义理论进行"学科联姻",同属于政治学一级学科之下的二级学科,转变成为马克思主义理论一级学科下的一个独立的二级学科,学科

隶属更加清晰,学科定位更加准确。在这样的背景下,思想政治理论课理应将马克思主义理论教育放在突出重要的地位,利用学科优势推进马克思主义大众化。

对于高校而言,意识形态的马克思主义大众化、国家职能的政治社会化和学校职能的青年社会化,三者的基本要求是一致的,都是为了培养社会主义的合格建设者和可靠接班人。思想政治理论课可以充分利用学科教学资源和学校学分要求,在广大学生中同时开展系统的马克思主义理论教育,加强政治引导和意义引领,推进马克思主义大众化、政治社会化和青年社会化。这一点很难在其他社会场景实现。另外,思想政治理论课的教学对象——大学生群体,最容易接受新生事物,最喜欢接受具有时代特征的理论,对中国的前途命运最为关注,无疑是领悟和传播时代化和中国化的马克思主义的最佳群体。再加上马克思主义理论的彻底性和说服力,只要教学方法得当,思想政治理论课的教学内容一定能够吸引大学生,思想政治理论课一定能成为在大学生中推进马克思主义大众化的主阵地。

二、马克思主义大众化是思想政治理论课教育教学的基本要求

马克思主义大众化是思想政治理论课教育教学的重要任务,必须围绕马克思主义大众化的基本要求开展教育教学工作。

(一)在教师队伍建设上,应尊重工作差异,重视理论研究者与实务工作者力量的整合

目前,高校思想政治理论课教师队伍主要是由从事理论研究的专业教师和从事实务工作的兼职教师两类人群组成。两类教师人数基本相当。理论研究和实务研究的融合,符合理论与实践相结合、解决思想问题与解决实际问题相结合的思想政治教育的基本原则,有利于学科和课程的发展。

遗憾的是,目前高校思想政治理论课深受两种教育哲学观

的影响,在摇摆中举棋不定,两类教师的力量没有能够得以很好整合。其一是理性主义教育哲学的影响。不少理论研究者认为,传播理性知识是大学教育的最高原则,应该摒弃教育的实用性与职业性,他们对传授理性知识十分看重,特别强调学科理性思维,使思想政治理论课走进"重理论说教轻情感交流、重学科知识灌输轻学生能力培养、重教学科研轻解决实际问题"的误区,教育的针对性不强,实际效果不好。其二是功利主义教育哲学的影响。他们认为,衡量教育的标准就是实现价值、创造价值,教育应该充分顾及社会的需求,为学生未来就业作准备。

事实上,马克思主义是人类认识世界和改造世界的武器,从不回避现实和理论问题。如果思想政治理论课的理论和教育工作者不帮助学生解决实际问题,实务工作者不关心学生的思想问题、不回应社会热点问题,那么,这样的思想政治理论课就不会受到学生的欢迎。因此,在教师队伍建设方面,要特别重视两类教师的整合,使其在发挥各自特长的基础上,互相借鉴和提高。对于思想政治理论研究者,必须组织他们走出校门、走出书房,积极参与社会工作和社会调研,从丰富、鲜活的社会实践中积累素材,找到理论与实践的结合点;要求他们兼任辅导员或班主任工作,了解学生的思想和诉求,走进学生的生活,结合学生的生活实际讲授马克思主义的基本原理;要求他们正确处理好马克思主义理论研究与教育教学之间的关系,大力推动思想政治理论课课程教学语言的通俗化,防止课堂教学内容和方式的"经院化"倾向;要求他们用学生感兴趣的话题和语言,以学生身边发生的事例为素材讲解马克思主义的基本理论,以提升课堂的感染力和理论的吸引力。对于思想政治实务工作者,要积极为他们创造理论学习和在职进修的机会,设立思想政治教育专项研究课题,鼓励他们开展实务和案例研究,帮助他们提升理论水平,明晰自身工作的意义和目标。这样,不仅有利于提升课堂教学的实际效果,还有利于改善日常大学生思想政治教育的质量。

(二)在教学内容上,应关注专业差异,重视马克思主义与其他学科专业的融合

马克思主义大众化主要是指当代中国马克思主义的大众化。当前,高校思想政治理论课对教育对象的学科背景差异关注不够,在统一教材、保证教材的严肃性,以及在教案编写、教师选择等环节上,没有考量专业差异对马克思主义理论认知的影响,同一教师对不同专业的学生讲授相同的教学内容,致使马克思主义理论与学生专业相分离,教学内容固定化、教案编写静态化、教师授课理性化、教学的针对性不强。

要在大学生中推动马克思主义大众化,思想政治理论课就必须在自己与各类学科特别是人文社会科学研究和教育教学的渗透上狠下工夫。可以借鉴国外包括发达资本主义国家在人文社会科学课程设置上的经验,开展促进各类学科、课程与思想政治理论课有机结合的探索和改革,各专业课特别是人文社会科学课程,要紧密结合教学实践,把中国化马克思主义的基本精神和主要观点与各门课程的学科内容有机结合起来,寓当代中国马克思主义教育于教学之中。即使是自然科学类课程,思想政治理论课仍然可以结合专业进行讲授,如在理工科学生中增加马克思主义科学技术观和自然辩证法之类的内容,必然会吸引学生更加深入地学习和理解马克思主义理论。

(三)在教学方法上,应突出情感育人,重视以理服人与以情感人的结合

目前,高等教育的课程体系是一种崇尚科学教育的体系,在此支配下的思想政治理论课课程也必然会偏好于培养学生的理性和发展学生的抽象思维能力方面,从而使一些本可以开展情感教育的理论课课程(如形势政策课、法律基础与思想道德修养类课程等)放弃了对学生情感的培养,专心致力于传授

政治知识和学科理性,一定程度上使情感教育边缘化,降低了情感教育的影响力。

情感教育实际上是一种隐性思想政治教育活动。在推进马克思主义大众化的今天,显性教育方式与隐性教育方式只是进行思想政治教育的两种方式而已。必须明确一点,不论是过去、现在还是将来,显性教育方式永远是思想政治教育中的主要方式,但是显性教育方式也存在一定的缺陷,其计划性、直接性太强,一定程度上影响了理论教育的实际效果。如果能够将显性教育隐性化,或在显性教育阵地运用隐形教育方式,将会极大提升教育的实际效果。在思想政治理论课课程教学中运用情感教育方式,通过师生之间和学生之间积极的情感互动、共鸣,加之营造有效的环境氛围,则有利于真正调动学生的主观能动性,萌发他们对思想政治理论课教育内容的兴趣,进而愉快地学习知识,并自觉将知识内化为品行,外化为行动,实现"知、情、意、行"的完美统一。但是,在实际的教育过程中,我们却在强调思想政治教育政治功能的同时,忽视了受教育者的内在需求,往往用统一的教育内容、整齐划一的标准把受教育者培养成同样模式的产品。① 教育绝不是"训练",育人绝非制器,教育必须坚持以人为本,使人成为人,培养具有和谐人格的人。长期以来,思想政治理论课教学或多或少地受到工具化思维的影响,一定程度上忽视了对受教育者的情感教育和人文关怀。没有情感支持的认识不是深刻的认识,因而无法内化,自然不可能外化为自觉行为,思想政治教育也就不可避免地陷入工作做得很多、自己感觉很辛苦,但效果却难以令自己、学生和社会满意的困境。

情感教育的实际效果主要取决于教师的主导作用和学生主体作用的统一程度如何,关键是师生在活动过程中能否实现

---

① 张梅娟.《情感效应:思想政治教育有效性的新视界》,《学校党建与思想教育》,2007(7).

情感互动。在活动的设计和安排时,要确立"以学生为中心"的观念,坚持"以人为本"的理念,突出学生在教育中的主体地位,把学生心理、生理、人格完善作为教育的逻辑起点,与大学生在平等的地位上进行语言沟通、情感交流,这样才能为思想政治教育的深入开展铺平道路。当前,思想政治理论课也经常开展一些情感教育活动,但往往是学生干部唱主角,使得本应是师生之间情感的互动,转变为学生之间类似于行政关系之类的职能互动。此类活动,虽然锻炼了部分学生干部的社会工作能力和普通学生之间的朋辈交往能力,但在思想政治教育的目的上却与我们开展情感教育的初衷大相径庭。反之,如果教师主动并积极参加活动,情感教育将会获得很好的效果。近年来,我国的一些高校尝试在思想政治理论课课程中设置能力类学分,鼓励学生通过参加活动提高情商。但如何使能力学分评估的理性和情感教育的感性相结合,仍然需要我们进一步研究。事实上,一些发达国家的高等教育早已为我国高校设置情感教育类课程提供了可借鉴的有价值的实践经验。英国南安普顿某所大学,每周都有情感教育课,如"嫉妒与藐视周",课堂上老师让学生分组讨论这两种情感,并伴以角色表演。目的是让学生能够自如地表达情感,以充分的语言沟通来代替某种行为。实践表明,在上完这类课程后,学生之间关系变得更加融洽,个人情感得到升华,使得高智商与高情商的统一在学生身上成为现实。[①]

(四)在教学环节上,应强调实践育人,重视理论教学与实践教学的配合

思想政治理论课和其他课程一样,应该由理论教学和实践教学两个环节共同组成。2005年《中共中央宣传部、教育部关于进一步加强和改进高等学校思想政治理论课的意见》中明确

---

① 简世德.《思想政治工作中的情感教育》,《高教论坛》,2004(2).

提出:"高等学校思想政治理论课所有课程都要加强实践环节。要建立和完善实践教学保障机制,探索实践育人的长效机制。"①实践教学是理论教学的延伸,学生通过实践体验,可以对理论教学的内容进行思考、分析、总结和提炼,有利于激发他们学习理论的兴趣和热情。然而,尽管全国高校都不同程度地开展了思想政治理论课实践教学工作,但是由于受传统思维的影响,大部分教师总认为课堂理论教学是重点,课外实践教学是辅助,或认为实践教学就是开展课堂辩论和讨论等,但事实上"实践教学应当主要是指社会实践";②也有部分教师认为,教师的主要任务是在课堂上向学生传授理性知识,而课外实践活动是学工部、团委等学生工作部门的工作;还有一些学校担心学生参加校外社会实践活动可能会出现安全问题,因而对思想政治理论课课外教学实践活动不重视,不支持。所以,总体来看,目前高校对思想政治理论课实践教学认识不足、重视不够、投入不足,思想政治理论课实践教学体系不够完善、实践教学质量不容乐观。

马克思主义大众化不只是让学生掌握马克思主义理论的基本知识,最重要是教会学生如何运用马克思主义观点思考、分析和解决实际问题,将马克思主义的基本要求内化为品德,外化为行动,使学生达到知与行的统一。思想政治理论课实践教学的重要组成部分——社会实践则是帮助学生从理论认知到内化品德、外化行为的重要载体和桥梁。所以,高校应把思想政治理论课实践教学作为重要课程内容来建设,将其列入学校正式教学计划,赋予教学学分;应该重视整合、利用学校资源

---

① 中共中央宣传部教育部.《关于进一步加强和改进高等学校思想政治理论课的意见》(教社政[2005]5号)[EB/OL]. http://www.ec.js.edu.cn/newsfiles/25/2005—03/9765.shtml.

② 石云霞.《努力实现思想政治理论课教学改革目标新要求》,《思想理论教育导刊》,2010(7).

开展实践教学,将学生的寒暑假社会实践活动作为思想政治理论课实践教学的主要组成部分,这样不仅可以利用学团组织的影响力,解决思想政治理论课实践教学师资力量和经费不足的困难,还可以利用思想政治理论课学分资源优势,提升学团组织的号召力,对于两者工作的开展均十分有利。

(五)在教学基点上,应关注马克思中国化的最新成果,做到立足马克思主义基本理论注重马克思主义中国化最新成果教学

马克思主义大众化与马克思主义中国化是坚持和发展马克思主义必须解决好的两个重大问题。马克思主义大众化需要马克思主义中国化,中国化是大众化的前提;马克思主义中国化要求马克思主义大众化,大众化是中国化的目的。思想政治理论课的教学是高校马克思主义大众化的主渠道、主阵地,这一教学与马克思主义中国化成果密切相关、紧密相连。

在教学中,马克思主义基本理论是根基,是基础,是马克思主义中国化成果的理论源泉,应当而且必须作为重要的教学内容而从知识层面、理论层面予以阐释,从认识世界和改造世界的角度理解其科学性、革命性、实践性。从一般意义上去认识人类社会的发展规律、无产阶级的革命斗争。但这部分内容的教学更为重要的作用在于为马克思主义中国化成果的教学做好铺垫,为学生科学地理解当代中国马克思主义也就是马克思主义中国化成果奠定基础。高校思想政治理论课在教学中应当始终关注马克思主义中国化的最新成果,并以最新成果为依据,实现中国化成果向教学内容的转化,开展马克思主义大众化教学。《中共中央宣传部、教育部关于进一步加强和改进高等学校思想政治理论课的意见》(教社政[2005]5号)指出:要形成比较完善的学科体系和课程体系,编写出充分体现当代中国马克思主义最新成果的教材。新的世纪里,中国特色社会主义建设日新月异,同时也存在着不少亟待解决的难题。党中央

针对现实情况,不断加强理论建设,推出了一批具有马克思主义精神品质、与马克思主义一脉相承的理论创新成果,也是马克思主义中国化的最新成果,如"立党为公、执政为民"思想、"以人为本"思想、"科学发展观"思想、"社会主义和谐社会"思想、"社会主义新农村"思想、"创新型国家"思想等等。对马克思主义中国化最新成果的教学,与学生及学生的家庭生活、社会活动紧密相连,极易引发学生的共鸣,解决学生思想中的困惑,引导学生用马克思主义的基本理论去思考问题,使学生理解、支持党和国家的路线、方针、政策。

(六)在教学职责上,马克思主义大众化是全体高校教师的责任,应注重教学合力的形成

高校马克思主义大众化的主渠道和主阵地是思想政治理论课,因此,思想政治理论课教师便担负起了推进高校马克思主义大众化义不容辞的责任。但高校马克思主义大众化想要实现"化大众"的最佳效果,就应当在发挥思想政治理论课教师作用的基础上,充分发挥高校其他学科教师在马克思主义大众化推进中的作用,形成教学合力,共同营造高校马克思主义大众化的良好氛围,实现人才培养目标。

《中华人民共和国教师法》(以下简称《教师法》)第一章总则第三条规定:"教师是履行教育教学职责的专业人员,承担教书育人,培养社会主义事业建设者和接班人、提高民族素质的使命。教师应当忠诚于人民的教育事业。"从《教师法》的规定来理解,每一名教师的教学工作目的都应当是培养社会主义事业的建设者和接班人,教学过程中都应当包含思想政治教育的使命,即推进马克思主义大众化的使命。但现实并非如此。目前,高校人才培养模式基本按照专业定向确定,学生所上的课程大体可分为公共课程和专业课程,而公共课程中就包括思想政治理论课。近年来,随着高等教育大众化的到来,高校也逐步感受到了前所未有的压力,专业课教师基本专注于自己的专

业教学,很少注意在学生思想政治教育方面对学生进行引导;尤其是在教学工作中,思想政治教育无形中成了思想政治理论课教师独有的职责,无法形成对大学生开展马克思主义大众化教育的整体氛围,加之部分思想政治理论课教师和专业课教师自身思想政治素质有待提高,在一定程度上又削弱了思想政治理论课的教学成效,影响了高校马克思主义大众化的效果。显性的问题反映出的是隐形的资源,高等学校应当加强对专业课教师履行思想政治教育职责的监督,在备课、授课中适当融入思想政治教育内容,从而发挥专业课程在学生思想政治教育中的作用,实现教育资源利用的最大化。马克思主义原理的很多内容都具有普世的价值,如方法论在各专业课程教学中皆需使用,教师在专业教学中只需简单提及,就会提升学生对马克思主义理论的认同度,同时,也不会影响专业课教学。专业课教师这一马克思主义大众化的隐形资源的功能发挥,必将对高校马克思主义大众化产生重要的推动作用。

(七)在教学原则上,应注重教育的政治性,引导学生用科学的视角应对西方社会思潮

意识形态是与一定社会的经济和政治直接相联系的观念、观点、概念的总和,包括政治法律思想、道德、文学艺术、宗教、哲学和其他社会科学等意识。每个社会的统治阶级的意识形态都是占社会统治地位的意识形态,它集中反映该社会的经济基础,表现出该社会的思想特征。在中国,中国共产党的统治阶级地位决定了我国的主流意识形态就是马克思主义意识形态。高校思想政治理论课教学应始终坚持以马克思主义意识形态为指导,用马克思主义意识形态武装大学生的头脑,这就是高校思想政治理论课的政治性,是高校推进马克思主义大众化的基本教学原则和目标。"所谓思想政治教育的意识形态性,是指它的政治性、阶级性,也就是说它明确地属于一个阶级,并为这个阶级的根本利益服务,其作用在于维护一个特定

社会的统治阶级的统治"。①

对中国青年一代进行思想上侵蚀是西方国家从不改变的既定方针,以实现其西化、分化中国的政治图谋。改革开放以来,西方的各种社会思潮传入我国高校,对学生产生了负面影响,对高校思想政治理论课也带来了新的问题。如何在教学过程中实现对学生的正确引导、正确地对待西方思潮?最为核心的还是要在思想政治理论课教学中坚守"政治性"原则。20世纪80年代,资产阶级自由化思潮一度泛滥,部分高校的少数学生上街游行,表达意愿,极少数别有用心的人则从中进行反党、反社会主义的煽动。就缘由来说有很多,但有一点那就是高校思想政治理论课"政治性"原则存在失位现象,思想政治理论课教师没有从"政治性"原则出发深入分析资产阶级自由化思潮,揭露其本质和危害。随后,在社会主义市场经济的建设和发展中,我国又先后出现了拜金主义、享乐主义、极端个人主义等西方社会思潮,对高校青年学生产生了一定的影响,学生在思想上对这些不良思潮能否构筑一道坚固的防线,很大程度上取决于高校马克思主义大众化的推进情况,尤其是高校思想政治理论课能否将"政治性"原则彻底贯彻,并被学生认同和接受。

(八)在教学方式上,强化以人为本的思想,注重民主性开放教学

胡锦涛同志在2003年7月28日的讲话中提出了"科学发展观",这一马克思主义中国化新成果在中国共产党第十七次全国代表大会上被写入党章,成为中国共产党的指导思想之一。以人为本,是科学发展观的核心。这一内容不仅是高校思想政治理论课的教学内容、马克思主义大众化的内容,更是指导新时期高校思想政治理论课教学改革的主要思想。目前,高校思想政治理论课教学中存在着"忽视对象的个性差异和不同

---

① 葛晨光.《简论高校 BBS 建设的管理工作》.《新闻爱好者》(下半月),2008(6).

需求"、"目标设定模式化、理想化"、"内容缺乏时代性、针对性"、"方法单一封闭"等问题。从"以人为本"的角度重新审视高校思想政治理论课,对提高思想政治理论课的教学效率,提升思想政治理论课的参与度、开放性,增强高校思想政治理论课教学效果都将具有积极意义。

"以人为本"的教学理念强调以学生为中心,以学生的需要为基础,尊重学生的个体差异,尊重学生的思想、观点。这一理念符合当今社会开放、民主的发展趋势,也符合当今学生主体意识增强、创新思维活跃的现实。思想政治理论课教学的目的是从个体身上找到存在的思想问题,找到突破口,进而用马克思主义思想来占领学生的头脑,实现马克思主义大众化。从一些学者对高校思想政治理论课的调研情况看,高校思想政治理论课教学方式是以大班教学为主、教师讲授为主,学生在课堂中的表现不容乐观:默然、无视、开小差,缺少思想的交流与碰撞;思想政治理论课更多地表现为知识讲授课,思想引导不够,思想改造更不够。因此,我们提出民主性开放教学,即让学生充分表现自己、表达自己,说出思想上的困惑,用民主的方式与学生平等地交流和切磋,让学生充分参与教学。马克思主义理论是经得起历史检验和现实考验的,在学生充分表达和参与的基础上,通过思想与思想的碰撞、语言的辩论,学生思想上的问题就会充分的暴露出来,马克思主义理论的价值也自然会得到体现,思想的引导作用也就在"碰撞"中得以实现。学生的兴趣浓了、教师的教学更有信心了,则利用思想政治理论课推进马克思主义大众化就更容易进行了。

(九)在教学能力上,应注重教学研究,形成教研、科研相互促进的良性机制

中共中央宣传部和国家教育部在《关于进一步加强高等学校思想政治理论课教师队伍建设的意见》中指出:"思想政治理论课教师要以教材为教学基本遵循,在教材体系向教学体系转

化上下工夫,真正做到融会贯通、熟练驾驭、精辟讲解。要紧密联系改革开放和社会主义现代化建设的伟大实践,了解和掌握大学生思想政治状况,探索符合教育教学规律和大学生特点的教学方法,提倡启发式、参与式、互动式、案例式、研究式教学。多用喜闻乐见的语言、生动鲜活的事例、新颖活泼的形式,活跃课堂气氛,启发学生思考,把科学理论讲清楚、说明白。""将思想政治理论课的课程建设、教材建设、教学方法改革、教师队伍建设、学科建设以及教学中重要理论和实际问题的研究等作为重要选题,列入国家教育科学研究和人文社会科学研究规划中,项目单列,单独评审,单独检查,推出一批高水平的思想政治理论教育教学研究成果。各地各高等学校要设立专门项目,开展科学研究,不断提高思想政治理论课教师的科研能力。"高校思想政治理论课的教学与专业课程教学具有较大的差异,一是在教材内容十分丰富的同时,教学时间相对较少;二是教学内容与社会改革和建设紧密相接,实时性强;三是教学对象差异性大。这些特殊性的存在在一定意义上预示着思想政治理论课的教学难度较大,上好这门课不容易,因此,教学研究也就有特别重要的价值。应以教学研究为依托,实现教材体系向教学体系的转化,实现国情变化向教学内容的转化,实现"一般学生"向"特殊学生"的转化,完成教学内容、方法、对象的整合与一体化,达到良好的教学效果。马克思主义是一门科学,一门不断发展的科学,科学就需要去探究、研究,找出其规律。因此,思想政治理论课教师应当充分认识到科研的意义,作科研的自觉人,以科研成果来增强理论自信与教学自信,增强教学的说服力,从而促进教学目标的实现。

第七章 理念与行动:高校马克思主义大众化的原则路径

一、大学生群体差异对马克思主义大众化的主要影响

在经济体制深化改革、社会结构深刻变动、利益格局深刻调整、思想观念深刻变化的当今时代,期望用一种教育和传播模式来满足所有人的需求的做法变得越来越有难度。① 马克思主义大众化同样如此,其所面对的"大众",在文化程度、专业结构、职业特点、生活状况、年龄兴趣等方面存在着显著差异,需要区别不同的对象群体,用不同的教育方式,从而增强针对性和实效性。几年来,学术界围绕"历史经验、基本内涵及主要路径"等若干问题对马克思主义大众化进行了深入而广泛的研究。但研究视域主要集中于全体大众的共性方面,针对某一对象群体进行的专题研究非常少见。近几年对大学生特定群体的专门研究虽然成果不少,但以大学生不同群体的差异性为研

---

① 张博颖.《关于当代中国马克思主义大众化的若干思考》,《上海师范大学学报》(哲学社会科学版),2008(3).

究对象进行针对性较强的个性研究则极为少见。把握大学生不同群体的特点,选择更有针对性的方式对当代大学生进行系统扎实的马克思主义理论的教育,不仅对他们的健康成长具有重要的保障作用,而且对在全社会开展中国特色社会主义理论体系宣传普及活动、推进当代中国马克思主义大众化,也具有重要的促进作用和借鉴意义。从党和国家建设的需要、大学生未来发展的需要,以及马克思主义大众化自身的需要来看,大学生群体都是推进马克思主义大众化当前和未来的重要力量,在大学生中推进马克思主义大众化是当前马克思主义大众化的重中之重。①

(一)大学生群体差异客观存在

1. 内外环境促使大学生形成不同的差异群体

伴随社会转型、阶层分化和高等教育大众化、招生就业收费制度改革的不断深化,大学生在人口特征和专业、家庭及政治背景等诸多方面存在的差异性,客观上将大学生分化为不同类别、特点的群体。如就业困难群体、经济困难群体、心理困难群体、行为困难群体等。因此,高校如同政府组织一样,既要关爱经济困难群体,帮助其解决当前的生存问题;又要关心就业困难群体,帮助其解决未来的发展问题;还要关注行为及心理困难群体,帮助其正确认识人生价值问题等。这些差异消解得好,就能充分体现党的温暖,实现教育公平,促进大学生健康成长成才;反之,则可能影响到校园的安全、稳定和和谐。

大学生中客观存在着就业困难群体。《2012年中国大学生就业报告》显示,全国2012届毕业生毕业半年后的总体就业率为89.6%,也就是说每年有约10%的大学生毕业半年后还找不到工作。造成大学生就业难的原因是多方面的。一是无

---

① 夏小华.《在大学生中推动马克思主义大众化:基本原则与主要路径》,《安徽师范大学学报》(人文社会科学版),2010(4).

业可以就,社会不能给大学生提供足够多的就业岗位。社会提供就业岗位的数量是由国家的总体经济状况决定的,对于一个人口大国,需要一个比较快的经济发展速度,方能提供足够多的就业岗位。当前我国的产业结构不尽合理,劳动密集型企业过多,相对于体力劳动者或者是技术工人而言,企业对大学生的需求不够积极和主动。另一方面,学校培养的人才与社会需求衔接不够,造成"社会需要的人才,高校没培养;高校培养的人才,社会不需要"这样一种尴尬局面。二是有业不能就,大学生不能够胜任社会所提供的就业岗位。大学生的自身角色和经历决定了他们缺乏实践经验和工作经历,在原理上"我懂得",在理论上"我知道",但是在实际工作中却表现为"我不会",个人在理论和实践方面的脱节,一定程度上造成了"有业不能就"的残酷就业现实。三是"有业不愿就",不少学生没能正确处理好理想职业和现实能力之间的关系,用理想代替现实,就业期望过于理想化。虽然高等教育早已不再是"精英教育阶段",但大学生们的精英意识仍未消除,他们的就业期望值过高,对社会所提供的岗位不满意;就业观念落后,期望一下子找到一辈子不用担心的所谓"铁饭碗"岗位,一劳永逸,因而"有业不愿就"。

高校应该以社会需求为导向,加强教育教学改革,调整专业设置,解决"无业可以就"的问题;应该以培养能力为核心,以"职业生涯"课程为阵地,秉持"实践育人"思想,开展专业、学术实践活动,锻炼并提升学生的就业能力,解决"有业不能就"的问题;应该加强就业教育,降低学生的就业期望值,鼓励学生面向基层就业,寻找最需要自己的岗位,学会"理性就业",解决"有业不愿就"的问题。帮助学生规划职业生涯、寻找就业岗位、提升就业能力和加强就业教育等,实质上就是教会学生如何认识理想与现实的差距问题、如何解决好理论与实践相结合的问题、如何处理好个人发展与国家、社会进步的问题。开展这些工作的过程其实就是在向学生灌输社会主义核心价值体系的过程。

大学生中客观存在着经济困难群体。学生经济状况的差异是当前社会贫富差距的微观投射。据统计,大学生中经济困难的学生约占学生总数的25％左右,其中经济特别困难的学生约占学生总数的15％。这些学生中,有的是孤儿,有的是残疾,有的来自边远落后的农村,有的来自城市低保家庭,他们在校月消费支出不足300元。相比较这些学生而言,另一些学生的家庭条件要优越得多。他们受到两代四位长辈的共同关注,生活富裕充足,花钱大手大脚,他们中有些人月消费支出达到2 000多元,是家庭经济困难学生的六倍以上。这些学生生活在同一个校园、同一个班级甚至同一间宿舍,巨大的经济差异使经济困难学生产生巨大的心理落差,他们需要国家和学校在经济上给予帮助,也需要在心理上给予抚慰。

近年来,国家加大了对经济困难学生的资助力度,设置了国家奖助学金资助政策,学校每年给予学生的各项奖助经费总额甚至达到学生所交学费的20％以上,如再加上社会资助和校友资助,有的学校甚至达到30％以上。如此充足的资助资金,如能使用得当,不仅可以帮助贫困学生度过难关,而且可以让这些学生充分感受到来自党和国家的关心、学校和社会的关爱,以及同学之间的朋辈友谊,因此,学生资助工作就是一次难得的思想政治教育机会。

大学生中客观存在着心理困难群体。步入高等教育大众化教育阶段后,大学生面临的就业、经济、情感等各方面的压力相对较大,再加上享乐主义、自由主义等各种社会思潮的诱惑和应试教育对学生人格教育的疏忽,不少大学生不会调适心态,心理压力很大,出现心理问题的大学生人数和比例均呈上升趋势。2009年《京华时报》刊文称,"北京地区调查显示,大学生抑郁症患病率达到23.66％,不少于10万人,有严重心理问题的大学生比例呈逐年上升趋势。根据对北京16所大学的调查,因精神疾病休学、退学的人数分别占总因病休学、退学人数的37.9%和64.4%,精神疾病在不少高校中已成为大学生辍学的主要原因"。① 近年来,高校大学生自杀等极端心理危机事件也呈高发趋势。

早在2004年,中发16号文件就将心理健康教育视为思想政治教育的手段之一。近年来高校十分重视大学生心理健康教育工作,针对学生的各种焦虑不断创新疏导的手段、方法,采取团体辅导和个体咨询相结合、教师指导和朋辈互助相结合、见面约谈与网上咨询相结合的方式,卓有成效地开展了大量工作。有些方法非常有效,并且很受学生欢迎,非常值得思想政治教育工作借鉴。除极个别心理疾病学生外,大部分学生的心理问题都来源于价值观方面的暂时困惑。有些学生不能正确处理好感情方面的冲突、有些学生不能正确看待家庭经济方面的差异、有些学生不能很好地融入集体、有些学生不能独立承受挫折和失败、有些学生不清晰学习和未来生活的意义等等。这些问题说到底是人格不成熟和不独立的表现。解决好这些问题的过程,实际上就是在做思想政治教育工作。

2. 个体需求差异使大学生群体相当稳定

大学生是一个特殊的群体,他们来自不同的地区、不同的家庭和不同的民族,大学生的个性面貌总是千差万别。但是,由于专业相同、兴趣相近、年龄相仿等原因,部分学生在追求和需求方面还是比较一致的;再加上大学生学习和生活的集中性及高校相对自由宽松的文化氛围,因而他们在需要追求和需求满足的过程中,就会形成不同的需求群体。而这些群体在共同的利益追求、权益维护和兴趣表达的过程中,情感不断交流、思想不断交融,又会产生一些大学生群体。这也是各类学生社团

---

① 《有严重心理问题的大学生比例呈上升趋势》,http://news.xinmin.cn/rollnews/2009/05/22/1992768.html.

在高校出现和繁荣的主要原因。

学生社团在高校种类繁多,王庆武等按照社团的特征将其分为六类:理论研究型、专业知识型、文艺活动型、体育运动型、社会服务型和信息传递型。① 由于学生是完全凭着兴趣而加入社团的,因而社团具有自发性和自觉性的特点,但一旦形成,其稳定性就比较高,凝聚力就比较强。参与学生社团活动是学生对成长模式的自我选择,他们在社团活动中,共谈人生理想,共行兴趣爱好,共诉愿景期望,共求人生价值。不少学生在毕业后多年依然对大学时代的社团生活记忆犹新,因此,社团对学生的影响可能远比我们想象的要深刻得多。

虽然,学生社团既不是真正意义上的社团组织,也非真正意义上的青年自组织,但其组织活动形式类似于青年自组织形式,如活动举办的自发性和组织活动的自由性等。由于青年人愿意接受新事物、新观念和新思维,因此,大学生可能会通过网络或新媒体平台,以学生社团方式集中加入某一社会青年自组织或社会社团组织,从而脱离学校的教育视野或管理权限。高校应该重视利用学生社团组织的有利因素,加强引导和管理,消除其可能带来的消极甚至是负面的影响。高校可以采取分类管理的办法,引导学生社团开展活动。如文艺活动型和体育运动型社团符合青年人的兴趣,具有现代气息,学校应该鼓励支持,并主动在其开展的文体活动中融入价值观教育,防止其活动功能的庸俗化,实现"文化育人";专业知识型和信息传递型社团具有典型的高校特质,符合大学生对自身专业的实际诉求,学校应该在指导教师选聘方面给予支持,体现教师的"教书育人"原则;理论研究型、社会服务型社团组织体现了学生关心政治、关注社会的心理期望,是培养学生社会责任心和政治责任感的良好平台,学校应该在人力和物力资源方面给予扶持,

---

① 王庆武,王飞.《学生社团的种类、功能及其引导学生社团的类型、功能及其引导》,《青年少年研究》,2001(2).

以实现大学生的"自我教育"。

高校思想政治理论课也应该利用好学生社团这一平台。可以分解一部分实践教学任务交由社团完成,也可选聘一批教师担任社团活动的指导教师,这样不仅可以很好地实现教学效果,也可以使教师在与学生的交往和交流中,展示自己的人格魅力和理论水平,赢得学生的信任和认同,为完成课堂理论教学任务奠定基础。

3. 多元评价体系和评价主体催生了不同的差异群体

大学生中客观存在着不同差异的群体。一是多元化评价体系催生出的程度差异。相比于精英教育时代,高等教育进入大众化时代后,变化是多方面的:有入学时的收费方式变化,也有毕业时的就业方式变化。这些变化的原因归根结底是由学生主体的多元化造成的。进入大众化高等教育,大批学生涌入校园,他们的年龄差异相对较大,兴趣爱好多元,他们对高校的期望也不再如精英教育阶段那样单一。有些学生进入大学是为了能够获得知识和能力,将来能够很好地适应社会的需要,顺利就业;有些学生想利用高校的各种资源,完善自己的能力结构,将来准备自己创业;有些学生只是将本科阶段当作发展的一个台阶,他们期望将来能够在学业方面继续深造。高校为了满足学生的差异性需求,需要设定不同的培养目标,在不同的目标下就会产生多元化的评价体系,多元化的评价体系必然会次生出距离不同目标的程度差异。

二是多元化的评价主体次生出的目标差异。在精英教育阶段,高校是学生评价的唯一主体。那时高校享有毕业生分配的人事权,可以将自己评选出的"三好学生"、"优秀毕业生"、"品学兼优毕业生"等分配到比较理想的工作岗位,因此学生非常看重也必须看重高校对自己的评价。进入高等教育大众化教育阶段后,大学生不再是社会的稀缺人力资源,毕业生就业体制也随之发生了根本性的改变,高校在毕业生就业方面的权力主体地位被企事业等用人单位所代替,用人单位可以用"使用"或"不使用"这样一种最简单和最直接的方式来评价毕业生的优劣。高校虽然仍然可以评选"三好学生"、"优秀毕业生"、"品学兼优毕业生",但评选的标准必须参照用人单位的用人标准,否则这些评价除了有荣誉外不会有任何价值。久而久之,这类评价也就失去了存在的意义。所以,用人单位已经成为学生评价的重要主体,并使得高校评价学生的标准和方式呈现出多元化趋势。学生将不再仅仅因为学业成绩好而获得表彰,他们在社会适应能力、组织能力、人际交流能力等方面取得的成绩,也能获得来自学校或学校以外的表彰或奖励。

多元评价体现了对人的独特性的尊重。因为只有多元的目标和评价,才能让不同的人体验到不同形式的成功,从而激发自主发展的动力和潜力。在品德教育方面,我们需要教育学生努力成为完善的和健全的人;但在能力培养方面,我们确实不能期望学生在任何方面都完美无缺。教育者如果不能正视这一现实,善良的教育愿望不仅不利于学生发展和社会进步,甚至可能做出有悖于教育初衷的傻事和蠢事。

但是,设立一种评价标准,就会有一种排序结果,就会次生出不同的目标差异群体。如依据社会对大学生的评价,将工作能力作为标准,则大学生中就会存在工作能力优势和困难的群体;依据学校对大学生的评价,将学习成绩作为标准,又可以将大学生划分为学习优势和困难的群体等等。对待目标差异的态度,一是要给予困难群体学生足够的支持和帮助,尽可能地减少由于人的能动性而造成的差异,比如由于学习习惯和方法不当而造成的学业差异、由于个人资源占有不足而造成的能力差异等等。二是要尊重差异。由于人的独特性而形成的差异,如同物理学上的"误差",可能"只能减小而不能完全消除",因此,教育者需要学习一下化妆师的艺术,不仅仅是去帮他们掩盖缺点,而是去充分展示他们的优点,帮助学生发现自己的特长和优势,并不断培养和发挥这种特长和优势,让他们从一类排序中的劣势群体转换为另一类排序中的优势群体,不断提高学生的自信心,实现学生自身发展的完美超越。

(二)大学生群体差异对当代马克思主义认知的影响

"一把钥匙开一把锁"是思想政治工作的重要原则,同样也是马克思主义大众化的重要原则。要切实有效地在大学生中推动马克思主义大众化,就必须把"针对性"放在重要而显著的认识位置、并作为重要的操作要求,客观审视和把握不同群体大学生的特点和需求,进行更有目的性和针对性的马克思主义大众化,提升实效性。调查显示:不同家庭、专业和政治背景的大学生对当代马克思主义的认知状况不一,背景差异是影响大众化的重要因素(详细数据见本书第七章)。

1. 家庭经济背景对当代马克思主义认知的影响

家庭经济困境会影响大学生的价值取向:一方面是没有获得资助或对学校资助工作不满意的经济困难学生的负性价值取向,他们对社会主导价值观的认同相对低下,较多表现出对人与人之间的感情淡漠和对党和国家的政策认同度不够;另一方面是部分有资助经历的经济困难大学生的正性价值取向,他们切身感受到党和国家的温暖、学校和同学的关心,因而对社会主流价值观的认同度明显高于一般大学生和非经济困难学生。

另外,家庭经济环境和背景还会影响到大学生对国家具体政策的认同。如对于宏观经济结构调整,来自大中城市的大学生可能感受更深,将其看成发展机遇;来自广大乡镇和小城市的青年,经济结构调整对他们来讲似乎还很遥远,谈不上是否认同;而对于三农政策,农村大学生相比城市大学生而言更具有认同感。

2. 学科专业背景对当代马克思主义认知的影响

当代中国马克思主义教育总体上主要涉及经济、政治、文化和党的建设等学科领域,因此,这些学科专业的学生更容易掌握理论和被理论掌握。相对而言,其他学科领域学生在理解和掌握理论方面就存在一定差距。并且,专业上的差异,一定程度上会导致不同专业学生的价值观念、思维方式、行为表现等存在差异,这势必会影响他们对当代中国马克思主义大众化的体验与认知。

3. 政治背景对当代马克思主义理论认知的影响

大学生的政治背景主要是指大学生是否具有党员身份和学生干部经历。显然,大学生党员和大学生干部主观上有了解马克思主义理论的动机,客观上经历过较为系统的马克思主义理论教育,所以,相比于其他大学生,他们对马克思主义理论了解得更多、更全面,对党和国家政策的体验和感受更多。这一群体不仅可以被理论掌握,而且最有可能掌握理论,成为在大学生中推动马克思主义大众化的重要力量。而非党员和没有学生干部经历的大学生因为理论培训的机会相当较少,所以他们对当代马克思主义理论的理解和认知水平就相对较低。

二、大学生群体差异视角下的马克思主义大众化的基本原则

(一)针对不同个性特点的"尊重差异"原则

虽然大学生的个性面貌千差万别,但个性的独特性不能说明人与人之间在心灵上没有共通之处,大学生的个性总是具有一般性或共同性的特征。并且大学生们接受马克思主义理论方面的差异,大多并非是由其自身独特性所引起的,而是由自身的能动性所造成的,因此,这种差异需要尊重,但并非不可整合、不能整合和不需整合。

马克思主义大众化的重要目标指向就是实现大众的思想整合,建立在思想观念多样性基础上的马克思主义一元指导地位。具体来说,就是肯定价值导向的一元性,但允许并鼓励大

学生以合乎自身实际特点的方式去达到社会普遍的价值要求，即实现价值目标上的一元化和价值实现方式上的多样化的统一。

（二）针对不同生活场景的"理论说服"原则

马克思主义理论的说服力来源于其内在的吸引力。理论的吸引力首先取决于理论的彻底性。马克思主义理论的彻底性在于它揭示了历史唯物主义的发展规律和物质基础——上层建筑模式，并准确预言出现代社会发展的远景，所以马克思主义理论对世界和事物解释的彻底性决定了其有强大的吸引力。除此以外，理论的吸引力还同它满足普通大众的利益、价值、思想追求等根本需要的程度有关。"理论在一个国家实现的程度，总是决定于理论满足这个国家的需要的程度"。① 中国化马克思主义是强国、兴党、富民的科学理论，是建设富强、民主、文明、和谐中国的实践理论，是中国人民过上富裕生活、得到全面而自由发展的以人为本的理论，它符合我国社会的发展规律和普通大众的目标追求，因而拥有深厚的大众基础，具有强大的吸引力。

但马克思主义所要说服和吸引的对象，并非生活在同一场景，并非仅有同一种需要、同一种追求，所以马克思主义大众化不能千篇一律，还要考虑不同层次、不同类型的对象，选择不同的说服内容和不同的说服方式，推动马克思主义工人化、知识分子化、农民化、大学生化等等。就大学生群体而言，因有家庭经济、学科专业和政治背景等方面的差异，使其在对教育内容和方法的接受条件及接受能力方面存在显著差别，因此，在不同的场景下，需要运用不同的方式和手段来展现马克思主义理论自身的魅力，体现马克思主义理论"化大众"的说服力。马克思主义理论有自己的观点、立场和方法，但马克思主义从来不

---

① 《马克思恩格斯全集》（第1卷）.北京：人民出版社，1995.

是教条的,绝不用一成不变的理论去说服所有对象,重要的是运用理论魅力和结合生活场景,去引导人、说服人、教育人和武装人。在理论说服过程中,要高度关注大学生的日常生活,通过彰显马克思主义世界观、人生观与价值观及人文关怀,揭示出现实生活的意义,以及从现实生活出发说明人生的根据和意义,使日常生活变成"为他们自己的存在",变成他们所追求的"有意义的生活",从而坚定大学生的生活信念信心。

(三)针对多元价值背景的"利益实现"原则

在利益多元发展的社会中,如何正确理解公共利益、国家利益和局部利益、个人利益的关系,对任何社会的人都是一种考验,而对于具有某种理想主义色彩的当代大学生来说,接受这种考验的难度显然更大。"一方面,多年接受许多'应然'理论教育的大学生,大多具备了一定的正义感、是非感;另一方面,社会现实又使得大学生能够轻易发现许多社会'实然'与理论'应然'之间的明显差距,而这种'实然'又常常被人们错误地理解为'凡是现实的都是合理的',成为'政治正确'的一种表现。这种状况常常构成大学生的正义感、是非感与'政治正确'两者的内心冲突。一些地方利益、部门利益常常打着'国家利益'或'公共利益'的旗号,充任着'政治正确'的角色,从而使学生增加着社会正义与'政治正确'两者之间的区分难度"。① 在这样的语境下,推动马克思主义大众化的出发点和落脚点就不能不引起人们的反思,这也是大学生对理论教育情感淡漠的重要原因;同时,大学生内心中确立的正义感、是非感与"政治正确"之间的区分难度日渐增大,这又成为理论教育的关键和难点。

另一方面,人的需要是开放发展的。在利益、价值多元化的今天,大学生更需要一种核心价值成为自己思想的主导,摆脱"信仰缺位"和"价值空场"现象。因此,理论是否贴近学生生

---

① 《马克思恩格斯全集》(第1卷).北京:人民出版社,1995.

活实际、解决现实问题成为大学生评判理论是否具有生命力的现实标准。在现代社会中，人们关心自己的经济利益，重视个人需求的满足。获取经济利益、满足个人需求已经成为大学生行为的原动力。但是，人的需求是不断增长、不断上升的，而满足需求的社会资源却是相对有限的，总会出现需求满足相对滞后需求增长的问题，实际上就是理想和现实出现矛盾的问题。因此，在理想与现实之间奋斗的当代大学生需要一种理论的指导，从而解决现实问题，也需要一种利益表达渠道。这也正是在大学生中推进当代中国马克思主义大众化面临的重要问题。马克思主义大众化要重视政治教育，但绝不能政治控制。作为执政党，应该动员一切社会资源，将理论说服与情感感化、政治教育与利益实现相结合，既以理服人，更以情感人，既解决思想问题又解决实际问题，这才是利益和价值多元化背景下的马克思主义大众化的务实选择。

（四）针对时代特征的"创新传播形式"原则

传播手段是否与时俱进，在很大程度上决定了传播成效的高低，决定了传播的成功与否。在当代中国社会转型背景下，社会文化的多样性、社会思潮的多向性、价值取向的多元化已成为社会现实，大学生犹若置身于"文化市场"、"思潮卖场"、"思想超市"、"价值仓库"中，可供选择的空间很大。当代中国马克思主义如果不能首先从传播形式上吸引大学生、激发大学生兴趣的话，尽管是"科学的理论"、"正确的舆论"、"高尚的精神"、"优秀的作品"，也很难做到"武装人"、"引导人"、"塑造人"、"感染人"，自然会大大降低被大学生感知的机会，当然更谈不上认同了。

青年具有典型的时代特征，或者说青年往往带有时代化的标签。大学生又是青年群体中的佼佼者，所以大学生更加关注时代，是最具时代特色的群体。在不同的时空架构中，大学生往往起着时代晴雨表的作用。因此，在大学生中推动马克思主义大众化,要在保持组织影响、教育影响等传统方式的同时,应该把握时代特征,用时代化的语言、时代化的手段、时代化的形式宣传时代化了的马克思主义,方能使当代中国马克思主义"渗透到群众的意识中去,渗透到他们的习惯中去,渗透到他们的生活常规中去",方能与大学生产生情感共鸣、思想互动,获得良好的大众化效果。

三、大学生群体差异视角下的马克思主义大众化的主要路径

(一)承认群体差异,明确大众化目标分层的针对性

措施的针对性通常与目标的层次性密切相关,目标层次定位越准确,措施的针对性往往越明显。由于缺乏对大学生群体差异性和大众化要求之间的"有距离"与"距离不一"状况的认识和把握,"对马克思主义信仰"被看成当前大学生大众化的唯一目标,目标层次分解不够准确,因而针对性不强。提升马克思主义大众化的针对性的关键在于:要在认同这一"普适性"要求下,正视思想上"有距离"与"距离不一"的事实和"态度坚定性"的差异化现象,建立符合大学生特点和大众化要求的分层目标。建立分层目标的目的在于合规律、合目的、合理想地提升大众化的针对性,不是目标要求的降低,而是目标要求的分层。

如前所述,高校马克思主义大众化的目标应该分为三个层面:一是面向全体学生的"认同"目标,"认同"是社会主义大学培养目标的基本要求,这是普遍要求;二是针对有资助经历、专业背景、干部身份和政治追求等大学生群体的"信念"目标,"信念"相比于"认同",具有更为积极的理想要求和态度追求,这是较高要求;三是针对党员大学生群体的"信仰"目标,"信仰"是人的高级心理活动,体现了向往和追求,决定了人的认知、情感和行动,是精神支柱和动力之源。无论是主观需要还是客观环

境,大学生党员都应成为马克思主义理论的追求者和信仰者。这是高校马克思主义大众化的最高要求。

(二)关注学生诉求,增强思想政治理论课的实效性

关注学生诉求,是高校马克思主义大众化的必然路径,也是优化路径的必然选择。推进马克思主义大众化的路径要融入生活、贴近生活、贴近学生,理直气壮地回答学生提出的问题和困惑,解决学生在成长过程中遇到的难题,真正做到"传道、授业、解惑"。唯有如此,学生才能做到真学、真信、真接受当代中国马克思主义。也只有提高马克思主义大众化教育的现实"解惑"能力,才能保持马克思主义大众化教育的活力和生命力,促进马克思主义大众化教育理论与实践的发展,体现马克思主义大众化教育价值的生成性与发展性。①

然而,当前高校思想政治理论课在推进马克思主义大众化的过程中却未能完全做到如此。受学科理性思维方式的影响,过分强调对学科知识的传授,忽视了学生作为个体的独特性和情感需求;教师对社会问题的把握和对学生的了解不全面,响应社会的热点和回应学生的诉求不及时,思想政治理论课显得高高在上,实效性不够。高校推进马克思主义大众化旨在让当代中国马克思主义被师生特别是大学生广泛接受,变成他们用来维护自己切身利益的价值依据,变成他们认识社会、发展社会、追求美好生活的思想武器。由此,关照好高校师生的现实需要、维护好他们的切身利益,是高校推进马克思主义大众化成功的关键。

把握和满足高校师生在生活中的正当合理需要和利益诉求,是优化马克思主义大众化路径的有效抓手。这不仅仅因为需要和利益就是生活的内容,还因为"需要和利益是马克思主

---

① 赵欢春.《高校推进马克思主义大众化的路径优化》,南京师范大学,2011.

义大众化的道德基础"。① 马克思主义大众化教育理应审视个体的日常生活,重视日常生活的价值建构,使价值感觉先于价值语言,这样可以使他们知道在生活中直接去运用,并在生活中决定自己的态度;让马克思主义大众化教育回归生活,把日常生活视为马克思主义大众化教育的基本着眼点,既要着眼于鼓励个体正确体验日常生活的多样化、个性化、诗意化,又要着眼于倡导个体努力实现社会价值与个体价值的有机统一。

因此,高校必须让思想政治理论课教师走出校门、走出书房,积极参与社会工作和社会调研,从丰富鲜活的日常生活实践中汲取素材,找到理论与实践的结合点;要求思想政治理论课教师兼任辅导员或班主任工作,了解学生的思想和诉求,结合学生的日常生活实际讲授马克思主义的基本原理。此外,当前思想政治理论课未能处理好马克思主义研究与教学之间的关系,课堂教学内容和方式存在"学院化"倾向;马克思主义通俗化工作任重而道远,思想政治理论课教师应该在保持需要的特定的"话语体系"外,学会多使用一些学生感兴趣的平民化的语言,以学生身边发生的事例为素材讲解马克思主义的基本理论,这样才能提升教师的影响力、课堂的感染力和理论的吸引力,方会受到学生的欢迎。"根叔现象"就是明证。

(三)打破学科壁垒,加强人文社会科学间的渗透性

早在 1955 年,时任高等教育部副部长的刘子载同志便在《关于高等学校的政治思想教育工作》讲话中强调,一切新中国的教师,不管他们教哪门课程,都应在教学中对学生进行政治思想教育。1987 年 5 月 29 日颁布的《中共中央关于改进和加强高等学校思想政治工作的决定》明确要求,"要按照各个学科的特点,引导学生……解决好为谁服务的问题"。1994 年 8 月 31 日颁布的《中共中央关于进一步加强和改进学校德育工作

---

① 赵欢春.《高校推进马克思主义大众化的路径优化》,南京师范大学,2011.

的若干意见》明确强调,要按照不同学科的特点,将各类学科、课程与德育有机结合起来。1995年颁布的《中国普通高等学校德育大纲》也特别指出:"要发挥各科教学中的德育功能,结合教学相关内容和各个环节,有机地对学生实施德育。"2004年9月颁布的《中共中央国务院关于进一步加强和改进大学生思想政治教育的意见》,再次指出"高等学校各门课程都具有育人功能,所有教师都负有育人职责"。尤其是,"高等学校哲学社会科学课程负有思想政治教育的重要职责"。在这些文件指导下开展的高校马克思主义大众化实践,为我们充分发挥课堂教学的育人功能积累了丰富的经验。

当代中国马克思主义——中国特色社会主义理论体系是涵盖经济、政治、文化和党的建设等各个方面的系统的科学理论。"哲学社会科学中的绝大部分学科都具有鲜明的意识形态属性,对于帮助大学生坚定正确的政治方向,正确认识和分析复杂的社会现象,提高思想道德修养和精神境界具有十分重要的作用"。[①] 以历史学、社会学、经济学为代表的社会科学有利于大学生对马克思主义世界观、价值观、人生观进行深层思考,毫无疑问是马克思主义大众化的重要阵地。即使是以数学、物理学、工程技术为代表的自然科学也有助于学生对人与自然关系的深刻理解与把握,从而加深对人类自身的理解,同样也是社会主义核心价值体系教育的重要阵地。

在大学生中推动马克思主义大众化,高校必须在各类学科特别是人文社会科学研究和教育教学的相互渗透上狠下工夫。可以借鉴国外包括发达国家在人文社会科学课程设置上的经验,开展促进各类学科、课程与推动马克思主义大众化教育有机结合的探索和改革,各专业课特别是人文社会科学课程,要紧密结合教学实践,把中国化马克思主义的基本精神和主要观

---

① 《中共中央国务院关于进一步加强和改进大学生思想政治教育的意见》,《人民日报》2004—10—15。

点与各门课程的学科内容有机结合起来,寓当代中国马克思主义教育于教学之中。必须充分发挥高校学科门类齐全、研究力量雄厚的优势,围绕重大理论与现实问题,集中力量,整合资源,加强研究,协作攻关,推出一批有深度、有分量的研究成果。

(四)注重兴趣引导,重视大学生理论社团的参与性

要使当代中国马克思主义真正内化为学生的精神支柱,就必须引导学生自觉、能动地进行自我教育。学生社团承载着学生的兴趣需求,理论性社团在组织引导学生自觉学习、宣传和研究当代中国马克思主义方面可以发挥独特作用,是大学生马克思主义大众化的重要资源。但是,目前高校理论性社团普遍存在着疏于管理、指导和支持的问题,不少社团既无业务主管单位,又无专业指导教师,更无经费和场地支持,学校团委成为他们唯一可以依靠的对象,开展活动十分困难。这样,不仅丧失了马克思主义大众化的有效资源,更挫伤了学生学习理论的兴趣和积极性。高校推进马克思主义大众化,还要切实加强对大学生理论社团的指导和管理,重视发挥大学生理论社团的重要作用。比如:建立健全大学生当代中国马克思主义研究会,逐步形成校、院(系)、班三级网络;为大学生理论社团配备学术造诣较高、热心学生公益事业的专家学者担任指导教师;在学校层面设立专项经费,为大学生理论社团开展学习、宣传和研究当代中国马克思主义活动提供物质保障;支持理论性社团以项目化运作方式创造有特色的品牌性活动,扩大在学生中的影响力等等,均不失为行之有效的方法。

清华大学马克思主义学习研究协会(简称TMS协会)就是一个典型的成功案例,值得各高校借鉴。1979年,清华大学精密仪器系学生首创性发起成立了该校第一个学生"党课学习小组";1995年,该校几十个党课学习小组和求是学会联合发起成立了TMS协会。该协会成立以来,举办了大量有影响的活动,特别是在2001年至2011年,每年一个主题,连续举办了11

届"求索杯"理论知识竞赛,在学生中产生了很大影响。如"光辉的历程、前进的脚步"、"身体力行'三个代表',与时俱进学习理论"、"人民利益至上,成才报国为先"、"光辉的理论,伟大的实践"等等,这些主题紧扣理论热点和国计民生,学生参与热情很高。目前,理论知识竞赛已形成品牌,并发展为"求索杯"理论知识竞赛系列活动。TMS协会已经有了较完善的组织机构,各个院系均设立了分会,已经形成"总会——分会——党课学习小组"的基本组织框架,拥有良好的学生基础。目前,该协会已有成员4 000余人,是清华大学规模最大、人数最多的学生社团组织,多次被评为清华大学"十佳"协会。①

在选配师资方面,高校可以借鉴一下国外的做法。国外不少高校对教师的年度考核,都要求教师有指导学生开展非学术性活动的公益业绩,若不达标,教师将不能晋升职务。高校可以在教师申报科研项目或职务晋升时将"公益性指导学生社团组织开展活动"作为硬性指标,也可以在年度考核时单独给予社团指导教师一定的工作量补贴。这样不仅有利于学生社团开展活动,也有利于教师了解学生,更好地组织和安排好课堂教学。

在调动学生参与积极性方面,高校可以完善社团制度安排,积极引导学生参加社团实践活动。一是将社团活动学时化,可以将社团实践活动纳入学生综合素质考核,赋予一定学时,对于不达标的学生不允许其参与评优评奖;或者规定入党积极分子、党校学员、党员等要修满规定的实践学时。二是将社团活动学分化,可以将理论性社团实践活动纳入思想政治理论课的实践学分,这样不仅可以拓展思想政治理论课的课堂教学功能,也可以扩大学生社团活动的影响力。

(五)强调知行合一,凸显大学生社会实践的教育性

当前,大学生群体存在着"理论认知多、实践感受少"和"知

---

① 李俊卿.《高校马克思主义大众化水平研究》,北京:知识产权出版社,2012.

行不够统一"的问题。因此,在大学生中推进马克思主义大众化,必须重视整合、利用各种社会资源和社会力量,吸引更多的大学生参与社会实践,使其在实践中感受马克思主义理论的先进性及魅力。①古巴共产党在这方面为我们做了表率。在卡斯特罗亲自提议和指导下,由古巴青年联盟中央组织的"青年社会工作者"专职队伍,帮助党和政府解决了一系列关系到社会稳定但政权机关又难以直接解决的问题。

　　在开展社会实践的过程中要注意两个方面问题,一是在内容上要突出红色性,防止内容庸俗化。红色文化是马克思主义中国化进程中生成的独特文化形态,是社会主义核心价值体系的重要组成部分。目前,高校每年暑期都要开展大学生"三下乡"暑期社会实践活动,为了讲究场面和追求效果,很多学生选择用娱乐性置换红色性,只要说到"三下乡",大家自然联想起"文艺演出"。这样可能场面很热闹,但效果却不敢恭维,学生没有接受心灵洗礼,观众没有受到精神感染,社会实践活动内容有庸俗化倾向。二是在组织方式上要注重与思想政治理论课的教学实践相联系,避免各部门单打独斗。教育部提出"实践育人"思想后,大学生社会实践活动得到教育主管部门及高校前所未有的重视,各部门都在依据自身职能积极开展工作,如共青团系统的暑期"三下乡"社会实践、学工系统的资助育人和就业实践、宣传部门的文化实践、教务部门的专业教学实践、科研部门的科研实践等等。但这些实践活动由于缺乏必要的联动机制,显得协调性不够,学生感到实践活动项目繁多,只能忙于应付,效果不甚理想。高校需要统筹规划,在马克思主义大众化的社会实践项目中,应该用思想政治理论课的教学实践作为主线将其贯穿起来,融合各部门的力量共同做好工作。具体如下图所示:

---

① 夏小华,周建华.《当今社会主义国家马克思主义理论教育的经验及启示——以古巴、越南为例》.《当代世界与社会主义》,2009(3).

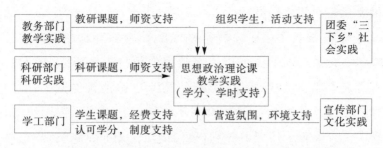

(六)推动文化引领,发挥隐性教育资源的补充性

在推进马克思主义大众化的今天,显性教育方式与隐性教育方式只是进行思想政治教育的两种方式而已。必须明确,不论是过去、现在还是将来,显性教育方式永远是思想政治教育中的主要方式,而隐性教育方式也仅仅是作为显性教育有益的、必要的补充。马克思主义能为我国大多数人所了解和接受,显性教育发挥了不可或缺的作用。但是由于这种方式具有计划性、直接性,存在一定的缺陷,影响了马克思主义大众化更有效地进行。因此,如何寻求一种与之相辅助而发挥作用的方式来推进马克思主义的大众化,就显得非常必要。

隐性教育在不同群体的学生中发挥着推进马克思主大众化的作用,主要是马克思主义理论教育者借助活动载体、媒体载体、环境载体、管理载体、文化载体,将马克思主义理论知识寓于其中,从而推进马克思主义大众化。对于马克思主义大众化而言,和谐大学校园文化是一种潜在的隐形教育力量,它以强有力的文化整合和引导能力,从人文关怀的视角,对校园主体——大学生的道德观念、思想品质、人格塑造起着持久且深刻的影响作用,为在大学生中推进马克思主义大众化提供了和谐的文化环境和教育环境。在构建和谐的大学校园文化方面,高校要加强校园精神和校园环境建设,把当代中国马克思主义教育融入到丰富多彩的文化、科技中,要充分利用校报、广播、电视、网络、橱窗等宣传舆论阵地,营造大学生学习实践当代中国马克思主义的氛围,使学习实践当代中国马克思主义成为校园文化建设的核心内容。

另外,高校要采取分类管理的办法,坚持用红色文化引领校园文化活动,避免校园文化活动庸俗化。红色资源既有物质资源又有非物质资源。在物质资源利用方面,建党以来,中国共产党人领导中国人民在90多年的革命斗争和革命建设中取得了一个又一个伟大的胜利,他们的足迹遍布全国各地,这些资源有些已经开发,被建成纪念馆、纪念堂;还有很多资源尚未被开发,高校应该充分利用自己的学术研究力量,挖掘当地的红色遗址、红色人物和红色故事等资源,并用其命名为学校的路名、桥名、楼名,用物质的方式将这些精神的东西固化下来,使学生在校园中受到革命精神和优良传统的耳濡目染,这是在课堂上很难取得的效果。如北京大学利用校友李大钊挖掘红色资源,建设斯诺墓和红楼;北京理工大学利用自己的前身"延安自然科学院",建设以"延安精神"为主线的校史馆等等,这些都是非常好的举措。

在非物质资源方面,高校要利用好一些重大的节庆、纪念日资源。节庆和纪念日虽在时间上是大学生日常生活中的非连续部分,但如贯穿得好,就会成为情感教育的有效资源,也是开展思想政治教育的重要载体。高校应准确把握节庆和纪念日的文化内涵,深入挖掘节庆和纪念日的情感教育价值和思想政治教育意义,丰富节庆和纪念日活动内容,创新节庆和纪念日活动形式,精心打造节庆和纪念日校园文化品牌。利用节庆和纪念日情感教育,必须把握节庆和纪念日特质、教育对象特点和学校特色,科学分类,有针对性地按照节庆和纪念日的特质营造节日情境,烘托节日氛围,方能收到预期的教育效果。按照节庆和纪念日的特质,可以将现有的节庆和纪念日资源分为五类:

其一,国情类。诸如国庆节,建党、建军、香港和澳门回归纪念日、端午节等,这类节日蕴含着为人民服务精神,实事求是、敢闯新路的创新精神,敬业、奉献精神,艰苦奋斗精神等,利用这些资源可以帮助大学生认识中国国情,体会到现在的幸福生活是无数先烈用鲜血和生命换来的,来之不易,必须备加珍惜,从而树立民族自尊心、自信心和自豪感,弘扬和培育以爱国主义为核心的伟大民族精神,树立正确的世界观、人生观和价值观。

其二,校情类。如校庆、院庆纪念日。这类节日包含着"校兴我荣、校衰我耻"、"爱校如家"的集体意识和精神,利用这些资源开展"校史展览"、"校史讲座"、"我为母校做义工"等形式多样的活动,可以帮助大学生进一步了解学校、专业,从而热爱学校和专业,有利于培养以集体主义为核心的社会主义道德观、社会主义荣辱观和增强大学生自身的归属感、荣誉感。但令人遗憾的是,如此有价值的节日资源,在实践中却往往被我们所忽视。

其三,亲情类。诸如感恩节、母亲节、父亲节、清明节、中秋节、父母的生日等。通过此类节日可以让大学生了解亲情,感悟亲情,理解亲情,学会感恩。亲情是一切情感的基础,亲情教育的实施,可以促进大学生在增强与父母的感情中认识到在与任何人的相处中,既应当从自己的欲望、感情、意志、追求等方面,设身处地地为对方考虑,做到"己欲立而立人,己欲达而达人",又应当尽量不损害别人,力求不妨碍别人的利益,做到"我不欲人之加诸我也,吾亦欲无加诸人"。亲情教育对大学生学会改善人际关系、促进人际和谐、创建和谐社会具有重要的意义和作用。①

其四,友情类。诸如教师节、大学生节、同学生日等。心理学研究表明,"友情"是由人的七情六欲派生出的"爱"的情绪或情感,表现为对同学、朋友、老师的情感依恋。社会学家认为:

---

① 赵建岭.《论大学生亲情教育》,《陕西教育(理论)》,2006(21).

友情是人个体社会化的基本需要,是人类高尚、美好的情感之一。个体由自然人向社会人转化的重要途径是社会交往。一个人对社会的适应能力归根结底表现为与周围人交往的能力和交往的状态,一个人善于与他人交往,并善于保持一种良好的交往关系,就能够给自己带来心理上的安全感和满足感,有助于个体身心的健康发展。[①] 马加爵与同学发生矛盾后,苦于无人倾诉,在极度扭曲的心里状态下,残忍地杀害了四名同学。此案也从另一个侧面警示我们对大学生进行友情教育的重要性。

其五,社情类。诸如五四青年节、世界环保日、世界水日、法制宣传周、艾滋病防治宣传日等。利用此类节庆、纪念日开展一些情感教育活动,可以帮助大学生明晰自己的社会权利和义务,知道要承担社会责任,要适应社会需要,从而帮助大学生健康成长、成才。

为使节庆和纪念日情感教育对大学生精神成长和人格发展切实有效,在操作上要注意不能将节庆和纪念日情感教育停留在"活动"层面上,不能把"节庆和纪念日情感教育"等同于"节庆和纪念日活动",应当将节庆和纪念日情感教育上升到"校园文化"层面,丰富节庆和纪念日活动内容,创新节庆和纪念日活动形式,精心打造节庆和纪念日校园文化品牌,让学生在参与活动中感受先进校园文化的无穷魅力。

---

① 赵志毅.《论大学生友情教育——兼议大学生正确人际交往观的形成》,《南京师范大学学报》(社会科学版),2004(3).

第八章 实证与完善:高校马克思主义大众化的效果评估

一、高校学生工作的满意度实证研究

我国高校的学生工作内容主要分为大学生思想政治教育和学生事务管理两块。马克思主义大众化毋庸置疑是高校思想政治教育的重要内容。至于学生事务管理,国外高校一直将其视为公民教育的重要内容而给予格外的重视。我国的学生事务管理主要有学生奖励、学生资助、心理咨询、学业辅导、违纪处理、学生就业指导等工作,这些也一直被我们视为大学生思想政治教育的重要载体和实践平台。学生奖励和违纪处理体现了社会主义大学的要求和价值导向;学生资助和毕业生就业指导体现了党和国家对大学生群体的关心和帮助,体现了社会的公平和正义,反映了社会主义制度的优越性;心理咨询和学业辅导,彰显了校园文化的人文精神,窗口式的一对一辅导正是思想政治教育的未来发展方向。高校应该重视学生工作平台建设,以不断提高学生的满意度,这一过程本身就是马克思主义大众化的推进过程。

(一)研究背景与研究目的

人民满意是我国高校办学的追求目标,学生满意是人民满意的重要内容之一。高等教育步入大众化阶段后,学生工作已由传统的教育、管理和保护,转变为尊重学生权益,重视学生需求,从而促进学生学习与发展。学生工作已经成为学校的重要工作之一。学生工作具有典型的服务性质。并且无论是ISO还是WTO都将教育列入了服务行业,而顾客(服务接受者)是服务行业赖以生存的基础,因此,顾客对组织提供服务的满意度高,则对提高服务质量具有重要价值。学生工作对学生满意度进行测评有利于从学生角度出发提高学生工作的服务质量和水平,也可以为高校学生工作专项评估提供可量化的参考指标和评价模型。

本书依据Parasuraman等人的服务质量衡量模式,结合我国地方高校学生工作的实际,设计了地方高等院校学生工作满意度测评指标体系,并以皖北五所高校调查数据为依据,构建了一套易操作的大学生满意度指标体系和评价模型。研究目的可归纳如下:

探讨大学生不同背景的变项,对于学生工作服务质量因子的重视程度与满意程度有无显著差异;

剖析学生工作人员和学生对服务质量的期望水平与实际认知间有无显著差异;

运用PZB和矩阵分析模式对测量数据进行分析,提出如何提高学生工作满意度的建议。

(二)文献综述

1.国内外关于大学生满意度的测量体系的研究综述

近20年来,国外在高等学校大学生满意度测量体系方面的研究很多,目前已经有比较完整的体系和测量工具。比较典型的成果有:Betz Klingensmith和Menne(1970)设计的CSSQ指标体系,其目的是通过测量学生满意度,以帮助学校增加或维持学生的维持率；Pace 于 1979 年设计的大学生经验问卷 CSEQ 是用来比较不同学校学生的校园经验是否相同的；Laurie Schreiner 和 Stephan Juillerant 于 1993 年设计了 SSI，这个量表是用来衡量学生对学校各方面的期望与满意程度的。

目前，国内学者在这个领域也做了很多工作，典型的成果有：朱国锋和王齐奉把"顾客感知"、"顾客期望"、"顾客满意"、"顾客忠诚"等概念引入了高校顾客满意的研究中，提出了一个整体框架；①刘武和杨雪构建了说明性的模型，重点研究了满意度测评中整体间的关系；②常亚平，侯晓丽等对北京、上海、武汉、广州、西安 5 个城市的 12 所大学进行了抽样调查，用因子分析法和排序法，建立了一个可量化测评的中国高等院校学生满意度的指标体系和评价模型。③

遗憾的是目前国内外尚未出现专门针对学生工作服务质量进行测量的研究成果。本书主要借鉴国内外对高等教育服务质量的研究文献，结合我国地方高等教育的实际情况和学生工作现状，设计建立我国地方高校学生工作服务质量和学生满意度的测量模式。

2. 服务质量的衡量模式

(1)"重视程度——绩效水准"分析模式

1977 年，Martilla and James 首先提出"重视程度——绩效水准"的分析模式，1986 年 Marr 将其运用于顾客导向的质量衡量上，将服务业者对从顾客身上所获得的各种服务因素的重视程度与执行绩效的数值绘制成"重视程度——绩效水平矩阵图"(图 8~1)，作为服务业者改善服务质量的参考依据。

---

① 朱国锋,王齐奉.《我国高等教育顾客满意度指数体系的建构》.《大连海事大学学报》,2003(2).
② 杨雪,刘武.《中国高等教育顾客满意度指数模型的构建》.《公共管理学报》,2007(1).
③ 常亚平等.《中国高校大学生求学满意度测评体系和评价模型研究》.《高等教育研究》,2007(9).

第一象限(维持区域):指顾客非常重视的服务属性,且服务者目前的服务绩效表现优秀,服务者应继续加以维持。

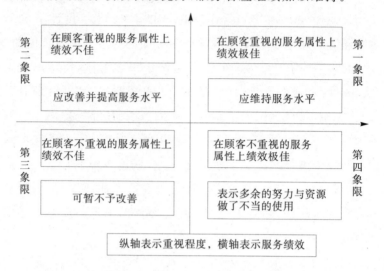

图8~1 重视程度——绩效水平矩阵图

第二象限(挑战区域):指顾客非常重视的服务属性,但服务者目前的服务绩效不佳,未达到顾客的期望值水平,服务者应该重点改善此类服务属性。

第三象限(观察区域):指顾客不重视的服务属性,服务者的服务表现也不佳,可暂不予改善。

第四象限(教育区域):指顾客不重视的服务属性,但服务者却拥有极佳的服务绩效,服务者应该减少投入资源,畅通宣传途径,教育顾客认识到此领域服务项目的重要意义。

本书主要借鉴"重视程度——绩效水平"模式对调查数据进行分析,研究提高学生工作服务质量和学生满意度的方法。

(2)PZB服务质量模式

2002年,Andrew指出,服务质量指的是满足顾客的需求和期望的程度,顾客所感觉到的质量是消费者对一实体整体卓越程度的判断。过去国外有许多有关衡量服务质量的研究,如Szyuanski and Hennard 和 Zeithaml and Bitner 的实证研究,主要测试服务质量、顾客满意度及顾客忠诚度,是一个完整的关系模型。这些研究主要参考 PZB(Parasuraman, Zeithaml and Beitner)关于质量的模式概念。PZB 模式是由 Parasuraman 等在 1985 年提出的一个服务质量的概念模式(如图 8~2 所示)。其主要内容是：顾客是服务质量的衡量者，服务质量产生于顾客对期望服务水平与实际感受的服务水平之间的差异。

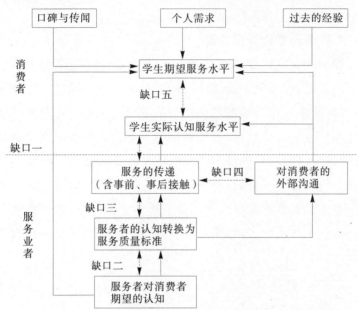

图 8~2　PZB 服务质量模式(修改自 PZB 模式)

PZB 模式说明了服务业者所提供的服务水平为何无法满足顾客需求的原因，即该模式中可能导致服务质量不佳的差距(称为"五个缺口")。服务业者必须设法消除模式中的五个缺口，才能满足顾客的需求，并获得顾客对服务的满意评价。模式中五个缺口的意义如下：

缺口一(Gap1)：顾客期望与服务业者认知间的差距；

缺口二(Gap2)：服务业者的认知服务与服务质量标准间的差距；

缺口三(Gap3)：服务质量标准与服务传递间的差距；

缺口四(Gap4)：服务传递与外部媒体沟通间的差距；

缺口五(Gap5)：顾客期望服务水平与实际认知服务水平

间的差距。

归纳起来,这五个服务质量缺口中有四个源于服务者本身(Gap1 至 Gap4),只有一个缺口(Gap5)是由顾客期望与最后认知所造成的。因此,顾客服务质量缺口(Gap5)的大小是服务系统上另外四个缺口(Gap1——Gap4)的函数,即 Gap5 = f(Gap1、Gap2、Gap3、Gap4)。

3. 服务质量衡量满意度

服务质量量表是 Parasuraman 等人在 1988 年研制成的,主要是以"顾客实际认知的服务水平"和"顾客期望的服务水平"之间的差异作为衡量服务质量的基础。该量表主要包括有形性、可靠性、反应性、保证性和移情性五大因子,共 22 个服务属性问项。1991 年 Parasuraman 等人再度对量表进行研究并对部分内容进行了修订。

本书主要是从服务质量与满意度的关系方面,探讨提升学生工作服务质量的方法,为高等教育改善学生工作服务质量提供参考。

(三)研究设计

1. 研究架构与假设

参考 PZB 模式,设计出本研究的结构参考图(图 8~3),并作假设说明如下:

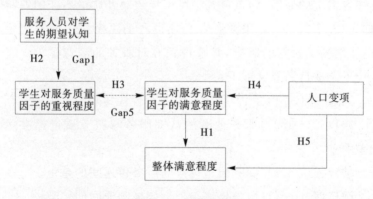

图 8~3　研究结构图

H1：学生对服务质量因子满意程度和整体满意度呈正相关关系；

H2：学生对学生工作服务质量的重视程度（期望）和学生工作人员（按照目前中国高等教育的实际情况，本研究中的学生工作人员包括各教学院系党团工作人员、辅导员和学校学生工作处、团委工作人员）对学生的期望认知有显著差异（Gap1）；

H3：学生对学生工作服务质量的重视程度与满意程度有显著差异（Gap5）；

H4：人口变项（主要指学生背景）对学生工作服务质量各因子的重视程度有显著差异；

H5：人口变项（主要指学生背景）对学生工作"整体满意度"有显著差异。

2. 问卷设计

本次调研按照受测者类别共设计出两种量表，受测者分别为学生工作人员和学生。量表设计与编制包括：第一部分与第二部分为服务质量的衡量，重点了解学生对服务质量的重视程度与满意程度。主要依据 Parasuraman 等的服务质量衡量模式进行设计，此量表包含有形性、可靠性、反应性、保证性及移情性五大因子。此外，针对现代教育环境大量使用网络技术的状况，增加了"网络便利性"因子，共六大因子。量表还加入了学生对学生工作整体满意度的衡量变项。

《学生工作服务质量调查量表（测试用）》，共计 35 题。2008 年 3 月，我们在皖北某一所高校发放问卷 435 份，回收 398 份，去除 16 份无效问卷，共获得 382 份有效问卷样本。通过对样本进行信度分析和修改，编成《学生工作服务质量调查量表（正式用）》，共计 26 题。

对预测的 398 份问卷进行各因子的 Cronbach,s a 系数衡量，得出服务质量重视度总量表的 Cronbach,s a 值为 0.9651,

满意度总量表的 Cronbach,s a 值为 0.9524,知各因子的 Cronbach,s a 值均大于 0.7,达到了大于 0.8 的高信度水平。

(四)统计结果分析

调研在抽样上分为两个部分:第一部分为学生工作人员抽样,共发出问卷 153 份,回收有效问卷 153 份。第二部分为服务对象学生的抽样。为了保证学生作答时的自由度,问卷委托五所高校的学生干部在学生中抽样调查,共发放问卷 5 000 份,回收有效问卷 3 943 份,有效回收率为 78.86%。具体样本构成如表 8～1 所示。调研数据以 SPSS14.0 软件作为统计分析工具。

表 8～1 样本构成情况统计表

指标	类别属性	百分比(人数)	指标	类别属性	百分比(人数)
性别	男	49.2%(1940人)	人口特征	获得资助	9.49%(374)
	女	50.8%(2003人)		受到处分	1.98%(78)
人口特征	学生干部	11.41%(450人)		获得表彰	17.88%(705)
				党员	4.51%(178)
				团员	47.58%(1876)

1. 服务质量各因子与学生"整体满意度"分析

除"移情性"因子外,学生对学生工作整体满意度受到服务质量各因子的影响显著,其中以"有形性"和"网站便利性"影响最大。因此假设 H1 成立。经过回归分析,各因子的权重分别是:有形性,0.253;可靠性,0.140;反应性,0.186;保证性,0.132;网站便利性,0.221;移情性,0.062。整体满意度回归方程式可表述为:

学生整体满意度 = 0.253×有形性 + 0.140×可靠性 + 0.186×反应性 + 0.132×保证性 + 0.221×网站便利性 + 0.062×移情性。

2. 缺口分析

(1)学生重视程度与满意程度差异分析

依据 PZB 模式,如果以满意度代表实际认知水平,以重视程度代表期望水平,则二者的差值即为消费者认知服务水平与期望服务水平的差异(如表 8～2 所示),可以明显看出学生对学生工作各项服务的期望和认知存在显著差异,因此 H3 假设成立。其中差距最大的前三个项目分别是:"工作人员能如期完成所承诺的工作"、"学生工作处提供高效率的行政服务"、"工作人员能在答应学生的时限内提供服务"。因此学生工作应该改善以上属性,提高服务质量。

表 8～2 学生工作服务质量缺口五检验

因素	题干号及服务质量属性	差距平均数
有形性	1.学生活动有较好的硬件设施	−1.4037
	2.学生生活空间舒适	−1.3501
	3.工作人员仪表、穿着整洁适当	−1.1706
	4.学生工作设施能与提供的服务相适应	−1.4549
可靠性	5.工作人员能如期完成所承诺的工作	−1.7239
	6.主动关心学生、并协助解决问题	−1.6232
	7.工作人员熟悉所从事服务的程序和政策	−1.5736
	8.能在答应学生的时限内提供服务	−1.6689
	9.工作人员能一次将事情做正确	−1.5178
反应性	10.工作人员能为学生提供详尽的服务说明	−1.5228
	11.学生工作处提供高效率的行政服务	−1.7084
	12.工作人员具有高度的服务热情	−1.5803
	13.工作人员不会因为太忙而疏于而回应学生	−1.5972
	14.工作人员会立即受理学生提出的问题	−1.6256
保证性	15.工作人员的行为会给学生带来信心	−1.4274
	16.学生思想政治工作让人有收获	−0.5651
	17.工作人员服务态度谦恭有礼	−1.5231
	18.工作人员有足够的专业知识回应学生问题	−1.5313
移情性	19.会给予学生个别的注意	−1.4967
	20.会给予学生个别的关照	−1.4457
	21.会以学生的利益为先	−1.5994
	22.能够了解学生的个别需求	−1.5920
网络便利性	23.网站所提供的信息是正确的	−1.5684
	24.学生工作处的网页能及时更新	−1.5754
	25.网站提供了完整的服务和工作说明	−1.5570
	26.服务可以通过网络实现	−1.5581

(2)学生工作人员与学生对学生工作服务质量指标重要性的差异分析

由表8～3可知,学生期望普遍高于学生工作人员的认知。各服务质量属性均有差异,其中"工作人员的仪表、穿着整洁适度"、"学生活动有较好的硬件设施"、"学生思想政治工作的有效性"和"服务可以通过网络实现"四项差异最小。差异最小的"工作人员的仪表、穿着整洁适度"两项也是学生最不重视的项目。由此,学生工作人员在与学生接触时,无需刻意表现身份地位,无需太多关注仪表衣着等外在因素,这似乎与我们传统的教师对仪表风范的要求不太一致。但考虑到大学生年龄和心理的相对成熟,以及自身对个性的追求,因而不太在意教师的仪表穿着也在情理之中。而"服务可以通过网络实现"说明网络的重要性已经被广大教师认可和受到学生的普遍关注。"学生思想政治工作的有效性"差异小说明思想政治工作是我国学生工作的传统优势。差异最为显著的服务质量属性分别为"工作人员具有高度的服务热情"、"工作人员的行为会给学生带来信心"、"学生工作人员会以学生的利益为先"等三个项目。因此,假设H2成立。

表8～3 学生与学生工作人员对服务质量的差距检验

因素	题干中的服务质量属性	学生工作人员认知值与学生期望值的差距平均数
有形性	1.学生活动有较好的硬件设施	−0.6108
	2.学生生活空间舒适	−0.5308
	3.工作人员仪表、穿着整洁适当	−0.2150
	4.学生工作设施能与提供的服务相适应	−0.2660
可靠性	5.工作人员能如期完成所承诺的工作	−0.5169
	6.主动关心学生、并协助解决问题	−0.6525
	7.工作人员熟悉所从事服务的程序和政策	−0.4381
	8.能在答应学生的时限内提供服务	−0.6061
	9.工作人员能一次将事情做正确	−0.5794

续表 8~3

因素	题干中的服务质量属性	学生工作人员认知值与学生期望值的差距平均数
反应性	10.工作人员能为学生提供详尽的服务说明	−0.5886
	11.学生工作处提供高效率的学生行政服务	−0.4306
	12.工作人员具有高度的服务热情	−0.7217
	13.工作人员不会因为太忙而疏于回应学生	−0.6171
	14.工作人员会立即受理学生提出的问题	−0.5369
保证性	15.工作人员的行为会给学生带来信心	−0.8275
	16.学生思想政治工作让人有收获	−0.2256
	17.工作人员服务态度谦恭有礼	−0.4983
	18.工作人员有足够的专业知识回应学生问题	−0.4364
移情性	19.会给予学生个别的注意	−0.3872
	20.会给予学生个别的关照	−0.4087
	21.会以学生的利益为先	−0.6816
	22.能够了解学生的个别需求	−0.4335
网络便利性	23.网站所提供的信息是正确的	−0.5300
	24.学生工作处的网页能及时更新	−0.4573
	25.网站提供了完整的服务和工作说明	−0.6322
	26.服务可以通过网络实现	−0.2235

3. 学生背景对学生工作整体满意度分析

如果以学生人口统计变量对学生工作整体满意度进行单因子变量分析,则可以发现学生是否担任过学生干部,是否获得过奖励、表彰、资助,是否是党员等经历对学生工作整体满意度有显著差异。这些有特殊背景的学生通过一定的渠道对学生工作更加了解,和学生工作人员接触更为密切,可能更会利用学校的设备资源,因而对学生工作的了解、体验和体谅程度更高,整体满意度远高于其他学生。而受过处分的学生,对学生工作的满意度普遍较低,一定程度上警示我们要更加重视学生处分后的服务、教育和管理工作。学生背景中的团员身份和性别因素对整体满意度没有显著影响。因此,假设 H5 成立。

4. 学生背景对学生工作服务质量重视程度与满意度分析

如果以学生所属专业和年级变量分别进行单因子变异数分析,则可以发现对于"有形性因素"和"网站便利性"两个因子的

"满意度与重视度"的差值有显著差异,文史类明显高于理工类专业学生,三年级学生明显低于一年级学生。因此,假设 H4 成立。

5. 学生工作绩效水平分析

采用 Marr(1986)的服务质量衡量法"重视程度——服务绩效"矩阵分析:横轴(X 轴)表示学生对学生工作服务质量实际感受的满意程度,代表学生工作的服务绩效;纵轴(Y 轴)表示学生对学生工作服务质量的重视程度。坐标轴以学生的满意程度和重视程度的平均数(2.99,4.76)作为原点,将坐标平面划分为 A、B、C、D 四个象限。再以 26 项指标的平均数绘制成"满意程度——重视程度矩阵图"。详细落点如图 8~4 所示。

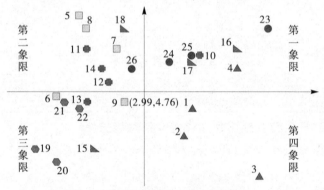

图 8~4 满意程度——重视程度坐标图

▲第一象限。表示学生对此区域的服务质量属性非常重视,而且相对感到比较满意,说明此象限的学生工作项目应继续维持此水平。在此象限内的服务质量属性有以下因素:

保证性因素:学生思想政治工作让人有收获、工作人员服务态度谦恭有礼;

网络便利性因素:网站所提供的信息是正确的、学生工作处的网页能及时更新、网站提供了完整的服务和工作说明;

有形性因素:学生活动有较好的硬件设施;

反应性因素：工作人员能为学生提供详尽的服务说明。

▲第二象限。表示学生对此象限的服务质量属性非常重视，但他们对实际服务工作水平感到不满意，说明学生工作人员应改善此象限的工作项目，提高服务质量。在此象限内的服务质量属性有以下因素：

保证性因素：工作人员有足够的专业知识回答学生提出的问题；

网络便利性因素：服务可以通过网络实现；

反应性因素：工作人员会立即受理学生提出的问题、工作人员具有高度的服务热情、学生工作处能提供高效率的学生行政服务。

可靠性因素：工作人员能如期完成所承诺的工作、能在答应学生的时限内提供服务、工作人员熟悉所从事服务的程序和政策。

▲第三象限。表示学生对此象限的服务质量属性较不重视且感到不满意，说明学生工作人员可以暂时不予改善此类工作。在此象限内的服务质量属性有以下因素：

可靠性因素：工作人员能一次性地将事情做正确、主动关心学生并协助解决问题；

保证性因素：工作人员的行为会给学生带来信心；

反应性因素：工作人员不会因为太忙而疏于回应学生；

移情性因素：会给予学生个别的注意、能够了解学生的个别需求、会以学生的利益为先、会给予学生个别的关照。

▲第四象限。表示学生对此象限的服务质量属性较不重视但比较满意，说明学生工作将资源过多投入此象限的工作之中，一定程度上浪费了人力和物力，应该减少人力和物力投入。此象限内的服务主要集中在有形性因素，如学生活动有较好的硬件设施、工作人员仪表穿着整洁适当、学生生活空间舒适。近年来，各高校都加大了硬件投入，使学生的生活和活动设施

条件得到明显改善。

(五)结论和建议

1.学生对服务质量因素的各属性缺口均有存在,其中以"有形性"和"网络便利性"影响最大

学校在提高服务质量上,可以从落差较大的属性上优先加以改善,管理者可以利用重视程度和满意度建立管理矩阵,了解各项分布点隐含的策略和意义,根据不同象限的特点,将有限资源做到最佳配置,从而不断提高和改进学生工作水平。其中,第二象限(挑战区域)即满意度较低但重视程度较高的工作项目的改善对于提升学生工作满意度有最大的、最积极的影响;第四象限(教育区域)即满意度较高但重视程度较低的工作项目,管理者可以适度减少投入,加强对学生的教育和宣传,提升工作项目的认可度,使其进入第一象限维持区域。

2.学生的背景,如是否担任过学生干部和获得过奖励、资助等,对学生工作的整体满意度有显著差异

具有学生干部、奖励或资助经历的学生由于对学校有更多的了解,对学校各项软硬件设施更为熟悉,和学生工作人员的交流、互动更为密切,这些都会帮助他们理解并体谅学校。因此学校应该进一步创新学生参与机制,让更多的学生有机会担任干部,让更多家庭困难的学生得到资助,尽可能表彰学生某方面的特长和才能,使这类学生在参与工作和获得帮助、肯定的同时,了解学校。同时还应重视对学生的宣传工作,拓宽学生了解学校的渠道。

3.我国的高校学生工作满意度普遍偏低

20世纪60年代末和70年代初,美国高等教育迎来其"大为不满"的"冬天",[①]学生开始对正规教育(Formal Education)

---

① [美]约翰·S·布鲁贝克.王承绪等译.《高等教育哲学》.杭州:浙江教育出版社,2001.

表示不满,再加上随之而来的经济不景气,政府对高等教育投入的减少,学生上学成本越来越高,因而校园骚乱不断发生。80年代后,美国高校又面临普及化阶段优质生源竞争和在校学生保持(Student Retention)方面的压力,一定程度上迫使高校重视对学生满意度的调查和研究,但仅停留在院校研究和实践层面。直到1994年,美国才开始进行每年一次的全国大学生满意度调查(National Student Satisfaction Study,NSSS),至2007年,全美共有1 700所学院和大学参与了调查。[①] 反观我国,到目前为止,学生满意度调查仍然停留在学术研究层面。从实践对比来看,我国高校现阶段状况与美国的20世纪60年代末和70年代初的现状有很高的相似度,我们同样面临着校园学生稳定工作、优质生源竞争、学生报到率提升和在校学生维持等多方面的压力。从实际调查的结果来看,我国高校学生满意度(测量满意度满分为7分,平均得分仅为2.99分)远低于美国,并且满意度与重视度的差值均为负值,这不能不说是一种危机。这固然有硬件设施方面的差异,但管理和服务等软实力方面差异更为明显,因此进行学生工作满意度测评,并依据测评结果创新工作方式势在必行。正如Clifford B Janey所言,"不管怎样,我们都必须牢记:我们的顾客为我们提供了使我们学校得以运行的资源。如果他们感到不满意,我们就需要了解其中的原因。为了保证我们城市的孩子能得到他们应该得到的教育,而且这种教育是他们的父母或纳税人有权寄予希望的教育,我们就需要做出一切有必要的变革"。[②]

(1)应逐步建立学生工作满意度测评的制度环境

首先,要按照国际惯例承认高等教育的服务属性和学生的顾客身份,为实施学生工作满意度测评提供外在动力。从制度上把学生以顾客身份列入《消费者权益保护法》的保护对象,并

[①②] 韩玉志.《现代大学管理:以美国大学学生满意度调查为例》,杭州:浙江大学出版社,2008.

且以服务理念为指导继续修改《普通高等学校学生管理规定》和《高等学校学生行为准则》等部门规章,进一步明确教育立法的指导思想是"服务、教育和管理并重",而不仅仅是"管理学生"。其次,要逐步建立学生自由入学、退学、转学的规章制度,为实施学生工作满意度测评提供内在动力。公正的法规可成功地防止大学做出许多不明智的专制行为,如果学生能够有机会去其他学校申请入学,那么错误行为所造成的不良后果就会大大减少。① 允许学生自由退学和转学,可以形成学校与学校之间的生源竞争,高校就会自觉实施学生工作满意度测评制度,主动了解学生的需求,提高服务水平。

(2)应逐步建立全国大学生学生工作满意度测评体系

首先,要尽快建立学生工作满意度院校研究工作机制。院校研究是指个别院校收集自己的数据、对自己的运行状态和工作措施进行分析的研究。② 由于院校的使命不同,如有的是以培养博士研究生为主的研究性大学,有的是以培养本科生为主的一般本科院校,还有一些是培养实用型人才的高职类院校,况且各高校在发展基础和实际工作的方式方面都存在着明显的差异,因此,各院校需要建立符合自身需要的测评机制,增强针对性和实用性。并且在全国测评机制尚未建立之前,探索院校测评机制的过程,应该是积累经验、循序渐进的过程。其次,要尽早建立全国学生工作满意度测评体系。只有建立起全国性测评体系,才能使各高校在比较的过程中发现自身存在的不足和可以改进的空间。由于我国高等教育层次类别的复杂性和学生人口身份的多样性,全国性量表的研发绝非易事,要既依赖于国家教育主管部门的重视,也需要更多的科研人员的关注,还需要转变思维方式;在重视量表的监管功能的同时,更要

---

① [美]德里克·博克. 徐小洲等译.《走出象牙塔——现代大学的社会责任》. 杭州:浙江教育出版社,2003.

② 程星,周川.《院校研究与美国高校管理》. 长沙:湖南人民出版社,2003.

坚持量表开发过程中学生的参与性。因为,在我国教育领域一直以来习惯于依靠专家解决问题,总认为学生只不过是被教育和被管理的对象,不太重视发挥学生的主体作用,不太相信学生自我管理和解决问题的能力。在全国性量表开发过程中一定要摒弃这种思维方式,要坚持从学生中征集意见,再经过专家论证和调查,这样的量表才能受到学生的关注,反映学生的需求,测评才能取得预期的效果。

(3)应加强学生工作队伍建设

有满意的过程才有满意的结果,满意度测量只是对结果的一种考量,过程的满意同样是学生工作的价值追求。2002年我国高等教育进入大众化阶段以后,学生工作队伍出现了种种不适应,主要表现在学生工作队伍数量缺乏、年龄结构失衡和能力缺陷突出三个方面。[①] 因此,加强学生工作队伍建设是提高当前高校学生工作满意度的当务之急。

首先要扩大学生工作队伍的数量。学生工作作为高等教育管理的一个重要组成部分,在世界各国高等教育中都占有重要地位。然而,人们通常把高等学校的办学质量狭隘地理解为教学质量,"增加教学编制、减少学生工作编制、降低行政人员与教师的比例"自然成为提高办学质量的首要举措。但实际上高等学校的办学质量既包括教育教学质量,又包括教育服务质量。发达国家的高等学校十分重视学生工作队伍建设,在人员配备方面远远超过我国的高校。如美国德州农工大学有在籍学生4.5万人,住校生6 000人,而其学生事务管理处的职工多达800余人,其中有250名管理人员、450名职员,再加上64名学生财政资助人员和40名就业指导工作专业人员,以及雇用的1 000~2 000名学生事务管理助理的学生,则其职生比达1∶56。而在我国,依据中宣部和教育部的有关规定,每120~

---

① 夏小华.《高等教育大众化教育以来高校学生工作的回顾与展望》.《中国高教研究》,2008(10).

150名大学生配1名专职辅导员。即便如此,一些地方高校也很难做到。

其次,要加强学生工作队伍的专业化建设。进入大众化教育以来,我国高校学生工作队伍的学历层次明显提升;随着学生工作内涵的不断丰富,在以往思想政治教育的基础上,增加了法制教育、心理咨询、就业指导、资助服务等诸多事务性工作。由于历史原因,现有学生工作者的专业领域大多为思想政治教育,因此,开展上述工作存在着难度。另外,由于对办学质量的狭隘理解等诸多原因,我国学生工作队伍专业化建设明显滞后,尚未建立有关学生工作的独立学科,学生工作的研究往往依附于马克思主义原理、教育学和管理学等其他学科门类,很难出高水平的理论成果。由于没有高水平的理论支持,我国学生工作的实践也很难摆脱经验主义的桎梏,难有创新。

第三,要改善学生工作队伍管理机制。目前,我国高校学生工作队伍的管理机制是典型的直线职能式科层制组织机构,主要适宜于以维持秩序和进行思想政治教育为主要任务的学生工作。学生工作队伍的主要组成部分——辅导员队伍的管理权限和职责划分存在着明显缺陷:在业务和人事管理上分别隶属于学生工作处和教学院系,往往是谁都管,谁又都不管,辅导员缺乏归属感;辅导员是理想中的"超人",要成为学生工作所有项目的专家。因此高校学生工作应该实行"内部组织系统化和外部运行条状化"的工作机制。所谓内部组织系统化,即学生工作要适度划分为若干专门管理或服务职能中心,如心理咨询中心、就业指导中心、行政管理中心、贷款资助中心、学习指导中心、宿舍管理中心等,每一名学生工作者隶属于某一个中心,专门从事一项工作。所谓外部运行条状化,即学生工作的机构设置和权限分配应在学校层面进行,在校一级设立学生工作处,上向分管副校长负责,中向学生工作人员负责,下向学生负责,以条为主线,逐步减少院系学生工作人员的数量。随着学分制改革的深化,学生将不再严格隶属于某一个院系,院系学生工作也将自行消亡,因此,从现在起学生工作实行校级管理,条状运行,也算是未雨绸缪。

二、高校马克思主义大众化效果的实证研究

(一)研究思路

目前,学界对马克思主义大众化效果的实证研究很少,可借鉴和参考的资料并不多见。高校马克思主义大众化是一个复杂的系统工程,其效果受到社会环境、家庭环境、学校环境等诸多因素的共同影响,既涉及人们的思想信仰,也涉及大众的行为取向,因此,编制一套面面俱到的高校马克思主义大众化的效果测评量表,几乎不可能完成。

笔者在前期学生工作满意度测评量表开发的基础上,试图将复杂问题简单化。本文主要立足于接受主体——大学生,从三个方面考量高校马克思主义大众化的实际效果:①高校马克思主义大众化的影响因子调查;②学生对高校马克思主义大众化的理论阵地的实际认知与理想期望的差距调查;③学生对高校马克思主义大众化的实践阵地的实际认知与理想期望的差距调查。

1. 高校马克思主义大众化的影响因子调查

该调查主要通过查找文献,结合自己的前期研究成果进行,尽可能罗列高校马克思主义大众化过程中可能存在的影响因子,并制成专家调查问卷,采用"专家咨询法"(又称"德尔菲法"),最终确定5个左右重点影响因子,并将其列入学生调查问卷。待学生调查问卷回收后,采用独立因子法,对每一变量因子进行 P 值差异检验,测评该因子对高校马克思主义大众化实际效果的影响。此项测评意在发现高校马克思主义大众化的主要影响因子,旨在提升高校马克思主义大众化实践路径的针对性和实效性。

2. 学生对高校马克思主义大众化的理论阵地的实际认知与理想期望的差距调查

本研究拟将思想政治理论课、党校和团校一并纳入理论阵地范畴,主要从"教材的内容体系"、"教师的教学水平和人格魅力"两个部分调查学生对课程质量的实际认知(绩效水平)和理想期望(重视程度),采用"重视程度——绩效水准"的分析模式,绘制成"重视程度——绩效水平矩阵图"(参见本章图8~1),为提高思想政治理论课教学质量提供参考依据。该量表也可提供给每位任课教师,进行随堂调查,进行简单分析后,可作为个人改善和提高教学质量的依据。

3. 学生对高校马克思主义大众化的实践阵地的实际认知与理想期望的差距调查

高校马克思主义大众化的实践阵地很多,本研究主要考察校园文化活动和校外社会实践活动对学生的影响。研究方法类似于理论阵地研究方法。将调查结果绘制成"重视程度——绩效水平矩阵图",为完善高校马克思主义大众化的实践路径提供依据。

(二)问卷设计

鉴于上述的研究设想,在反复调查和多次咨询专家的基础上,对三部分内容的具体指标体系进行设计。问卷分四个部分内容(分别记作 A、B、C、D)

1. 高校马克思主义大众化的影响因子调查(A1—A9)

如前所述,高校马克思主义大众化的进程受社会环境、家庭环境、学校环境等诸多因素的共同影响,这种影响最终表现在学生的人口特征上。研究最终选取 7 个因子:家庭经济状况如何、是否是党员和团员、有无学生干部经历,以及性别、家庭所在地、年级、专业。具体描述如下:

第一部分　基本情况

A1　性别：　□男　　□女

A2 年级：□一年级 □二年级 □三年级

A3 政治面貌：□党员 □团员 □其他

A4 家庭所在地：□省会及以上 □地级市 □县城及乡镇 □农村

A5 就读专业：□思政及哲学专业 □文史专业 □理工专业 □艺体专业

A6 经济状况：□贫困生（□获得资助 □未获得资助）□非贫困生

A7 是否是学生干部：□是 □否

A8 是否受过处分：□是 □否

A9 是否受过奖励：□是 □否

2. 学生对高校马克思主义大众化的理论阵地的实际认知与理想期望的差距调查（B 部分）

第二部分 对相关课程的总体评价（B1—B11）

理论阵地	指标因子	实际认知							理想期望						
		1	2	3	4	5	6	7	1	2	3	4	5	6	7
思想政治理论课	B1.教师的知识水平														
	B2.教师的人格魅力														
	B3.课堂的交流程度														
	B4.教材的内容体系														
党校	B5.教师的知识水平														
	B6.教师的人格魅力														
	B7.课堂的交流程度														
	B8.教材的内容体系														
团校	B9.教师的知识水平														
	B10.教师的人格魅力														
	B11.课堂的交流程度														

3.学生对高校马克思主义大众化的实践阵地的实际认知与理想期望的差距调查

第三部分　对相关活动的总体评价(C1—C7)

实践阵地	指标因子	实际认知							理想期望						
		1	2	3	4	5	6	7	1	2	3	4	5	6	7
校内文化活动	C1.活动内容														
	C2.活动设施														
	C3.活动效果														
	C4.组织者能力														
校外实践活动	C5.活动内容														
	C6.活动频次														
	C7.活动效果														

4.学生对部分具体问题的回答(D1—D9)

第二部分和第三部分的测量均采取定量形式。为了比较准确地了解学生对理论阵地和实践阵地的具体看法,研究还对上述两个方面的个别问题进行了专项具体调查。

D1:目前,您认为您对马克思主义理论的了解程度属于(　　)

a.系统了解;b.了解,但不系统;c.只知道较少的内容;d.不了解

D2:您对马克思主义理论的态度是(　　)

a.信仰;b.对部分理论认同;c.不认同但也不反感;d.不认同,很反感

D3:您对当前高校思想政治理论课教材的看法是(　　)

a.很不错,有理论,有深度;b.有理论但与实际结合的程度不够;c.语言的专业化色彩过重,缺乏可读性;d.其他

D4:您对当前高校思想政治理论课教学的看法有(　　)

a.课堂教学效果很好;b.课堂教学内容与时代脱节、与学生的需求脱节;c.课堂缺乏互动环节,不能引起学生共鸣;d.缺乏实践教学环节,理论与实际脱节;e.其他

D5:如果下面选项,只能选择其一,您期望高校思想政治

理论课教师最应该具备( )

　　a. 理论功底；b. 人格魅力；c. 在课堂上回答或解决实际问题,有理论联系实际的能力；d. 课堂有足够的时间与学生互动；f. 其他

　　D6：您对贵校校园文化的评价是( )

　　a. 内容丰富多彩,感染力强；b. 形式多于内容,感染力不够；c. 理论类活动缺乏吸引力；e. 体育娱乐类活动有吸引力；f. 其他

　　D7：您获取马克思主义理论知识的主要途径有( )

　　a. 思想政治理论课；b. 理论社团活动；c. 校园文化活动；d. 校外社会实践活动；e. 学术讲座；f. 网络等新媒体；g. 电视、报纸等传统媒体；h. 家庭的影响；i. 其他

　　D8：您认为影响您的马克思主义信仰的正面因素有( )

　　a. 思想政治理论课教师的言行；b. 辅导员教师的言行；c. 专业课教师的言行；d. 家长的言行；e. 党员领导干部的言行；f. 党员大学生的言行；g. 其他

　　D9：您认为影响您的马克思主义信仰的负面因素有( )

　　a. 思想政治理论课教师的言行；b. 辅导员教师的言行；c. 专业课教师的言行；d. 家长的言行；e. 党员领导干部的言行；f. 党员大学生的言行；g. 其他

（三）样本选择

　　当前,高校学生数量十分庞大,并且层次较为复杂,有一本、二本、三本,还有高职类院校。如期望通过一次调查,来解决所有问题,不仅难以实现,并且有可能使变量增加,使得调查结果失真。所以本次调查,仅将样本限定于二本学生。为了减少误差和提高可信度,调查增加了样本数量,共选取皖北五所高校3 000名二本学生作为调查对象。考虑到在校外实习实训的原因,没有选择大四年级学生。其他年级人数基本均等。为了减少被调查学生的顾虑,增加调查的真实性,本次调查委

（四）调查过程

调查问卷设计工作开始于2012年12月份。最初绘制的《高校马克思主义大众化效果调查量表（测试用）》，共计40题。2013年3月在皖北某一所高校发放问卷405份，回收378份，去除13份无效问卷，共获得365份有效问卷样本。在对样本进行信度分析，并反复和相关专家、思想政治理论课教师及课题组成员进行讨论，修正量表调查题干后编制成《高校马克思主义大众化效果调查量表（正式用）》，共计27题。

对回收的365份有效问卷进行了各因子的Cronbach,s a系数衡量，知问卷的各因子的Cronbach,s a值均大于0.9，达到大于0.8的高信度水平。

2013年5月至6月，调查在皖北五所高校进行，现场发放《高校马克思主义大众化效果调查量表（正式用）》3 000份，回收问卷2 897份，回收率达96.57%，其中有效问卷2 771份，有效回收率达92.37%，回收率处于较高水平。调查涉及不同专业、不同年级、不同政治背景和不同性别的学生，具有较高的代表性。鉴于起初对调查学生的承诺，本表中的"调查学校"省略，仅用数字代替。具体调查情况如表8～4所示：

表8～4 调查样本的来源情况一览表

调查方式	调查时间	调查学校	发放问卷数（份）	回收问卷数（份）	有效问卷数（份）	有效回收率（%）
现场纸质问卷	2013年5月至6月	1	600	595	572	95.33
		2	600	584	556	92.67
		3	600	576	568	94.67
		4	600	563	533	88.83
		5	600	561	542	90.33
合计			3000	2897	2771	92.37

（五）样本分析

就回收的2 771份有效问卷的相关数据进行分析整理，结果如表 8~5 所示。

表 8~5 样本情况分布表

指标		人数(人)	百分比(%)
A1 性别	男	1137	41.03
	女	1634	58.97
A2 年级	一年级	998	36.02
	二年级	727	26.24
	三年级	1046	37.75
A3 政治面貌	党员	78	2.81
	团员	2035	73.44
	其他	658	23.75
A4 家庭所在地	省会及以上	333	12.02
	地级市	317	11.43
	县城及乡镇	871	31.43
	农村	1250	45.11
A5 就读专业	思政及哲学专业	364	13.14
	文史专业	1013	36.56
	理工专业	1268	45.76
	艺体专业	126	4.55
A6 经济状况	贫困生 获得资助	783	28.26
	贫困生 未获得资助	13	4.69
	非贫困生	1975	71.27
A7 学生干部	是学生干部	886	31.98
	非学生干部	1885	68.03
A8 处分	受过处分	38	1.37
	未受过处分	2733	98.63
A9 奖励	受过奖励	975	35.19
	未受过奖励	1796	64.81

(六)结果分析

1. 高校马克思主义大众化的影响因子调查

对调查数据的各因子采用交叉表法进行分析,可以得出以下结论:

●A1 与 D1 交叉表分析。考察"性别"对高校马克思主义大众化的影响。其卡方显著性水平 P 值＝0.233,明显高于 0.05,无统计学意义。因此,A1 对高校马克思主义大众化的实际效果不存在显著差异。这说明在高校马克思主义大众化的推进进程中,无需按照不同性别来设定不同路径。

●A2 与 D1 交叉表分析。考察"就读年级"对高校马克思主义大众化的影响。其卡方显著性水平 P 值＝0.000,明显低于 0.05,有统计学意义。因此,A2 对高校马克思主义大众化的实际效果存在显著差异。

为了考察年级对高校马克思主义大众化的具体影响,我们进一步使用交叉表法对称度量,结果相关系数均为负值,说明学生就读年级越高,对马克思主义理论的掌握程度越高。

这一统计数据提醒我们,在应试教育模式下入学的低年级学生对马克思主义理论的掌握还很不全面,需要我们在大学期间通过课程或其他方式加强教育,并且目前这种教育方式确实效果明显。

●A3 与 D1 交叉表分析。考察"政治面貌"对高校马克思主义大众化的影响。其卡方显著性水平 P 值＝0.000,明显低于 0.05,有统计学意义。因此,A3 对高校马克思主义大众化的实际效果存在显著差异。

如仅就该项中的"团员"和"其他"两个因子进行交叉比较,其卡方显著性水平 P 值＝0.104,明显高于 0.05,无统计学意义。因此,"是否是团员"对高校马克思主义大众化的实际效果不存在显著差异。

这一统计数据提醒我们,应该加大对学生党员的培养力度,党员大学生对马克思主义理论的信仰程度(D1)明显高于其他学生。当前,党和国家对大学生党员的发展提出了更高要求,要求控制大学生党员的发展规模,这是保持党的先进性和纯洁性的重要举措。但是如从马克思主义大众化的实际效果来看,还是应该适度保持发展规模,至少要增大党校培训规模,以满足大学生追求进步的愿望,保护他们追求进步的积极性。

团员青年是大学生中的主体,占样本总数的 73.44%。共青团是党的队伍的后备军,但调查显示团员身份却没有显著增加对党的信仰程度,这一结论同样值得我们反思。我们应该加强团员管理,寻找最有效的教育方式和手段来发挥团员青年的积极作用。

●A4 与 D1 交叉表分析。考察"家庭所在地"对高校马克思主义大众化的影响。其卡方显著性水平 P 值＝0.145,明显高于 0.05,无统计学意义。因此,"A4"因子对高校马克思主义大众化的实际效果不存在显著差异。

这说明在高校马克思主义大众化的推进进程中,无需按照家庭所在地的不同来设定不同路径。

●A5 与 D1 交叉表分析。考察"就读专业"对高校马克思主义大众化的影响。其卡方显著性水平 P 值＝0.000,明显低于 0.05,有统计学意义。因此,A5 对高校马克思主义大众化的实际效果存在显著差异。

为了考察"就读专业"对高校马克思主义大众化的具体影响,我们进一步使用交叉表法对称度量,结果相关系数均为负值。这说明随着"思想政治教育及哲学、文史、理工、艺体"专业的变化,大学生们对马克思主义理论的掌握程度在降低。

●A6 与 D1 交叉表分析。考察"经济状况"对高校马克思主义大众化的影响。其卡方显著性水平 P 值＝0.000,明显低于 0.05,有统计学意义。因此,A6 对高校马克思主义大众化的实际效果存在显著差异。

为了考察 A6 对高校马克思主义大众化的具体影响,我们进一步使用交叉表法对称度量,结果相关系数随着"贫困生获得资助—贫困生未获得资助——非贫困生"出现"负值—正值"变化。这说明获得资助的贫困学生对马克思主义理论的掌握程度很高,而未获得资助的贫困生却相对低于非贫困学生。

贫困学生在获得资助的同时,也在理解和体验来自党和国家的关心和支持,因此对马克思主义理论的接受意愿较强,所以掌握程度也相对较高。但未获得资助的贫困学生,由于没有感受到这种温暖,易产生负面情绪,可能会对马克思主义理论教育产生抵触和逆反心理。所以,高校不仅要加大对学生资助的力度,还要加强资助教育的力度,更要公正公平地落实好各项资助政策,让更多贫困学生享受到党和国家惠民政策和民生工程的支持和帮助,切身感受到中国特色社会主义制度的优越性。

●A7与D1交叉表分析。考察"学生干部"对高校马克思主义大众化的影响。其卡方显著性水平P值＝0.000,明显低于0.05,有统计学意义。因此,A7对高校马克思主义大众化的实际效果存在显著差异。

相比一般学生,学生干部同老师的接触、对话较多,使用学校的资源较多,对学校的相关政策出台的背景、理由掌握较全面,他们在实际生活和工作中,通过对学校规章制度、办学理念、管理方式的了解和教师的言传身教,对马克思主义理论,特别是当代中国马克思主义的感悟较多,因而认同度较高。所以高等学校应该为学生搭建更多发展平台、更多对话交流平台,让学生在实现自身发展的过程中,在对话交流中,潜移默化地感知马克思主义理论的先进性和魅力。当前,很多高校都在尝试成立各种学生自治组织,还管理权力于学生,让学生真正成为学校的主人;有些学校实施学生干部轮岗换届制度,让更多学生能够在学生干部岗位上得到锻炼;不少学校成立了"学生干部菁英学校",建立了"学生干部社区挂职锻炼"制度,让学生在接受培训和社会实践的锻炼中,明晰自己的责任和使命,提高自己的政治觉悟和政治素质。这些都是理论联系实际的有力举措,是高校马克思主义大众化的有效路径,值得完善和推广。

●A8、A9与D1交叉表分析。分别考察"处分"和"奖励"对高校马克思主义大众化的影响。两者的卡方显著性水平

P值＝0.000，明显低于0.05，有统计学意义。因此，A8、A9均对高校马克思主义大众化的实际效果存在显著差异。

对学生进行处分应该是教育的手段，如果处分后教育及时到位，学生就会更能理解和接受规章制度。但事实并非如此。调查显示，受过处分的学生对马克思主义理论的接受程度明显偏低。部分学生事务管理者混淆了目的和手段的关系，把处分当作目的。学生犯了错误，就应该受到处分；处分完了，教育过程也就终止了，仅此而已。大学生已经是成年人，可以也应该承担与自己过错相一致的责任。但学校是一个教育机构，理应承担教育义务。所以处分后的善后工作对学生的成长非常重要。部分高校尝试处分后定期谈话制度、处分后的权利救助制度，都是很好的举措。

奖励是对个体成功的制度性认可。个体在接受奖励后，会自觉地模仿这次获奖经历而重新规划自己。对获奖者来说，获奖是一次难得的教育经历；对授奖者而言，授奖是一次有益的教育期望。因此获过奖励的学生对马克思主义理论的接受程度较高的原因并不难理解。

人无完人，每个人都有缺点和优点。青年人，特别是大学生，处于快速发展的人生阶段，教师应该帮助他们明晰是非，澄清价值，应该坚持"人人均可成才"的理念，在尊重差异的基础上，为每位学生创设"出彩的机会"，激发每位学生发展的动力和潜力，这才是培养社会主义事业合格建设者和可靠接班人的务实之举。

2. 学生对高校马克思主义大众化的理论阵地的实际认知与理想期望的差距调查

如前文所述，依据PZB模式，如果以满意度代表实际认知水平，以重视程度代表期望水平，则二者的差值即为学生的实际认知水平与理想期望水平的差异（如表8~6所示）。从表可以明显看出学生在对马克思主义大众化理论阵地的期望和认知上存在显著差异。其中差距最大的前四个项目(差距值均高于1.400)依次是："思想政治理论课课堂的交流程度"、"思想政治理论课教师的人格魅力"、"团校教师的知识水平"、"党校课堂的交流程度"。因此马克思主义大众化的理论阵地要改善以上属性,才能提高教学质量。

表8~6 学生对理论阵地的实际认知水平与理想期望水平的差异统计

理论阵地	指标因子	学生实际认知和理想期望的差距平均数
思想政治理论课	B1.教师的知识水平	−0.9035
	B2.教师的人格魅力	−1.4901
	B3.课堂的交流程度	−1.7805
	B4.教材的内容体系	−1.0245
党校	B5.教师的知识水平	−0.0013
	B6.教师的人格魅力	−0.5221
	B7.课堂的交流程度	−1.3344
	B8.教材的内容体系	−0.6131
团校	B9.教师的知识水平	−1.4027
	B10.教师的人格魅力	−1.0054
	B11.课堂的交流程度	−0.4326

●学生对"思想政治理论课课堂的交流程度"认知和期望存在的差距原因分析。

其一可能是由于大班授课的原因。笔者在与很多思想政治理论课教师的访谈过程中,了解到"大班授课"已经成为高校思想政治理论课授课的普遍方式。很多老师坦言,这门课程不同于其他课程,重点不在于知识传授,而是培养学生辨别是非和澄清价值的能力,但由于大班授课,课堂对话、讨论、辩论等互动环节很难实现,教学效果难以保证。很多学生也有类似看法,他们认为他们很容易理解课程的知识体系,他们最期望的是能和授课老师在课堂上就某些现实问题进行互动,交流观点。

其二或许与教师的认识也有关系。一些教师为了追求教学进度,可能忽略了课堂互动环节。不少老师坦言,思想政治理论课是考试课程,考试的内容往往都是一些知识点,而这些知识点是需要通过理论灌输和理性思辨来完成的。如果增加过多的互动环节,不仅难以完成教学任务,而且对学生的考试也没有帮助。

相比较而言,学生对团校课程的交流方式却比较满意(差值很小,仅为0.4326,比思想政治理论课低1.3479,比党校低0.9118)。这可能是没有教学进度压力的原因。

对话与交流是马克思主义大众化的重要方式,主流价值观正是在与很多观念和思潮的对话与交流中越辩越明,越辩越清,最终达成共识,使主流价值观引领大众思想和行为,主流意识形态占据思想高地,掌握意识形态的主导权。高校应该重视思想政治理论课教育教学方式的改革,让对话、交流成为课堂教学的重要方式。

● 学生对"思想政治理论课教师的人格魅力"认知和期望存在的差距原因分析。

教师的人格魅力是由其理想、学识、能力、情趣、品德等综合而成,是吸引学生的主要因素。乌申斯基认为:"只有人格才能影响人格的形成和发展,只有性格才能形成性格。"[①]教师的人格魅力对教学,特别是对思想政治理论课教学十分重要,因为思想政治理论课本身就是一种人格教育。这也可能正是学生对思想政治理论课教师人格魅力高期待的主要原因。

学生对思想政治理论课教师的人格魅力的认知与期望差距低于党校教师0.968。究其原因,可能是需求数量少,学校可以好中选优,选拔资历和阅历比较高的教师担任党校教师。随着高等教育大众化步伐的加快,大批学生涌入高校,高校在师资队伍方面显得捉襟见肘,一大批青年教师进入思政理论课教师队伍。这些教师都有较高的学历,但人格魅力是一个多方

---

① 苏霍姆林斯基.《给教师的一百条建议》,天津人民出版社,1981.

面因素的综合体,不仅需要知识,还需要人生阅历和见识,更需要在和学生的交往中赢得良好的口碑。这些都是青年教师所欠缺的,也是每个人成长过程中都必须要经历的问题。因此,高校一定要重视加强思想政治理论课教师队伍建设,要关心青年教师的成长和发展,要为他们参加校外社会实践锻炼创造机会,要鼓励他们兼任辅导员或班主任工作,使他们了解社会、了解学生,将理论与实践相结合,不断拓展和完善他们的知识体系,以提升他们的人格魅力。

●学生对"党课课堂的交流程度"和"团校教师的知识水平"认知和期望存在的差距原因分析。

"党课课堂的交流程度"的认知和期望差距存在的原因与思想政治理论课相似。近年来,高校党委越来越重视党校培养的质量,加强课程考核与管理,学生必须在规定的时间内修完规定学分才能毕业。在这种考核模式的影响下,党校的授课方式也越来越趋向于思想政治理论课的教学模式,教师不得不抓紧课堂时间,完成教学内容,没有时间开展课堂互动交流。

"团校教师的知识水平"的认知和期望差距过大的原因可能有以下两个方面:一是教师的教学水平需要进一步提高。走访若干所高校,我们发现绝大多数高校的团校由于缺乏经费支持,目前尚处于起步阶段。其授课教师大多由团委和团总支老师兼任,这些教师相对较为年轻,知识体系尚不够完善。另外团校的教学体系也尚未成熟,往往按照任课教师的兴趣点安排专题教学任务,教学内容之间缺乏必要的逻辑联系。二是学生对团校的期望值较高。参加团校学习的学生往往是低年级的学生骨干,他们有一定的理论基础,期望通过团校来丰富和发展自己的知识体系。

高校要重视党校和团校建设,要把党校和团校切实建设成为马克思主义大众化的两块重要理论阵地。一是要重视分党校阵地建设。举办分党校,不仅可以降低班级人数规模,而且便于管理,便于开展课堂互动交流活动,有利于提高教学质量。二是要改变党校课程的考核方式。我们不赞成将素质教育应试化,党校本是培养学生政治素质和理论判别能力的阵地,如过分要求修满多少学分、学时,不仅不能培养出青年马克思主义者,而且有可能培养出高分低能的政治畸形儿。三是要重视团校阵地建设。团校作为青年马克思主义培养工程的重要阵地,吸引着很多优秀学生的关注。党委应该加大扶持力度,在制度上要求理论工作者参与团校工作,建立起"党委—团委—团校—党校—学生理论性社团"相互支持和协调的工作机制。具体如图8～5所示:

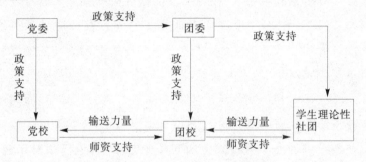

图8～5　团校的支持机制

3.学生对高校马克思主义大众化的实践阵地的实际认知与理想期望的差距调查

依据统计数据,学生对马克思主义大众化的实践阵地的认知与期望差距如表8～7所示:

表8～7　学生对马克思主义大众化的实践阵地的认知与期望差距情况统计表

实践阵地	指标因子	学生实际认知和理想期望的差距平均数
校内文化活动	C1.活动内容	－0.9035
	C2.活动设施	－0.2365
	C3.活动效果	－1.0324
	C4.组织者能力	－1.0736
校外实践活动	C5.活动内容	－0.1789
	C6.活动频次	－1.7370
	C7.活动效果	－1.1391

学生实际认知与理想期望差值最小的两项依次分别是"校外实践活动的活动内容"和"校内文化活动的活动设施"。走访了解到,各高校都重视结合学生的专业特长和学生特点,开展了丰富多彩的校外专业、文化和社会实践活动,这些活动提高了学生的专业应用能力,开阔了学生的视野,增强了学生的社会责任感,受到了学生的普遍欢迎。近年来,各高校都重视校内基础设施建设,体育馆、大学生活动中心等校园文化设施比较齐全,学生对此满意也在情理之中。

差值最大三项依次分别是"校外实践活动的频次"、"校外实践活动的活动效果"、"校内文化活动的组织者能力",三项差值均超过 1.0 500,说明学生对此不太满意。高校应该尽可能增加校外实践活动的次数,进一步做好校外实践活动的保障和服务工作,以提高学生的满意度。

学生还对校内文化活动组织者的组织能力不满意,原因可能在于组织者自身精力投入不够和学校重视程度不够。校园文化的组织者大多为校共青团和学生会干部,他们相对年轻,有学业方面的压力,也有来自家庭和工作等各方面的困扰,他们需要提高学历、晋升职称,还需要养家糊口,况且大多数学校并未将教师对校园文化的贡献作为个人的职称、职务晋升的构成要素,很多年轻人完全凭着热情在做校园文化工作,这不符合校园文化活动的可持续发展和科学发展,同样不符合学生对校园文化活动的期望。

4.学生对一些具体问题回答数据的统计分析

●大学生对马克思主义理论的了解程度调查(D1、D2)

本类题项,主要测量样本学生对马克思主义理论的主观接受程度和接受态度,包含 D1、D2 两个选项。

对于 D1 选项"目前,您认为您对马克思主义理论的了解程度属于哪种情况"的调查结果如图 8~6 所示。在回收的 2 771 份有效样本中,认为自己"系统了解"马克思主义理论的有 859

人,约占样本总数的31%;认为自己"了解,但不系统"的有1 164人,约占样本总数的42%;认为自己"只知道较少的内容"的有582人,约占样本总数的21%;仅有166人(约占6%)认为自己对马克思主义理论"不了解"。总体来看,有73%即超过七成的学生认为自己至少能大体了解马克思主义理论,表明大部分大学生对马克思主义理论相关知识的接受程度较高。

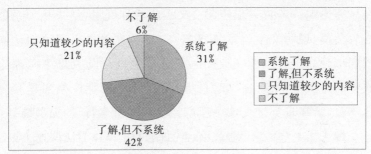

图8～6　大学生对马克思主义理论的了解程度

对于D2选项"您对马克思主义理论的态度是什么"的调查结果如图8～7所示。在回收的2 771份有效样本中,认为自己"信仰"马克思主义理论的有832人,约占样本总数的30.02%;认为自己"对部分理论认同"的有1 251人,约占样本总数的45.15%;认为自己"不认同但也不反感"的有601人,约占样本总数的21.69%;仅有87人(约占3.14%)认为自己对马克思主义理论"不认同,很反感"。总体来看,有75%即超过七成的学生认为自己信仰马克思主义理论或对部分理论认同,表明大部分大学生是积极健康向上的,总体是认同马克思主义理论的。

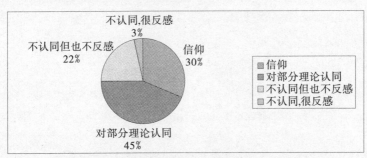

图8～7　大学生对马克思主义理论的基本态度

如将 D1、D2 数据进行比较分析可以发现,D1 和 D2 中的 a、b 选项有较高的重合度,说明大学生对马克思主义理论的了解程度越高,对马克思主义理论的认同度就越高。如将 D2 和 A2 作交叉表分析,考察"就读年级"对马克思主义理论态度的影响,其卡方显著性水平 P 值＝0.000,明显低于 0.05,有统计学意义。说明就读年级对学生对待马克思主义理论的态度存在显著影响。若进一步使用交叉表法对称度量,结果相关系数均为负值,说明学生就读年级越高,对马克思主义理论的认同程度也越高。这也进一步验证了对学生进行马克思主义理论教育的必要性,只有在"知"的基础上,才有可能产生兴趣和情感体验,最终自觉接受这一理论,实现"知情意行"的完美统一。

●大学生对高校思想政治理论课教材的基本看法调查(D3)。

对于 D3 选项"您对当前高校思想政治理论课教材的基本看法"的调查结果如图 8～8 所示。在 2 771 份有效样本中,有 58% 左右的学生选择 b 或 c 选项,认为教材"有理论但与实际结合的程度不够"或"语言的专业化色彩过重,缺乏可读性";选择"很不错,有理论,有深度"的学生不到 40%。可见,大多数学生对思想政治理论课的教材不太满意,需要在坚持教材系统性的基础上,结合时代特征和学生的思想需求、利益诉求进行大胆的改革创新,将理论的科学性和魅力充分融入教材,从而增强教材的吸引力。

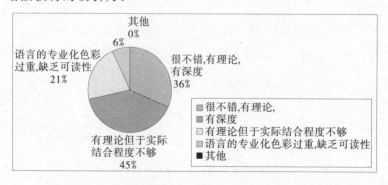

图 8～8　大学生对思想政治理论课教材的基本看法

如将 D3 与 A5 进行交叉表分析,其卡方显著性水平 P 值＝0.000,明显低于 0.05,有统计学意义。若进一步考察交叉表对称度量,结果相关系数均为负值,说明"就读专业"对思想政治理论课教材的理解程度存在显著差异,并且随"思想政治教育及哲学、文史、理工、艺体"专业的变化,对教材的理解和掌握程度越低。

这一统计数据说明,有必要按照学生就读专业的不同,在保证教材内容体系科学性的同时,有选择地设定重点教育内容,有针对性地改善教学方法。并且,学生的专业背景不同,对教材的理解程度差异明显,所以高校思想政治理论课教材仍然有"通俗化"的必要性。这一方面我们也许应该借鉴学习越南经验。越南人考虑不同专业和行业的教学需要,组织专家编写出一套分别适用于师范类、经济类、农业类、工程类等不同学科门类的系列高校马克思主义理论教材。

● 大学生对当前高校思想政治理论课教学的基本看法调查(D4)。

这是一道多项选题。对于 D4 选项"您对当前高校思想政治理论课教学的基本看法"的调查结果如图 8~9 所示(横轴表示五个选项,依次记为 a、b、c、d、e;纵轴表示学生的选择比例)。在 2 771 份有效样本中,有 1 577 人约占 57%的学生认为思想政治理论课"课堂教学效果较好或很好(a)",表明大学生对当前高校思想政治理论课教学基本满意。有 887 人约占 32.01%的学生认为"课堂教学内容与时代脱节、与学生的需求脱节(b)";有 965 人约占 34.82%的学生认为"课堂缺乏互动环节,不能引起学生共鸣(c)";有 862 人约占 31.11%的学生认为"缺乏实践教学环节,理论与实际脱节(d)";仅有 247 人约占 8.91%共选择"其他(e)"。这说明我们罗列的"课堂教学内容与时代脱节、与学生的需求脱节","课堂缺乏互动环节,不能引起学生共鸣","缺乏实践教学环节,理论与实际脱节"是影响当前思想政治理论课教学效果的主要原因。

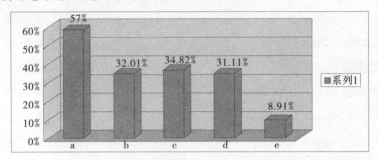

图8～9 大学生对思想政治理论课教学的基本看法

●大学生对高校思想政治理论课教师的素质期望调查（D5）。

这是一道单项选题，主要考察大学生期望思想政治理论课教师最应该具备的素质。对于D5"您期望高校思想政治理论课教师最应该具备的素质是哪项"的调查结果如图8～10所示。在2 771份有效样本中，有589人约占21.26%的学生选择教师的"理论功底（a）"；有604人约占21.80%的学生选择教师的"人格魅力（b）"。有714人约占25.77%的学生选择教师能够"在课堂上回答或解决实际问题，有理论联系实际的能力（c）"；有735人约占26.52%的学生选择教师"课堂有足够的时间与学生互动（d）"，两项合计1 449人，说明过半数以上学生渴望思想政治理论课教师能够在课堂上与学生互动，并有理论

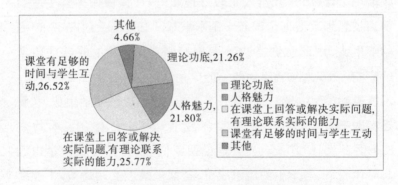

图8～10 大学生对思想政治理论课教师素质的期望

联系实际的能力,能回答或响应困扰他们的思想问题和现实难题,可见课堂互动和在课堂上直面学生困惑和社会现实问题的重要意义。仅有129人约占4.66%选择"其他(e)",说明题干所列的"理论功底"、"人格魅力"、"在课堂上回答或解决实际问题,有理论联系实际的能力"、"课堂有足够的时间与学生互动"四项指标已经基本涵盖了学生对思想政治理论课教师素质期望的内容。

● 大学生对校园文化的总体评价调查(D6)。

本题为多项选题,共有五个选项,主要考察学生对校园文化的认知态度,调查结果如图8～11所示(横轴表示五个选项,依次记为a、b、c、d、e;纵轴表示学生的选择比例)。

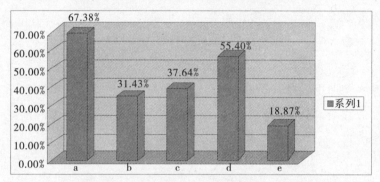

图8～11　大学生对校园文化活动的总体评价

在2 771份有效样本中,有1 867人约占67.38%的学生认为校园文化活动"内容丰富多彩,感染力强(a)";有871人约占31.43%的学生选择"形式多于内容,感染力不够(b)"。两项对比表明,绝大部分学生对当前高校校园文化活动的感染力持认可态度。

有1 043人约占37.64%的学生选择"理论类活动缺乏吸引力(c)";有1 535人约占55.40%的学生选择"体育娱乐类活动有吸引力(d)"。对比显示,认为体育娱乐类文化活动有吸引力的学生明显高于理论类活动。这就提醒广大理论工作者需要丰富理论类活动的形式,扩大理论类活动的影响力。走访中有的学生谈到,理论类活动无非是一些讲座或学术报告,不如体育娱乐类文化活动场面宏大,振奋人心,有感染力;也有学生谈到,理论类活动往往都是由辅导员老师出面,要求学生必须去参加,这样易致学生产生逆反情绪,只要听到类似活动都有不愿意参加的想法。相反,一些体育娱乐类文化活动,利用一些学生喜闻乐见的广告形式在校园贴吧、BBS中广泛传播,有的活动还鼓励学生以组织亲友团、好友团的方式来营造竞争氛围,这些方式很受大学生的欢迎,因此这些活动也得到了大学生的广泛认可。

另外还有523人约占18.87%的学生选择"其他(e)",说明题干所罗列的五个选项没有完全涵盖学生对校园文化活动的评价要求,题目的严密性需要进一步研讨。

●大学生马克思主义理论知识的获取途径调查(D7)。

本题为多项选题,共有八个选项,主要考察学生获取马克思主义理论的基本途径,调查结果如图8~12所示(横轴表示五个选项,依次记为a、b、c、d、e、f、g、h、i;纵轴表示学生的选择比例)。

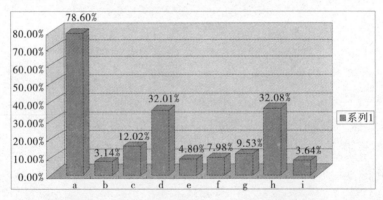

图8~12 大学生对马克思主义理论的基本态度

在2 771份有效样本中,有2 178人约占78.60%的学生选择"思想政治理论课(a)";有87人约占3.14%的学生选择"理论社团活动(b)";有333人约占12.02%的学生选择"校园文化活动(c)";有887人约占32.01%的学生选择"校外社会实践活动(d)";有133人约占4.80%的学生选择"学术讲座(e)";有221人约占7.98%的学生选择"网络等新媒体(f)";有264人约占9.53%的学生选择"电视、报纸等传统媒体(g)";有889人约占32.08%的学生选择"家庭影响(h)"。另外还有101人约占3.64%的学生选择"其他(i)",说明题干所罗列的选项已经基本涵盖大学生获取马克思主义理论的主要途径。

通过分析数据可知,有近八成的大学生认为思想政治理论课是他们获取马克思主义理论知识的主要途径,表明思想政治理论课仍然是当前大学生马克思主义理论教育的主阵地。有三成以上的学生通过校外社会实践活动获取了马克思主义理论知识,说明校外社会实践活动在大学生马克思主义大众化过程中也有重要作用。另外还有三成多的学生选择家庭影响,表明家庭教育,特别是父母的以身示范,在高校马克思主义大众化过程中同样发挥着积极作用。因此,高校要继续加强思想政治理论课建设,不断丰富校外社会实践活动项目的形式和内容,重视对家庭资源的使用和开发,充分发挥家庭资源在高校马克思主义大众化过程中的积极作用。

调查同样发现了不少问题。

其一,校园文化活动作用没有充分发挥。作为一项多项选题,仅有12.02%的学生认为自己是通过校园文化获取马克思主义理论的相关知识的,结果低得有些出乎意料。校园文化作为一种隐性教育资源,在马克思主义理论教育中可以起到春风化雨、润物无声的效果,应该让大学生在享受文化的盛餐中不知不觉地受到教育。但是为何结果并非如此?文化是先知先觉的艺术家和理论家们对自然和社会规律的感知,先知们需要融入大众文化,只有融入大众才能告知大众社会和自然法则的普遍规律和价值要求。当前的文化领域,一些人为一己之利而丧失文化良知,当然可能带来文化的繁荣假象或乱象,但却牺牲了很多成长过程中的纯洁灵魂。《小时代》电影的卖座,我不知道原因是什么,但我知道很多中学生和高中生对其十分痴迷。马克思主义理论与大众文化的关系也是如此。融入是为了引领,只追求融入而不思考如何引领,马克思主义理论不仅不会大众化,而且有可能走入庸俗化的深渊;只谈引领而不思考如何融入,马克思主义理论也许仅会停留在精英文化或标语口号文化层面,难以实现大众化的目标。高校的校园文化同样遭遇这样一种困境,融入大众与引领大众的关系很难处理。正如上述调查所示,学生对参与一些体育娱乐类文化活动的热情很高,但一提及理论类活动,兴趣就荡然无存。一些高校社团招新时,"街舞协会"、"足球协会"等文体娱乐类社团十分火爆,而理论类社团却冷冷清清。高校需要通过合理配置资源,用向理论类社团经费倾斜、政策倾斜等方式,鼓励并积极引导学生参与此类活动。如,可以划拨理论类社团专项活动经费,在综合素质测评上给予组织或参加理论类社团活动的学生加分、获得思想政治理论课实践学分等等优惠政策。高校不能盲目地追求学生的上座率和现场的火爆率,把有限的资源花在举办足球赛、篮球赛和街舞比赛等文体活动上。因为,这些活动即使学校不组织,学生自己也可以将此办得很成功,所以确实没有必要在这一方面花费太多的人力和物力资源。

其二,理论性学术讲座的收效微乎其微。调查显示,通过学术讲座获取马克思主义理论知识的学生仅占有效样本总数的4.80%。高校每年举办的理论类讲座很多,听众的规模应该相当庞大,数量应该远远超过4.80%的比例,为何会出现这样的结果?我们不得不审视学术讲座的质量。理论类讲座除非是面向相关专业的学生或教师,否则不应该用过分专业化的语言、抽象化的概念开展,而应该结合学生高度关注的社会难点和热点问题,用通俗化的语言和具体的事例,将复杂的理论问题简单化,让学生一听就能明白纷繁复杂表象背后的理论真相。对于普通的学生而言,理论类讲座不应用学术性和专业化的语言;相比较于其他学科的讲座,理论性的讲座只有学术性是远远不够的。所以高校理论性学术讲座的语言通俗化、案例具体化尚需进一步加强,这也是高校马克思主义大众化的重要内容之一。

其三,网络等新媒体的作用没能有效利用。调查中,仅有7.98%的学生认为自己是通过网络等新媒体获取马克思主义理论知识的。中国互联网络信息中心(CNNIC)互联网发展研究部2008年发布的最新互联网调查显示,中国1 700万在校大学生中,95%以上都是网民。[①] 大学生上网人数如此多,为何通过互联网等新媒体获取马克思主义理论知识的人数又何其少呢?笔者使用"大学"、"马克思主义"和"网站"三个关键词在百度中进行搜索,符合条件的结果共有1 000多万条,数量不可谓不多。但若仔细浏览,则发现大多是各高校马克思主义学院的官方网页。随机阅读其中十个网页,语言方式几乎是清一色的官方风格;网页内容也惊人的相似,均是些有关教学、科研方面的信息。这些网页的受众人群很显然为高校教师,均不指向大学生群体,这在一定程度上降低了大学生通过网络了解马克思主义理论知识的热情。当然也有一些高校在尝试使用互联网推进马克思主义大众化,建立了红色网页,如重庆邮电大学的"红岩网校"、杭州电子科技大学的"红色家园"、浙江大学的"求是潮网站";也有一些高校,如中国政法大学开辟了经典马克思主义研究BBS等。这些网页都取得了不错的效果,在校内产生了一定的影响,但总体来看,数量少,对其他高校的辐射力较弱。再看看新媒体——微信、微群、微博等。笔者在腾讯微频道输入"马克思主义"进行搜索,结果出现了"素食主义"、"时尚主义"、"DIY主义"等诸多内容,竟然无一条和搜索词"马

[①] 《1 700万大学生95%是网民430万人青睐网购》,http://news.ccidnet.com/art/1032/20080429/1434847_1.html.

克思主义"相关的微频道。笔者再次在微博中用"马克思主义"关键词搜索,"说说"中相关留言很多,但仔细阅读,会发现内容五花八门,不少非马克思主义甚至是反马克思主义的内容充斥其中。手机阅读越来越成为大多数大学生喜爱的方式,马克思主义理论教育应该利用好这一新媒体阅读平台。近年来,一些机构通过手机发送各类手机报,学生的订阅量也很大,但由于商业化的原因,内容大多是娱乐和健康类的,这些信息的教育意义和作用值得商榷。组织部门免费发送"共产党员手机报",但其对象仅为党员和党的领导干部,受众人相对较少;一些地方共青团部门也尝试向团员青年发送"团员手机报",但可能由于技术、资金或人员方面的原因,没能很好地坚持或推广。上述种种情况无疑是影响大学生通过新媒体获取马克思主义理论知识很低的原因。

●大学生马克思主义理论信仰的正负面影响因素调查(D8、D9)。

两题均为多项选题,选项一样,各有八个,主要考察影响大学生马克思主义理论信仰的正负面因素。本次有效样本数据为2 771份,调查结果对比如图8～13所示(横轴表示六个选项,依次记为a、b、c、d、e、f、g;纵轴表示学生的选择比例)。

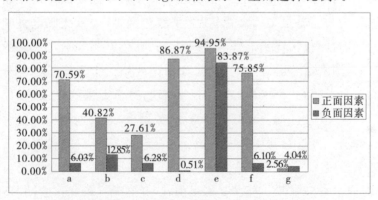

图8～13 影响大学生马克思主义信仰的主要因素

关于"思想政治理论课教师的言行(a)"选项。有1 956人约占70.59%的学生将其选为正面因素,这和D1题干的调查结果十分接近,这进一步表明思想政治理论课是影响大学生马克思主义信仰的主渠道,思想政治理论课教师对大学生马克思主义信仰影响的积极作用很大。有167人约占6.03%的学生将其选为负面因素,说明高校仍然要重视对思想政治理论课课堂教学和教师的管理,坚持"学术研究无禁区,课堂讲授有纪律"的原则,课堂上不是不可以讲授负面的东西,但一定要坚持正确的政治观和价值观,"负为正用",侧面永远只是正面的一个个微观的角落和场景,合理讲述角落场景的阴暗,越发可以衬托出社会主流的波澜壮阔。思想政治理论课教师应该有这样的胸襟和能力,不能就事论事,应该能够从五光十色的生活世界中的一些微小的事例中,揭露其背后的实质,折射出正确的主流的价值导向。思想政治理论课教师在课堂上对负面的微小的生活事例,无论是视野上的无视、态度上的回避,还是观点上的错误都是对自身职责和使命的亵渎。

关于"辅导员老师的言行(b)"选项。仅有1 131人约占40.82%的学生将其选为正面因素,却有高达356人约占12.85%的学生将其选为负面因素。辅导员工作涉及党员发展、评优评奖、学生资助等许多事务性内容。由于兼职太多、角色过载等原因,致使辅导员的事务性工作太多,他们往往忙于应付做好具体工作,却忽视了这些具体工作的育人价值,因而对学生马克思主义理论教育的正面影响力略显不够。相反,由于名额的限制,党员发展、评优评奖、学生资助等工作大多具有竞争性,对于落选的或是因为违纪受到处分的学生,辅导员如不及时找其谈话化解其负面情绪,有可能会使他们对学校、甚至对国家政策产生不满倾向。此外,很多高校在辅导员的准入制度中对专业没有做严格要求,不少辅导员是从理学、工学、农学等其他学科专业改行而来,自觉理论说服能力不足,因而有回避或者转移学生理论困惑的想法。因此,高校党委要高度重视辅导员队伍建设,着力解决好"兼职过多,角色过载"的问题,减轻他们的工作压力,让他们集中精力专注做好学生事务性工作,并自觉将事务性工作升华为育人工作;要加强这支队伍的继续教育工作,让他们知晓马克思主义一级学科下的各二级学科的基础知识和基本理论,增强他们对学生进行理论说服的自信心和能力,让这支队伍不断成长为高校马克思主义大众化的重要力量之一。

关于"专业课教师的言行(c)"选项。仅有765人约占27.61%的学生将其选为正面因素,这表明专业课教师在学生信仰方面所发挥的作用还不大,"教书育人"作用尚需进一步加强。调查中有174人约占6.28%的学生将其选为负面因素。这一比例相比于辅导员来说不算高。但其工作性质不一样,他们不涉及学生的具体利益分配问题,在价值观引导方面不应该给学生产生如此多的负面影响。进一步走访了解到,高校的青年教师大多具有博士学位,不少还有留洋经历。但他们"从学校到学校",社会阅历不够,经历相对简单,政治理论知识比较匮乏。因此,他们和很多大学生一样,被许多非马克思主义、甚至是反马克思主义的社会思潮作为重点传播对象,而且很容易受这些社会思潮的蛊惑或影响。他们在与学生的交谈中,甚至在课堂上,会在有意或无意之中表露出这些似是而非的观念和思想,从而对学生产生一些负面和消极的影响。正如2013年中组部、中宣部、教育部党组联合印发的《关于加强和改进高校青年教师思想政治工作的若干意见》中指出的那样,"少数青年教师政治信仰迷茫、理想信念模糊、职业情感与职业道德淡化、服务意识不强,个别教师言行失范、不能为人师表"。① 因此,高校"要强化政治理论学习、开展形势政策教育、丰富政治理论学习方式,切实加强对青年教师的思想教育引导。推进青年教师

---

① 见《加强和改进高校青年教师思想政治工作》16条意见,http://cpc.people.com.cn/n/2013/0528/c164113-21645326.html。

师德师风建设,强化职业理想和职业道德教育,激发青年教师树立崇高的职业理想,严守教育教学纪律和学术规范。坚持学术研究无禁区、课堂讲授有纪律,杜绝有损国家利益和不利于学生健康成长的言行。完善师德考核机制,实行师德'一票否决制'"。高等学校要"创造条件,加大投入,搭建平台,组织青年教师参加挂职锻炼、调查研究、学习考察、志愿服务等社会实践活动。鼓励优秀青年教师参与学生思想政治教育实践"。要"建立健全高校党委统一领导,党政齐抓共管的工作格局,形成工作合力,落实工作基础保障,全面提高高校青年教师思想政治工作水平"。①

关于"家长的言行(d)"选项。有高达2 355人约占86.87%的学生将其选为正面因素,仅有14人约占0.51%的学生将其选为负面因素。这说明家庭是马克思主义大众化的重要资源之一,但遗憾的是当前学术界很少有学者将家庭作为马克思主义大众化的重要资源来开展研究。笔者在中国知网以"马克思主义大众化"作为篇名、同时以"家庭"作为关键词进行模糊检索,或者以"家庭"作为篇名、同时以"马克思主义大众化"作为关键词进行模糊检索,均没有发现符合条件的文献。尽管理论研究相对滞后,但调查结果表明,家庭在实践层面对马克思主义大众化的影响却十分显著,有必要对此进行进一步的深入研究。究其原因,可能有两个方面。其一是在价值观教育方面,家庭教育具有不可替代的作用。家庭教育具有日常性、先导性和终身性的特点,潜移默化地影响着人的心理结构和思维方式,影响一个人对是非、善恶、美丑、利害的基本判断,进而作用于他的价值判断和行为选择。一个有良好家教的学生很容易接受学校教育所倡导的主流价值观,并自觉在社会中检验其价值认知的合理性、校验其价值方向的合目的性、判断

---

① 见三部门联合发文要求高校加强和改进青年教师思想政治工作,http://cpc.people.com.cn/n/2013/0528/c164113-21645440.html。

其价值行为的合规律性;一个有良好家教的学生,在利益和价值选择方面遭受挫折时,会从家庭那里获得建议和方法。所以,家庭教育是社会教育和学校教育的前提,并且是社会教育和学校教育的有效补充。其二是家庭教育与马克思主义大众化的联系性。以往高校马克思主义理论教育之所以被认为"高高在上",其症结就是人们对马克思主义理论存在狭隘和片面的理解,过多地强调它的政治意义和意识形态性,淡化或虚化了德育的问题。马克思主义大众化应该回归人的基本品性,道理其实再简单不过:一个视解放全人类为自身使命的理论必然需要一批德行高尚的实践者,道德水平低下的人不可能、也没有条件成为马克思主义理论的真正信仰者。家庭正是德育教育的前沿和重要阵地,没有一个父母会教育自己的孩子是非不清、美丑不辨、善恶不分。马克思主义大众化应该回归人们的生活,将马克思主义理论或价值观渗透到人们的生活之中,与家庭教育相联系,形成互动与合力。以"孝"教育为例,家庭教育会从基本道理说起,教育孩子要知孝义、践孝行、传孝德。马克思主义理论教育要引导大学生化"孝"为"爱",孝父母,爱人民、爱祖国、爱党、爱社会主义,树立辩证唯物主义的世界观和为人民服务的人生观,以及知荣明耻的社会主义道德观,正确处理个人与社会的关系,成为中国特色社会主义事业的合格的建设者和可靠接班人。这种由个人而家庭,由家庭而社会,自内而外,层层推扩的"层序格局"暗合了人的思想和情感自我扩展的实践路径,也一定是马克思主义大众化实践路径的必然要求。学校是传统的、权威的教育场所,是马克思主义大众化的核心基地,能传授系统而全面的马克思主义及其最新理论成果。社会是检验家庭和学校对马克思主义教育成效的理想场所,是马克思主义大众化的普及与再普及的场所。家庭是个人生命历程的起点站,它在一个人在政治常识的启蒙、人格的塑造、人生观的形成、基本政治生活规范的获得方面,都发挥着关键作用。一些专家的研究证实:父母和子女之间在党派倾向方面,以及在某些具有高度感情色彩的和涉及他们个人的具体政策问题上,看法相当一致。研究表明,"这很大程度上取决于政党结构的清晰性和家长传递信息的一贯性"。① 因此,高校应该努力建构以学校为中心,学校、家庭和社会相互配合的马克思主义大众化网络,不断改进和提升马克思主义大众化的实际效果。

关于"党员领导干部的言行(e)"选项。有高达 2 631 人约占 94.95% 的学生将其选为正面因素,同时也有高达 2 324 人约占 83.87% 的学生将其选为负面因素,可见党员领导干部的形象对马克思大众化的影响效果十分显著。通俗来讲,马克思主义大众化的终极效果就是大众接受了马克思主义理论,并自觉按照马克思主义理论的基本观点、立场和方法去分析和解决实际问题。因此一个可以被大众化的理论一定是科学的、先进的理论,并且是符合大众需要的理论,是被当代大众认同的理论。马克思主义中国化的第一个理论成果——毛泽东思想,经历了中国革命实践的反复检验,实践证明是符合当时中国人民需要的先进的、科学的理论;更重要的是当时以该理论武装起来的中国共产党人,特别是党员领导干部,以自身清正廉洁和全心全意为人民服务的形象得到了当时大众的高度认同,才有"最后一口饭,送去做军粮;最后一块布,前方做衣裳;最后老棉被盖在担架上;最后亲骨肉送去上战场!"的现象,因此大众对理论的态度从"认同"上升为"信仰",自然实现了大众化。当代中国马克思主义无疑是马克思主义中国化的最新成果,其理论的先进性和科学性已经被中国改革开放以来取得的巨大成就所证实,这些伟大的成就也同时证实了它符合中国最广大人民的需要。但是我们绝不能简单地用理论自身的"科学性、先进性和符合需要性"来简单代替老百姓对理论的"认同度"。即使

---

① 〔美〕加布里埃尔·A·阿尔蒙德等.曹沛霖等译.《比较政治学:体系、过程和政策》.上海译文出版社,1987.

是被证实了的先进的、科学的和符合需要的理论,也未必一定能够得到大众的认可。老百姓不一定是聪明的理论研究者,但一定是精明的实践观察者,如果他们发现将理论作为指导思想的政党中个别领导干部有背离理论宗旨的言行,他们就会怀疑自己的信仰,怀疑自己对理论的基本价值判断,怀疑理论的科学性、先进性。中国共产党人也深刻意识到这一点,接连在党内开展"先进性"和"纯洁性"教育,习近平同志在上任伊始就针对党员领导干部开展"党的群众路线教育实践活动",号召党员领导干部要以党章为镜,以群众期盼为镜,以史为镜,克服"形式主义、官僚主义、享乐主义和奢靡之风",为民、务实、清廉,改进党的作风。如果中国的老百姓从党员领导干部的言行举止中体会到党的先进性和纯洁性,从党员领导干部的工作实绩中感受到理论的合目的性,那么当代中国马克思主义大众化的道路将会一帆风顺。

关于"党员大学生的言行(f)"选项。有高达2 101人约占75.82%的学生将其选为正面因素。表明当前高校发展的学生党员质量较高,大学生党员用自己的行动在朋辈之间发挥着先锋模范作用。但同时也有近169人约占6.10%的学生将其选为负面因素。分析其原因,或者是有些学生党员没有发挥先锋模范作用,引起其他学生的不满情绪;或者是个别学生党员做出一些与党员身份不符的事情,影响了党在其他学生中的声誉和形象。解决上述问题,一是要加强学生党员的教育与管理工作,克服"重发展前考核,轻发展后管理"这一问题。当前高校发展学生党员一般都有比例和指标限制,所以在发展党员时都有比较量化和系统的考核指标,发展质量有了保障。但虽有比例限制,学生党员的绝对数量还是比较大的,一个教学学院往往有好几个学生党支部,不少还将"支部建在班级"。调查显示,绝大部分高校教学学院的学生党员发展工作仅有一到两名专职辅导员兼职承担,他们的工作量很大,所以对发展后的党员教育管理有心无力;"两会一课"等基本流于形式或根本没有开展,对学生党员疏于教育管理的现象普遍存在。有些高校聘请离退休老党员、老干部担任组织员工作,不仅可以在不增加编制的情况下解决人手不够的问题,还可以充分利用这些老同志的人生阅历和党性修养感染教育大学生,可谓一举两得。教育主管部门有必要以文件形式,规范推广这一做法。二是要尽可能为学生党员发挥先锋模范作用创造条件。当前大多数高校学生党员管理工作由组织部门承担,由于工作职能原因,组织部门在学生实践平台资源方面的占有量不足,因而无法给学生党员提供很多实践岗位和锻炼平台。也有些高校将学生党员的发展和管理工作交由学生工作部门承担,效果明显改善,学生工作部门可以设置宿舍示范岗、社会实践学生示范岗、学生干部示范岗等多个岗位,让入党积极分子和学生党员在岗位上经受考验、接受锻炼,充分展示他们的先锋模范作用。

关于"其他(g)"选项。在 2 771 份有效样本中仅有 71 人约占 2.56%、112 人约占 4.04% 的学生分别该选项作为正面因素和负面因素。说明题干所罗列的六个选项"思想政治理论课教师的言行、辅导员老师的言行、专业课教师的言行、家长的言行、党员领导干部的言行、党员大学生的言行"是影响当前大学生马克思主义信仰的主要因素。

5. 马克思主义大众化阵地的绩效水平分析

将每份量表中学生给予 B1 选项的实际认知和理想期望赋分分别记为 $B1_i$ 和 $B1_i'(i=1,2,3\cdots\cdots 2771)$,同理 B2,B3$\cdots\cdots$C1$\cdots\cdots$C7 中的实际认知和理想期望赋分分别记为 $B2_i$ 和 $B2_i'$ $(i=1,2,3\cdots\cdots 2771)$、$B3_i$ 和 $B3_i'$ $\cdots\cdots$ $C1_i(i=1,2,3\cdots\cdots 2771)$ 和 $C1_i'$ $\cdots\cdots$ $C7_i$ 和 $C7_i'(i=1,2,3\cdots\cdots 2771)$。记 $B1'=\sum B1_i'/i(i=1,2,3\cdots\cdots 2771)$,同理 $B2'=\sum B2_i'/i\cdots\cdots C1'=\sum C1_i'/i\cdots\cdots C7'=\sum C7_i'/i(i=1,2,3\cdots\cdots 2771)$。

采用 Marr(1986)的服务质量衡量法"重视程度—认知绩

效"矩阵分析:横轴(X轴)表示学生对马克思主义大众实际感受的满意程度,代表学生对当前马克思主义大众化阵地的认知绩效,即上述所记 B1、B2、B3……C1……C7;纵轴(Y轴)表示学生对马克思主义大众化阵地的重视程度,代表学生对未来马克思主义大众化阵地的期望绩效,即上述所记 $B1'$、$B2'$、$B3'$……$C1'$……$C7'$。那么由($B1,B1'$)($B2,B2'$)……($C1,C1'$)……($C7,C7'$)构成的 28 个点将分别坐落在"重视程度—服务绩效"矩阵坐标图中。

如对认知绩效 B1、B2、B3……C1……C7 求平均值,代表平均满意程度,经计算,该结果为 5.03,换算成百分值约为 71.86,说明学生对高校马克思主义大众化的理论和实践阵地的认知绩效较高;如对期望绩效 $B1'$、$B2'$、$B3'$……$C1'$……$C7'$求平均值,代表平均期望程度,经计算,该结果为 6.13,换算成百分值约为 87.57,说明学生对高校马克思主义大众化的理论和实践阵地充满期待,重视程度较高。

坐标以学生的满意程度和重视程度的平均值(5.03,5.92)作为原点,将坐标平面划分为 A、B、C、D 四个象限;再以 28 项指标($B1,B1'$)($B2,B2'$)……($C1,C1'$)……($C7,C7'$)构成的 28 个点制成"满意程度——重视程度矩阵图"。详细落点图如 8~14 所示。

▲第一象限。表示学生对此区域指标的重视程度非常高,而且对当前工作相对感到比较满意。因此,对此象限的学生工作项目应继续维持此水平。在此象限内的指标有:

思想政治理论课阵地:教师的知识水平(B1);

党校阵地:教师的知识水平(B5)、教师的人格魅力(B6);

校外实践活动阵地:活动内容(C5)、活动效果(C7)。

总体来看,党校和校外实践活动阵地在此象限分布的比例较高,分别占各自指标总数的 50% 和 66.67%,说明学生对这两块阵地非常重视,且比较满意。因此,学校可以维持两块阵地的工作现状,暂时不需要过多地投入人力和物力资源。

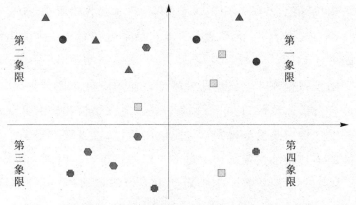

纵轴表示重视程度,横轴表示满意程度
▲思想政治理论课 □党校 ⬢团校 ■校内文化活动 ●校外实践活动

图 8～14　满意程度——重视程度坐标图

▲第二象限。表示学生对此象限的指标非常重视,但他们对实际工作水平又相对感到很不满意。高校如能改善此象限的工作项目,提升质量水平,则能迅速提高学生对马克思主义大众化阵地的满意度。在此象限内的服务质量属性有:

思想政治理论课阵地:教师的人格魅力(B2)、课堂的交流程度(B3)、教材的内容体系(B4);

党校阵地:课堂的交流程度(B7);

校内文化活动:活动内容(C1);

校外实践活动阵地:活动频次(C6)。

总体来看,思想政治理论课在此象限分布的比例很高,分别占自身指标总数的75%和象限内指标总数的50%,说明学生对思想政治理论课的三个指标认知满意度不够,并且迫切希望学校在这些方面有所改善。因此,学校如能增加思想政治理论课课堂上师生的交流次数,提升教师的人格魅力,完善教材的内容体系,就必然会迅速提高学生对思想政治理论课的满意度。

▲第三象限。表示学生对此象限的指标属性较不重视且感到不满意。因此,学校可以暂时不予改善此类工作。在此象

限内的指标属性有:

团校阵地:教师的知识水平(B9)、教师的人格魅力(B10);

校内文化活动:活动设施(C1)、活动效果(C1)、活动组织者能力(C1)。

团校和校内文化活动两个阵地在此象限分布比例较高,分别占各自指标总数的66.67%和75%,说明团校和校内文化活动的上述指标既没有得到学生足够的认可,也没有获得学生足够的期望。这些指标所列项目的工作质量可以暂时不去改善。

▲第四象限。表示学生对此象限的指标属性没有过多重视,但却对效果比较满意。这表明或者是学校将资源过多投入此象限的工作之中,一定程度上浪费了人力和物力,应该减少人力和物力投入,降低工作成本;或者是学生对此象限工作不理解、不了解,最终导致期望值不够。如果高校加大此象限工作的宣传力度,就可以让学生重视起来,这样这些指标就会进入维持象限区域。该象限内主要有"党校教材的内容体系(B8)"和"团校课程的交流程度(B11)"两项指标。

6. 调查存在的缺陷和不足分析

●阵地绩效分析量表中的指标体系比较笼统。

阵地绩效分析量表使用的指标体系(B、C项指标体系)虽然涉及面比较广,考察了当前高校马克思主义大众化所能占有的主要阵地,即思想政治理论课、党校、团校3块理论阵地,以及校内文化活动和校外实践活动2块实践阵地,但为了降低调查分析的难度,没有进一步细化每块阵地中应该包含的具体因素。所以,量表所含指标因子仅有18项,内容比较笼统,尚不能完全涵盖学生对马克思主义大众化阵地的具体期望。如量表中仅要求学生对"思想政治理论课教材内容"做出一个概括性的回答,没有细化到"内容是否体现时代性,是否能解决现实问题,是否需要根据专业进行设计"这些具体问题。虽然这些问题在随后的D项中也有所涉及,但对于绩效考核来说仍然显得美中不足。

● 测评结果可能具有一定的波动性。

由于测评的内容大都与思想、意识或感性层面的因素相关,测评结果可能会受测评当时的环境因素和个人的心情状况的影响,可能具有一定的波动性。为了减少这种波动性,测评应该在环境相对固定、个人情绪相对稳定的情况下进行。

年轻学生的情绪和心情虽然会受到环境的影响,但总体上在某一时间段思想和情绪应该处于相对稳定阶段。并且,即便有个别学生出现情绪波动,但由于样本量较大,也可以冲抵其影响。因此,测评结果具有客观性,测评结果可以当作高校改进和推进马克思主义大众化路径的主要依据和重要参考。

● 测评结果可能具有一定的不确定性。

从目前来看,不少高校仅仅将马克思主义大众化看作意识形态方面的工作,因此,关注教育和宣传层面较多,而将马克思主义大众化进程与学生生活世界相联系开展的一些实务性工作明显不够。因此,相比较学生事务工作测评而言,学生对测评的重视度显得不够,参与的积极性有待提高。若测评时态度不够端正,学生就会敷衍对待测评工作,其对测评指标的判断就会比较随意,因而,测评结果可能会具有一定的不确定性。克服这一因素的影响,是增强高校马克思主义大众化效果测评有效性的关键,因此,需要进一步加强理论研究和实践探索。

参考文献

[1]本书编写组.十七大报告学习辅导百问[M].北京:党建读物出版社,学习出版社,2007:149.

[2]程星,周川.院校研究与美国高校管理[M].长沙:湖南人民出版社,2003.

[3]邓小平文选(第3卷)[M].北京:人民出版社,1993.

[4]冯刚.高校马克思主义大众化研究报告(2009)[M].北京:光明日报出版社,2009:52.

[5]冯刚,张东刚.高校马克思主义大众化研究报告(2010)[M].北京:光明日报出版社,2010.105-106,232.

[6][古]菲德尔·卡斯特罗.在古巴共产党第一、二、三次全国代表大会上的中心报告[M],北京:人民出版社,1990.

[7]郭沫若.新兴大众文艺的认识,见文振庭.文艺大众化问题讨论资料[M],上海文艺出版社,1987.

[8]韩玉志.现代大学管理:以美国大学学生满意度调查为例[M],杭州:浙江大学出版社,2008.

[9]胡适文集(第11册)[M],北京大学出版社,1998:14.

[10]建国以来毛泽东文稿,第10册[M],北京:中央文献出版社,1996.

[11]鲁迅.文艺的大众化,鲁迅全集(第七卷)[M],北京:人民文学出版社,2005:367.

[12]李大钊文集(上卷)[M],北京:人民出版社,1984.

[13]李俊卿.高校马克思主义大众化水平研究[M],北京:知识产权出版社,2012.

[14]列宁文稿:第5卷[M].北京:人民出版社,1978.

[15]马克思恩格斯全集:第1卷[M],北京:人民出版社,2002年.

[16]马克思恩格斯全集:第2卷[M].北京:人民出版社,1957.

[17]马克思恩格斯全集:第42卷[M].北京:人民出版社,1979.

[18]马克思恩格斯选集(第2版):第1卷[M],北京:人民出版社,1995.

[19]马克思恩格斯选集:第3卷[M].北京:人民出版社,1995.

[20]马克思恩格斯选集:第4卷[M].北京:人民出版社,1995.

[21]毛相麟.古巴社会主义研究[M],北京:社会科学文献出版社,2005.

[22]毛泽东选集,第1卷[M],北京:人民出版社,1991.

[23]毛泽东.在延安文艺座谈会上的谈话,毛泽东论文学和艺术[M],北京:人民文学出版社,1965.

[24][美]德里克·博克.徐小洲等译.走出象牙塔——现代大学的社会责任[M].杭州:浙江教育出版社,2003.

[25][美]加布里埃尔·A·阿尔蒙德等.比较政治学:体系、过程和政策[M].曹沛霖等译,上海译文出版社,1987.

[26][美]约翰·S·布鲁贝克.高等教育哲学[M].王承绪等译.杭州:浙江教育出版社,2001.

[27]求是杂志社政治编辑部.学习《毛泽东、邓小平、江泽民论思想政治工作》问答[M].北京:红旗出版社,2000;

[28]瞿秋白文集(文学编)(第1卷)[M],北京:人民文学出版社,1985.

[29]沈壮海.思想政治教育有效性研究[M].武汉大学出版社,2008.

[30]斯大林文集[M].北京:人民出版社,1985.

[31]斯大林选集(下)[M].北京:人民出版社,1979.

[32]苏霍姆林斯基:《给教师的一百条建议》[M],天津人民出版社,1981年版.

[33]王浦劬.政治学基础[M],北京大学出版社,2005:209—210.

[34]中央编译局编.回忆马克思[M].北京:人民出版社,2005年.

[35]柏伟,倪先敏.高校推进马克思主义大众化的三个结合研究[J].西南大学学报:社会科学版,2011(3):107.

[36]蔡晓良,陈少平.高校思想政治教育三大前沿课题研究的回顾与展望[J],思想理论教育导刊,2011(5):93.

[37]常亚平等.中国高校大学生求学满意度测评体系和评价模型研究[J].高等教育研究,2007(9):83—87.

[38]陈洁.高校推进马克思主义大众化机制的思考[J].思想理论教育,2009(23):38—43.

[39]陈东海.高校推动当代中国马克思主义大众化存在的问题与对策[J].周口师范学院学报,2009(26):98.

[40]陈明凡.越南社会主义民主建设的理论与实践[J],科学社会主义,2007(1):154.

[41]陈婉婷,谢晓默.梯链式教育与大学生思想政治教育

模式新探索[J].吉林教育学院学报,2011(8):11-12.

[42]程天全.积极推进马克思主义大众化大力提升大学生的理论素养[J],高校理论战线,2011(2):19.

[43]戴玉琴,周建超.高校推进当代中国马克思主义大众化的路径选择[J].扬州大学学报(高教研究版),2008(12):40.

[44]丁祥艳.社会思潮多样化背景下的高校思想政治教育:挑战与对策[J].广西社会科学,2011(7):139.

[45]范小强,马宁.从三个维度看高校马克思主义大众化[J].思想教育研究,2013(4):36,37.

[46]冯刚.高校推进当代中国马克思主义大众化若干问题的思考[J].思想理论教育导刊,2009(9):35-38.

[47]冯晓阳,对高校马克思主义大众化教育的思考[J].社会科学家,2010(6):138-139.

[48]高长玲.高校推动当代中国马克思主义大众化对策研究综述[J].黑龙江高教研究,2010(7):121-122.

[49]高洪力,李秀芝.高校教师推进马克思主义大众化教育的几点思考[J].黑龙江高教研究,2011(11):94.

[50]何军,优化高校第二课堂 推进当代中国马克思主义大众化[J].思想教育研究,2010(12):31.

[51]河南财经学院课题组.用马克思主义中国化最新成果武装当代大学生[N],人民日报,2008-03-19(7).

[52]胡斌武.越南马列主义教育管窥[J],学校党建与思想教育,2007(3):77-79.

[53]纪亚光,吴荣生.论大学生"红色社团"在推进高校马克思主义大众化中的作用[J].思想理论教育导刊,2010(1):119.

[54]季正矩.古巴缘何红旗不倒[J],党史纵横,2007(4):57.

[55]简世德.思想政治工作中的情感教育[J],高教论坛,

2004(2):39.

[56]江胜尧.高校推进马克思主义大众化的实践路径[J].人民论坛,2011(9):58-59.

[57]姜述贤.古巴对社会主义道路的不断探索[J],当代世界与社会主义,2007(1):25.

[58]荆钰婷,谭劲松.推进高校马克思主义大众化载体与方法创新探析[J].思想理论教育导刊,2010(6):101.

[59]李冬华.略论在大学生中推进马克思主义大众化的主要路径[J].学校党建与思想教育,2011(14):57-59.

[60]李辽宁、闻燕华.古巴马克思主义理论教育的特点及启示[J],社会主义研究,2006(6):47.

[61]李孝纯.划清马克思主义与反马克思主义的界限[J].红旗文稿,2010(2):31.

[62]李雅儒,赵雪峰.高校思想政治理论课在推进中国马克思主义大众化中的载体作用[J].思想教育研究,2012(5):32-35.

[63]刘书林.社会思潮研究与"两课"教学改革[J].思想理论教育导刊,2003(9):63.

[64]刘艳.高校马克思主义大众化实现路径的新探索——基于大学生"红色社团"的思考[J].广西社会科学,2011(5):19.

[65]潘静.马克思主义大众化与高校思想政治理论课的辩证关系分析——兼论如何推进高校马克思主义大众化[J].广西社会科学,2011(8):9.

[66]彭恩胜.当代中国马克思主义大众化在高校的实现路径[J].教育理论与实践,2012(6):35.

[67]彭恩胜,傅琛.影响高校马克思主义大众化的"四个向度"[J].教育与职业,2011(30):43.

[68]秦宣.问题与对策:提高马克思主义大众化的实效[J].思想理论教育导刊,2011(5):37-41.

[69]秦岭峰.当代中国马克思主义大众化的理论思考[J].理论界,2008(8):23—24.

[70]邱柏生.推进当代中国马克思主义大众化的路径和过程[J].思想理论教育,2008(5):29.

[71]邱云.关于高校推进马克思主义大众化实效性的思考[J].毛泽东思想研究,2011(7),154—155.

[72]任阿娟,白利鹏.高校讲坛推进马克思主义哲学大众化的理论思考[J].昆明理工大学学报:社会科学版,2010(6):28.

[73]芮鸿岩.实践视阈中大学生青年马克思主义者的培养[J].当代世界与社会主义,2009(6):73.

[74]芮鸿岩,张陟遥.论当代中国马克思主义大众化在高校推进中的"四个统一"[J].毛泽东邓小平理论研究 2010(5):18.

[75]商光美.高校马克思主义大众化的实现路径思考[J].东北师范大学学报(哲学社会科学版),2012(5):27—31.

[76]佘双好.社会思潮对高校学生核心价值观形成的影响研究[J].思想教育研究,2011(6):34—35.

[77]石云霞.努力实现思想政治理论课教学改革目标新要求[J],思想理论教育导刊,2010(7):12.

[78]孙成武等.试析高校校园文化建设中的马克思主义大众化[J].北京交通大学学报(社会科学版),2012(7):109—110.

[79]孙渝莉.高校推进马克思主义大众化实践路径探析[J].学校党建与思想教育,2012(3):40.

[80]田克勤,王心月.当代中国马克思主义的"三进"与大众化[J].高校理论战线,2010(11):12.

[81]陶武.试论当代中国马克思主义大众化的主体性[J].合肥学院学报:社会科学版,2013(3):83.

[82]王朝方.论高校思想政治理论课实践教学的意义及其

途径[J].理论导刊,2009(9):103-105.

[83]王春英.对前苏联思想政治教育的历史反思[J].哈尔滨市委党校学报,2004(2):63-65.

[84]王雷松.马克思主义中国化、时代化、大众化在青年大学生中的传播[J].学术论坛,2011(1):8.

[85]王庆武,王飞.学生社团的种类、功能及其引导学生社团的类型、功能及其引导[J],青年少年研究,2001(2):47.

[86]王俊恒.高校推进马克思主义大众化的困境及策略[J].湖北社会科学,2013(4):175-177.

[87]王金华.论高校马克思主义大众化平台建设[J].理论月刊,2010(11):14.

[88]王太钧.网络大众化背景下的当代马克思主义大众化[J].求实,2010(4):15.

[89]王永贵.意识形态领域新挑战与马克思主义大众化[J].当代世界与社会主义,2010(6):21.

[90]王晓丽.普通高校推进马克思主义大众化问题研究[D].吉林大学,2011.

[91]汪春翔.中国特色社会主义教育与高校马克思主义大众化[J].江西社会科学,2013(3):233-236.

[92]夏小华.在大学生中推动马克思主义大众化:基本原则与主要路径[J],安徽师范大学学报(人文社会科学版),2010(4):396.

[93]夏小华,周建华.吕卫华.大学生群体差异下的马克思主义大众化[J].阜阳师范学院学报(社会科学版),2011(2):77.

[94]夏小华,周建华.吕卫华.马克思主义大众化是思想政治理论课教育教学的基本要求[J].思想理论教育导刊,2011(7):56.

[95]夏小华,周建华.吕卫华.在大学生中推进马克思主义

大众化主体有效性研究[J].中国青年研究,2011(8):90.

[96]夏小华,周建华.当今社会主义国家马克思主义理论教育的经验及启示——以古巴、越南为例[J].当代世界与社会主义,2009(3):40.

[97]夏小华.高等教育大众化教育以来高校学生工作的回顾与展望[J].中国高教研究,2008(10):79.

[98]肖枫.古巴压而不垮的奥秘[J],北京:科学社会主义,2006(3):116.

[99]徐世澄.古巴共产党巩固执政地位的战略举措[J],当代世界与社会主义,2007(6):6-8.

[100]薛中君.高校马克思主义大众化的基本经验[J].学校党建与思想教育,2011(10):50-52.

[101]杨雪,刘武.中国高等教育顾客满意度指数模型的构建[J].公共管理学报,2007(1):84-88.

[102][越]古小松.越南的社会主义[M],北京:人民出版社,1995.

[103][越]古小松,2007年越南国情报告[M],北京:社会科学文献出版社,2007.

[104]袁高丽.论高校在马克思主义大众化中的重要平台作用[J].重庆科技学院学报:社会科学版,2011(3):176.

[105]张博颖.关于当代中国马克思主义大众化的若干思考[J],上海师范大学学报(哲学社会科学版),2008(3):10.

[106]张雷声.推进马克思主义大众化的学科建设路径思考[J].高校理论战线,2010(6):4.

[107]张梅娟.情感效应:思想政治教育有效性的新视界[J],学校党建与思想教育,2007(7):28.

[108]赵欢春.高校推进马克思主义大众化的百年历程(1919—)[J].学校党建与思想教育,2011(1):44.

[109]赵欢春.高校推进马克思主义大众化的路径优化

[D],南京师范大学,2011.

[110]赵志毅.论大学生友情教育——兼议大学生正确人际交往观的形成[J],《南京师范大学学报(社会科学版)》,2004(3):76.

[111]周川.加强高校马克思主义大众化的必要性与实效性探究[J].教育理论与实践,2011(9):29-30.

[112]周济:抢抓机遇,乘势而上,加强和改进大学生思想政治教育[J],中国高等教育,2004(21):3.

[113]周建华,吕卫华,夏小华.马克思主义大众化视阈中大学生青年马克思主义者培养的现实路径[J].当代世界与社会主义,2011(3):158.

[114]朱国锋,王齐奉.我国高等教育顾客满意度指数体系的建构[J].大连海事大学学报,2003(2):4.

[115]朱佳木.古巴的社会主义政权为什么能长期存在[J],马克思主义研究,2007(110):88.

后 记

作为一名高校学生工作者,能够安静下来平静写作的时间并不太多。难得一个暑假,无论气温多高,我还是如平时一样按时来到办公室,整个暑假都泡在办公室里,整理以往阅读和思考所积累的记忆片段。我喜欢用文字方式表达我的想法,当一些不连续的观点被汇聚成文章时,看着桌上成堆的资料和电脑中的文字,感激夹杂着愧疚,一种说不出来的复杂的滋味在心中荡漾。感谢家人的支持,正是妻子的承担,我才有时间全身心地进行写作;感谢同事们的支持,正是他们的工作分担,我才有精力完成写作;感谢省教育厅思政处的支持,正是他们的经费资助,我才能将零碎思考转换成完整的文字呈现给读者;感谢马玉海同志的支持,他承担了第五章和第七章的写作任务,并在校对方面投入了大量时间;感谢安徽大学出版社的编辑老师,他们在审稿时字斟句酌,指教把关;还要感谢我的女儿,在我写作的一年时间内,特别是这个暑假,我本应利用休息时间多陪陪她,但遗憾的是我未能做到,懂事的女儿对此却毫无怨言。

本书在写作过程中,引用参考了很多专家同仁的研究成果,一并表示感谢!

由于本人才疏学浅,对现有文献资源的占有和使用难免存在不足,对文献的理解和认识难免存在局限,论证和认识难免挂一漏万,敬请各位专家、学者和同仁不吝指教。

本书为安徽省高校思想政治理论课建设工程之马克思主义理论应用研究项目"高校马克思主义大众化的实践路径研究"(项目编号:2012—2013SZKJSGC7—8)的主要成果。

夏小华于阜阳师范学院
2013 年 9 月 13 日